DIANTE DO ESPELHO

Tradução:
Marcos Ramos

Revisão e Editoração Eletrônica:
João Carlos de Pinho

Direção de Arte:
Luiz Antonio Gasparetto

Capa:
Luiz Antonio Gasparetto e Kátia Cabello

3ª edição
Abril • 2006
10.000 exemplares

Publicação, Distribuição
Impressão e Acabamento:
CENTRO DE ESTUDOS
VIDA & CONSCIÊNCIA EDITORA LTDA.

Rua Agostinho Gomes, 2312
Ipiranga • CEP 04206-001
São Paulo • SP • Brasil
Fone / Fax: (11) 6161-2739 / 6161-2670
E-mail: grafica@vidaeconsciencia.com.br
Site: www.vidaeconsciencia.com.br

Ricky Medeiros

DIANTE DO ESPELHO

EDITORA VIDA & CONSCIÊNCIA GRÁFICA

Uma história curta que não tem nada, mas que tem tudo a ver com este livro

Aqueles que leram PELO AMOR OU PELA DOR sabem que há uma canção que sempre associei com meu falecido irmão Joe.

Desde a primeira noite que eu e minha mãe visitamos a Igreja Espiritualista em Syracuse, Nova York (onde, uns três meses depois da morte de Joe, ele se comunicou conosco, através de uma médium), essa canção é um sinal de que ele está por perto. Ela tocou no rádio antes de entrarmos na igreja. Duas horas depois, quando saímos, ela tocou de novo na mesma estação.

O nome da canção é *He Ain't Heavy, He's My Brother*, originalmente gravada pelos Hollies, uma banda inglesa famosa dos anos 60.

Sempre que há dúvida, medo ou incerteza em minha vida, essa música, de uma forma ou de outra, acaba chegando a meus ouvidos.

Eu me lembro de assistir a uma entrevista com um astro da TV, na qual ele contava a história de seu pai. A celebridade dizia que, logo antes de o pai morrer, eles haviam viajado para Las Vegas. Uma música tocou no rádio e o pai falou para o filho:

— Toda vez que você ouvir essa canção, pense em mim.

O pai morreu e desde aquele dia, sempre que o artista enfrentava um problema ou dificuldade, de alguma maneira aquela música ecoava.

Na manhã depois de assistir àquela entrevista na televisão, eu estava dirigindo meu carro para o trabalho com o rádio desligado. Perguntei em voz alta sobre essa coisa da música:

— Isso é real ou o produto de uma imaginação fértil?

Assim que fiz a pergunta, meus dedos giraram o botão do rádio.

Você já sabe.

Naquele mesmo instante, a canção *He Ain't Heavy, He's My Brother* estava tocando. Nenhum jingle, nenhum comercial ou locutor. Liguei o rádio, e lá estava ela.

Alguns anos depois, a canção provavelmente salvou minha vida. Já contei essa história antes, em PELO AMOR OU PELA DOR. Mas tenho que repetir a história para que você entenda a que vem a seguir.

Meu primeiro livro havia sido publicado e, para surpresa de todos, incluindo a minha, foi um *best-seller*. Eu estava num *shopping* de São Paulo, saindo de uma academia onde havia acabado de me exercitar. Estava indo para casa quando vi que um filme que eu queria assistir estava em cartaz num dos cinemas do *shopping*. Decidi descer a escada rolante para ligar para casa e avisar que ia ao cinema.

Enquanto descia a escada, vi meu livro na vitrine de uma livraria e, no bolso de minha camisa, eu trazia o disquete com os originais do segundo livro. Perguntei a meu irmão Joe, que sei que me inspira a escrever, se o segundo livro seria tão bom quanto o primeiro.

A resposta veio antes do esperado.

Cheguei ao final da escada e virei para minha esquerda em direção a outra escada. Ainda havia mais um andar para descer até o cinema.

Passei pela vitrine da livraria. O disquete, não sei como, caiu do bolso de minha camisa, indo ao chão. Eu me abaixei bem em frente ao *display* do meu livro na vitrine, para pegar o disquete.

Foi quando ouvi uma canção tocando nos alto-falantes do *shopping*.

He Ain't Heavy, He's My Brother.

Eu havia recebido minha resposta.

No meio do *shopping* lotado, comecei a chorar. Esqueci o filme e fui para casa.

Contei para minha esposa o que aconteceu. Ela também achou que eu havia recebido a resposta para minha pergunta.

Mas não foi só isso.

No dia seguinte, no caminho para o trabalho, não ouvi as notícias da manhã no rádio. Assim que me sentei em minha escrivaninha, o telefone tocou. Era minha esposa. Ela me perguntou se eu sabia o que tinha acontecido. Eu não tinha a menor idéia do que ela estava falando.

Ela começou a me bombardear com perguntas:

— Qual era o filme que você ia ver ontem à noite?

— O *Clube da Luta*, com Brad Pitt.

— Era o que estava passando no Morumbi Shopping?

— Era.

— A que horas?

Eu quis saber para que tudo aquilo, mas ela insistiu em perguntar a que horas eu ia ao cinema.

— Saí da academia um pouco depois das oito, então acho que ia pegar a sessão das nove.

Minha mulher disse que a canção foi mais que uma resposta para a pergunta sobre meu próximo livro. Ela foi um alerta.

Um jovem, armado com uma submetralhadora, entrou no cinema, abriu fogo, matou quatro pessoas e feriu tantas outras.

Se eu não tivesse ouvido aquela canção, *He Ain't Heavy, He's My Brother*, provavelmente eu estaria no interior daquela sala de cinema, em meio ao tiroteio.

Alguns anos se passaram. Estou de férias na Flórida, escrevendo este livro que você está lendo agora.

Minha mãe ligou da Pensilvânia. Meu sobrinho Billy estava no hospital, morrendo de uma overdose de heroína. Ele tinha apenas dezenove anos. Ela pediu que eu me preparasse para viajar até lá, a fim de comparecer ao funeral. Eu saberia quando nos próximos dias.

Tenho que admitir que me senti um pouco egoísta. Eu realmente não estava a fim de trocar os trinta graus do clima da Flórida pelo inverno abaixo de zero da Pensilvânia, só para participar do funeral de um sobrinho que eu não via fazia oito anos.

Dois dias se passaram. Billy morreu.

Uma voz me impelia a ir:

— Se você não for, como pode escrever sobre amor, compaixão e compreensão? Você estaria vivendo uma mentira.

Eu sabia que a voz estava certa. No dia seguinte, eu e minha esposa partimos da Flórida para Nova York, onde alugamos um carro para a viagem de duas horas até Scranton, Pensilvânia.

Estávamos na estrada havia pelo menos uma hora e meia, e decidimos parar nas montanhas Pocono para comer. Estava nevando. Flocos de neve bem grandes caíam lentamente. Já fazia uns cinco anos que eu não via a neve, e isso me fez perceber como era bonita.

No restaurante, decidi checar a caixa postal de meu celular. Como não moramos nos Estados Unidos, apenas algumas pessoas têm o número. Basicamente, só usamos o celular para fazer ligações, não para receber.

Por isso, achei estranho ver que havia nove mensagens na caixa postal. Estivemos apenas no avião, por três horas, e depois no carro, por uma hora e meia.

A primeira mensagem era uma chamada interrompida, assim como a segunda, a terceira, a quarta e a quinta. A sexta mensagem estava truncada; vozes irreconhecíveis soavam como se estivessem falando embaixo d'água. A sétima mensagem era uma repetição da sexta; mais vozes incompreensíveis no fundo do mar. A oitava era uma série de vários cliques rápidos e mais nada.

A nona mensagem era tão abafada e confusa quanto a sexta e a sétima, só que nela não havia vozes.

Havia música.

E, apesar de parecer que estava tocando no fundo do Oceano Atlântico, instantaneamente eu reconheci a canção.

He Ain't Heavy, He's My Brother.

Eu não podia acreditar. Salvei a mensagem e a ouvi de novo. Passei o celular para minha esposa ouvir. *He Ain't Heavy, He's My Brother* tocou para ela também.

Eu sabia por que Joe me mandava aquela mensagem. Ele queria que eu soubesse que eu estava fazendo a coisa certa ao ir àquele funeral. Ele queria que eu soubesse que ele estava sempre ao meu lado, principalmente quando escrevo, não apenas assegurando que eu escreva a verdade, mas também me ajudando (sem muito sucesso às vezes) a viver essa verdade.

Quando terminei este livro, eu soube que ele esteve presente comigo desde o início, porque esta obra, como você logo vai ver, é sobre ele.

1

Introdução

No rádio e na televisão, existe um tipo de comercial que recebe o nome de "flagrante da vida real". Como essa expressão aparecerá diversas vezes neste livro, achei que este primeiro capítulo seria um bom lugar para explicar o que o termo significa.

Sabe aquele anúncio em que o marido chega em casa depois de um difícil dia de trabalho, é recebido pela esposa na porta e ele nota como a pele dela é macia? Claro que a pele macia é por causa do novo sabonete que ela está usando...

E o comercial de companhia telefônica em que o velho se senta em sua cadeira favorita e olha para fotos antigas dele e do filho andando pela praia? De repente, o telefone toca. O velho suspira, atende o telefone e... adivinhe quem é? Acertou: é o filho, que está em algum tipo de viagem de negócios em Hong Kong, mas decidiu dar uma ligadinha para o papai.

É esse tipo de comercial, no qual circunstâncias do cotidiano são usadas para vender um produto, que é chamado de "flagrante da vida real". São comerciais muito eficientes, porque pegam situações comuns do dia-a-dia e as envolvem em dramas simples de trinta segundos com uma mensagem: compre este produto, compre esta idéia.

Por que esse comercial funciona?

A resposta é fácil: porque nós nos identificamos com ele.

Quantos de nós já nos sentamos para esperar pela ligação telefônica de uma pessoa especial? Quantos de nós sonhamos com o casamento perfeito, em que o marido chega em casa do trabalho e é recebido por uma esposa linda, feliz e sorridente?

Se a vida fosse assim tão simples!

Se nossas vidas fossem um comercial de TV, em que tudo estivesse perfeitamente embalado, explicado e resolvido em apenas trinta segundos!

Não estou dizendo que nossas vidas são tão medíocres e idiotas quanto nos comerciais de televisão, mas, por outro lado, a vida não é tão complicada quanto às vezes fazemos com que ela seja.

Talvez, se víssemos nossas vidas em simples quadros de trinta segundos, pudéssemos ser capazes de ver além das barreiras que colocamos à nossa volta.

Se conseguíssemos nos separar de nós mesmos, deixando de lado o ego, a vaidade e a fantasia, seríamos capazes de ver a vida como ela realmente é.

Se víssemos nossas vidas como a continuação de um passado, entenderíamos a vida que vivemos hoje. E, se pudéssemos ver a vida de hoje como um alicerce para o futuro, imagine quanto nosso comportamento iria mudar.

Se pudéssemos ver nós mesmos e os outros pelo que realmente somos, espíritos criados pelo mesmo Deus e pelas mesmas razões — para aprender, crescer e amadurecer —, não haveria razão para inveja, ódio ou medo.

Se pudéssemos fazer tudo isso, aprenderíamos e cresceríamos com os "flagrantes da vida real" em que nos encontramos.

Esses são enormes "Ses".

É possível? Estes "Ses" podem estar ao nosso alcance?

A vida é tão simples quanto é complexa. Na realidade, a vida é uma série de "flagrantes" pelos quais passamos, descobrindo a nós mesmos. Nossa vida é uma seqüência de minividas, cada uma trazendo seu próprio significado, lição e razão.

Este livro, DIANTE DO ESPELHO, vai ajudar a entender e apreciar a beleza e perfeição da simplicidade da vida.

Estamos neste planeta para aprender. Os "flagrantes" deste livro são lições desta escola chamada Terra, refletindo as opções diárias que esta vibração coloca em nosso caminho: amor e ódio, coragem e medo, sacrifício e orgulho.

O que você pode aprender com os "flagrantes" deste livro depende de sua perspectiva:

Se você acredita que já vivemos antes e que vamos viver novamente, você verá como tudo, de alguma forma, se encaixa em seu lugar.

Se você acredita que somos espíritos criados pelo mesmo Deus, você vai ver como todos nós estamos inter-relacionados com os outros.

Se você acredita que estamos neste planeta para aprender, vivenciar e crescer, você verá como nada acontece por acaso.

E, finalmente, se você acredita que encarnamos não apenas para progredir, mas às vezes para ajudar os outros, você verá a simplicidade e a beleza da vida.

Todas as histórias em DIANTE DO ESPELHO são verdadeiras. São baseadas em fatos que realmente aconteceram, mas datas, locais e nomes foram alterados.

Fiz isso por duas razões.

Primeiro, as pessoas têm direito à privacidade. Esse é um direito humano básico, e eu simplesmente não tenho tempo ou recursos legais para entrar em contato com cada indivíduo que aparece nestas histórias para pedir-lhe a permissão de usar seu nome. Alguns nem mesmo estão nesta vibração.

A outra razão é pela fé. Nem todo mundo acredita em vida após a morte, reencarnação ou carma. Seria injusto explicar suas vidas por meio de meus valores. Afinal, uma das razões pelas quais estamos aqui é para nos desenvolvermos por nossa própria razão e intelecto, e não pela de outra pessoa.

No entanto, por meio destas histórias reais e comuns, este livro espera mostrar o seguinte:

Nossas vidas não são uma série de fatos aleatórios. Acho difícil entender como alguém, independentemente da religião ou crença filosófica, possa pensar isso.

Se, como algumas religiões ensinam, há apenas uma vida, como alguns possuem privilégios?

Por que alguns nascem ricos, enquanto outros lutam para simplesmente sobreviver? Por que alguns vêm ao mundo com corpos e mentes belos e saudáveis, mas outros nascem tortos e deformados? Por que alguns vivem com vantagens, enquanto outros cumprem sua jornada em desespero?

Este livro vai mostrar que nossas vidas são exatamente o que deveriam ser: escolhas, lições e aprendizado, em que o presente é moldado pelo passado, e o futuro forjado pelo presente.

Também espero trazer esperança e conforto para a vida que vivemos agora. Esta é principal proposta deste e de todos os meus livros.

Quem sabe? Talvez depois de ler esta obra, alguns dos enormes "Ses" podem se tornar possíveis.

A primeira história é curta. Ela trata de um flagrante de minha própria vida, do qual jamais me esquecerei até o dia em que deixar a Terra. Como sempre, tem a ver com meu irmão Joe.

2

Uma lição para mim: um flagrante de minha vida

As mães são especiais. Elas se lembram de coisas que nós esquecemos há muito tempo. O que às vezes parece insignificante ou trivial para nós permanece em seus corações e mentes muito tempo depois que foi esquecido por nós.

Minha mãe não é diferente.

Estava falando com ela sobre meus livros, e meu irmão Joe surgiu na conversa.

— Sabe de uma coisa? — disse ela inesperadamente. — Acho que a morte dele teve alguma coisa a ver com você.

Pensei que tinha ouvido errado. Afinal, moramos em dois continentes diferentes: ela em Jessup, Pensilvânia, nos Estados Unidos, e eu em São Paulo, Brasil.

A única resposta que me veio à mente foi:

— Hã...

Pude ouvir minha mãe rindo, e ela disse que ia explicar.

Enquanto escrevo este livro, minha mãe está com setenta e cinco anos de idade, em perfeita saúde mental e física. Mas ela tem a tendência de divagar e repetir a mesma história várias vezes. (Ela tem sido assim desde que a conheço, então não é a idade, é simplesmente como ela é.)

Então, quando ela disse "Eu vou explicar", eu me preparei para mais uma de suas histórias que não acabam nunca e que eu provavelmente já tinha ouvido dez ou vinte vezes.

— Quando seu irmão nasceu — ela começou —, eu costumava cantar para ele, como fiz para todos vocês.

"Aqui vamos nós", pensei. "Começamos em 1958. Esta vai ser uma das longas."

Eu me preparei para uma conta de ligação internacional das mais altas. Mas, como todo mundo sabe, não dá para desligar quando sua mãe está falando.

— Havia uma canção chamada *Happiness is Just a Thing Called Joe* (em tradução aproximada, "A felicidade é só uma coisa chamada Joe"). Toda vez que eu a cantava, Joe chorava. Ele tinha apenas seis semanas de idade, e, quando eu cantava aquela canção, ele fazia biquinho e começava a chorar.

— Vai ver, você cantava mal — provoquei.

Mas eu estava intrigado. Até que enfim, ela me contava uma história que eu nunca tinha ouvido antes.

— Cale a boca e escute! Você já vai entender — ralhou minha mãe, e continuou: — Eu até chamei Jenny Bellino para mostrar para ela.

Jenny Bellino era nossa vizinha em Frankfort, Nova York, onde morávamos quando Joe nasceu.

Minha mãe começou então a descrever, com os detalhes mais meticulosos, como segurava o bebê em seus braços, gentilmente embalando-o para trás e para a frente enquanto cantava todo o seu repertório de músicas. Com sua amiga Jenny assistindo, elas viam a criança rindo e sorrindo enquanto ouvia a voz de sua mãe.

— Aí, eu cantava *Happiness is Just a Thing Called Joe*.

Ela recordou como o bebê contorcia o rosto, encolhia-se em seus braços e começava a berrar. Jenny ficava impressionada e nenhuma das duas conseguia entender por que aquilo acontecia.

— E o que isso tem a ver comigo? — pressionei.

Olhei para o relógio: mais de quinze minutos desde o início da ligação, e ainda estamos em 1958. Essa conta ia ficar cara.

— Não se lembra do que a Sra. Tice disse? — perguntou, com severidade.

Margaret Tice era uma médium de Syracuse, Nova York, por meio da qual meu irmão se comunicou conosco alguns meses depois que morreu.

Bem, pelo menos estamos em 1971.

"Progresso!", pensei.

— Mãe, a Sra. Tice disse uma porção de coisas — respondi, mas ela já tinha aguçado minha curiosidade.

— Foi naquela última vez que estive lá — declarou, referindo-se à semana anterior à que a família se mudou de Syracuse para a Pensilvânia. Fiquei em Syracuse por mais três anos, para terminar a faculdade. — Lembra como a Sra. Tice disse que finalmente tinha entendido tudo? — provocou.

Eu me lembrei.

Mas, naquele momento, minha memória voltou para nossa primeira visita à Igreja Espiritualista de Syracuse. Era uma fria tarde de quarta-feira no inverno rigoroso de janeiro de 1971, cerca de três meses depois que Joe morrera atropelado.

A memória daquela noite ainda está viva em minha mente. Uma das muitas coisas que Joe expressou através da médium era que sua morte tinha que ter acontecido.

— Ele insiste em me pedir — dizia a médium — que lhe diga que sua morte tinha que ter acontecido e nada nesta Terra poderia mudar isso. Ele quer ter certeza de que você entendeu.

Minha mãe e eu pensamos que ele estivesse falando sobre destino.

Nas semanas e meses seguintes, visitamos a igreja com freqüência. E, sempre que íamos, Joe falava conosco por meio da Sra. Tice.

Ela nos disse que ele faria com que sentíssemos sua presença em nossa casa, para que minha mãe soubesse que seu espírito, assim como o de todos, perdura depois da morte.

E ele fez mesmo.

Certa vez, ele estragou uma carta que minha mãe estava escrevendo para um amigo dela sobre a morte e o funeral de Joe. A Sra. Tice explicou que ele fez aquilo para mostrar à minha mãe que ela devia abandonar seu sofrimento, porque ela estava "presa a ele de uma maneira negativa".

A médium disse para minha mãe:

— Ele tem uma vida pela frente, apesar de essa vida ser no lado espiritual. Mas, quando você pensa nele com tristeza, você o prende a você.

Toda quarta-feira à noite, por um ano inteiro, minha mãe e eu fomos à igreja. Meu irmão sempre esteve lá. Mas havia uma coisa que a Sra. Tice nunca nos contou.

Ela nunca disse que estava confusa.

Até aquela noite em que minha mãe foi à igreja pela última vez. Agora, mais de trinta anos depois, numa ligação intercontinental, minha mãe se lembrava.

— Tudo faz sentido agora. Jamais entendi como o espírito de uma pessoa recém-falecida podia se comunicar com tanta rapidez, força e clareza.

Eu também comecei a me lembrar do que a médium explicou naquela noite.

— Até agora — continuou a Sra. Tice — eu não o tinha visto; eu apenas o ouvia e sentia. Sua presença sempre foi forte e vibrante. Mas agora — disse, movendo o olhar sobre meu ombro direito — consigo enxergá-lo.

Eu me lembro de olhar sobre meu ombro tentando enxergar qualquer vestígio de Joe. Não vi nada. Mas ouvi a voz da médium descrevê-lo.

— Ele está vestido com um roupão vermelho, como um monge budista. Suas vestes têm enfeites brancos de cima a baixo. Ele é um espírito do mais alto grau, bem próximo ao Criador. Ele não tinha que voltar. Ele foi voluntário para uma missão, para viver por doze anos nesta Terra e então retornar ao espírito. Não sei qual é essa missão, mas isso vai ser revelado algum dia.

— Acho que sei qual era a missão — declarou minha mãe ao telefone, a meio mundo de distância e trinta anos depois.

Senti arrepios correndo pelos braços. Eu tinha uma idéia. Mas decidi deixá-la terminar.

— Eu estava pensando nisso outro dia — disse ela. — Sobre como ele costumava chorar com *Happiness is Just a Thing Called Joe*. Acho que ele sabia que não ia me trazer felicidade. Acho que ele sabia — disse, num suspiro — que ele ia me levar às lagrimas.

Ela fez uma pausa de um segundo ou dois. Pensei que ela ia chorar. Porém ela se recompôs e disse:

— Mas ele traz felicidade para outros, com os livros que você escreve. Ele morreu — disse, quase num sussurro — para instigar você a fazer o que você faz. Essa era a missão dele, a que a Sra. Tice mencionou. Graças a seus livros, as pessoas sabem que há uma vida depois desta.

A morte de Joe, seus contatos por meio da Sra. Tice e o fenômeno pelo qual ele foi responsável (escrever na parede de nossa casa em Syracuse) levaram-me a procurar uma explicação para o inexplicado. Aquela curiosidade tornou-se uma obsessão. A obsessão tornou-se uma missão, e hoje estou convencido de que ele me trouxe até onde estou.

No entanto, minha mãe está apenas parcialmente certa.

Ele trouxe, sim, felicidade por meio de meus livros. Ele ajuda aqueles que sofreram uma perda a encontrar segurança, conforto e esperança.

Mas não é só isso.

Acho que meu irmão me ajuda a escrever para que possamos dar sentido à vida que vivemos agora, aqui na Terra. Eu me lembro de uma noite, na pequena igreja de Syracuse, em que a Sra. Tice repreendeu uma mulher para que não voltasse lá.

— Você vem aqui perguntar aos espíritos como viver sua vida. Isso é errado. Você deve viver sua vida aqui e agora, e não por meio dos que estão do lado espiritual. Você pode pedir orientação, conforto e conselhos, mas não podemos viver nossas vidas através deles. Estamos aqui para aprender e evoluir, e ninguém pode fazer isso por nós. Temos que fazer isso por nossa própria conta.

A Sra. Tice estava absolutamente certa. Nosso progresso e nossa evolução dependem de nós, exclusivamente de nós. Mas há ajuda e orientação ao longo do caminho. Nunca estamos sozinhos.

Meu irmão me ajuda a escrever não apenas para dar esperança sobre a continuação da vida, mas também para dar conforto e segurança sobre a vida que vivemos agora.

— Sua morte tinha que acontecer... Sua morte tinha que acontecer.

As palavras da médium continuam, depois de todos estes anos, ecoando em minha mente.

Nas páginas seguintes, você vai ler as palavras de Joe, e espero que suas palavras ecoem em seus ouvidos também.

3

Cinco dias depois da passagem do professor

Todos nós atravessamos de forma diferente a linha invisível entre a vida na Terra e a vida espiritual.

Alguns são recebidos por parentes falecidos: mães, pais, irmãs, amantes. Às vezes, até mesmo animais de estimação nos encontram para ajudar a fazer com que a transição da vida terrestre para a vida espiritual seja mais fácil.

Outros vêem luzes piscando e flutuam dentro de um longo túnel, onde um guia os aguarda.

E, ainda, outros vivem qualquer ilusão que suas crenças criaram: alguns passeiam com Jesus, enquanto outros jantam com Alá; alguns escalam a montanha com Moisés, enquanto outros meditam com Buda.

Cada passagem é especial, porque cada espírito traz suas próprias expectativas e cada um de nós teve vidas diferentes.

Uma vez que cada passagem da Terra para o espírito pode ser diferente, o tipo da passagem pode dizer muito sobre o espírito.

Para aqueles que estão apegados ao plano terrestre, pode haver confusão e até mesmo medo, ou esse apego pode fazer o espírito querer retornar o mais rapidamente possível.

Para espíritos que se envolveram com o mal, pode haver escuridão e desespero, porque a vida no lado astral é simplesmente a continuação da forma como levamos nossa vida na Terra.

Nenhum de nós vira santo do dia para a noite; nenhum de nós se torna mais inteligente. Se tudo der certo, porém, veremos nossas vidas de uma perspectiva diferente.

Quando o garotinho morreu, sua passagem não foi em nada diferente; em outras palavras, foi especial. Na verdade, sua passagem foi tão especial que poderia ser chamada de esquisita.

Não havia parentes, amigos ou animais de estimação esperando por ele. Ele não seguiu uma luz forte e envolvente no final de um longo túnel escuro.

Ele simplesmente acordou, sem saber que estivera dormindo, num lindo vale verde em meio a montanhas altas e arborizadas.

Ele se viu deitado num gramado fofo, mas não conseguia se lembrar de como chegara ali.

O menino olhou ao redor. Não conseguir ver mais ninguém, mas seu instinto dizia que ele não estava sozinho.

— Onde estou? — perguntou em voz alta. — Que lugar é este? Como cheguei aqui?

Não houve respostas.

O garoto deveria estar com medo, afinal ele tinha apenas doze anos e estava sozinho num lugar estranho mas de certa forma familiar.

Mas ele não estava com medo.

Alguma coisa lá no fundo dava-lhe conforto e segurança, dizendo-lhe que tudo estava exatamente como deveria estar.

O garoto notou um pequeno riacho que cruzava o vale. Suspirou e caminhou sobre seus bancos de areia e avistou, refletida nas águas translúcidas, a face de um menino com cabelos pretos curtos e olhos castanho-escuros.

A imagem despertou uma lembrança. Ele ouviu uma voz provocante, chamando-o de "Olhos de Chocolate". A voz era de seu irmão mais velho.

Outras lembranças surgiram: uma mãe, um pai, uma irmã e outro irmão.

Uma estranha melancolia o envolveu.

Eles não estavam ali. Eles estavam em algum outro lugar. Ele os havia deixado para trás.

— Onde estou? — perguntou de novo.

Novamente, nenhuma resposta.

O menino notou como o verde da grama e das árvores era mais intenso do que o verde que estava em sua memória e o azul do céu era mais profundo, infinito e delicado do que o céu que ele costumava ver.

— Onde estou? — quis saber.

Ele sabia, mas não sabia.

— Como cheguei aqui? — falou em voz alta.

Ele sabia, mas não sabia.

O menino sabia que, momentos atrás, estivera em algum outro lugar, fazendo alguma outra coisa. Mas ele não conseguia localizar esse outro lugar e não conseguia lembrar-se dessa outra coisa. Ele não podia ver além do véu, da cortina que embaça a visão de todos os espíritos quando desencarnam da Terra. Retirar esse véu pode ser fácil e rápido, ou pode ser demorado e doloroso. Mais uma vez, não há regras. Tudo depende do espírito. Somos todos diferentes.

Um velho apareceu ao lado do menino.

O garoto não sabia de onde tinha vindo o velho, mas ao mesmo tempo sabia que o homem magro e careca não era um estranho. Eles se conheciam de algum outro lugar, numa época diferente. Mas o véu ainda estava em seu caminho, embaçando-lhe a visão e, pelo menos por enquanto, aquele outro lugar e tempo, como outros lugares e tempos, permanecia desconhecido.

"Eu mato essas charadas depois", disse a si mesmo, sorrindo e acenando ao homem baixinho, magro e careca.

O sorriso e o aceno foram correspondidos quando o velho apontou para um boné de beisebol, uma luva e uma bola aos pés do garoto. Os "olhos de chocolate" se arregalaram: ele tinha certeza de que aquilo não estava ali antes.

— Vista-os — encorajou o homem com um sorriso.

Olhos de Chocolate vestiu a luva de couro na mão esquerda e arrumou o boné sobre os cabelos pretos e curtos. O boné trazia, na frente, as letras brancas NY, do time de beisebol New York Yankees.

A bola não é nova. Está gasta e suja, mas é gostosa de pegar. Ele joga a bola na luva e o barulho de couro batendo contra couro é familiar e confortável. O garoto arremessa a bola cada vez mais alto no ar, sempre apanhando-a com a luva antes que ela chegue ao chão.

À medida que o homem vai assistindo à cena, um sorriso malicioso cresce em seus lábios. Ele aponta o dedo ossudo para a alta montanha à direita do garoto. Instintivamente, o menino sabia o que o velho queria. Não fazia sentido, mas, com toda a sua força, ele atirou a bola na direção da montanha.

A pequena bola dura, branca e desbotada atravessou o ar em curva, caindo entre as árvores da encosta da montanha. O homem e o garoto ouviram-na agitar-se entre as folhas e desaparecer.

— Agora vou ter que procurar a bola — reclamou o menino.

O homem sacudiu a cabeça, riu e apontou para o ar. Lá estava a bola, vagarosamente fazendo seu trajeto de volta.

— Isso é estranho — disse o garoto em voz alta enquanto apanhava a bola e jogava-a de volta à montanha. Novamente a bola afundou-se entre os finos troncos, caiu entre as folhas e, em um segundo ou dois, voava de volta.

— Estou rebatendo bola com uma montanha — brincou Olhos de Chocolate, esquecendo-se das inúmeras perguntas e contradições que o envolviam.

Joga a bola. Apanha a bola.

Joga a bola. Apanha a bola.

O garoto deixou-se levar por aquele estranho e misterioso jogo.

O velho se fora. O menino não fazia idéia do lugar para onde ele tinha ido.

Joga a bola. Apanha a bola.

Joga a bola. Apanha a bola.

A bola de beisebol sempre era devolvida pela montanha, abrindo caminho pelo ar para ser apanhada pela luva de couro do menino.

Joga a bola. Apanha a bola.

Joga a bola. Apanha a bola.

O garoto de doze anos está totalmente tomado pelo ritmo lento e constante do jogo, e isso desperta-lhe a sensação de que tudo está como deveria.

— Farei isto até estar pronto para entender o que raios estou fazendo aqui — murmurou em voz alta, para ninguém.

Joga a bola. Apanha a bola.

Joga a bola. Apanha a bola.

O movimento tranqüilo e repetitivo hipnotizava-o.

Mas a magia do jogo se quebrou. O velho estava de volta. Só que dessa vez não estava sozinho. Havia um rapaz de uns vinte anos caminhando acanhadamente alguns passos atrás dele. O rapaz parecia confuso e um tanto amedrontado. Ele é o irmão mais velho do menino, aquele que o chamava de Olhos de Chocolate.

O garoto de doze anos fica surpreso ao ver o irmão mais velho no amplo vale verde.

Ele pára o jogo. Segurando a bola com a mão, pergunta ao irmão o que está acontecendo.

— *Você não devia estar aqui* — disse, sem querer e sem usar palavras. — *O que está fazendo neste lugar?* — insistiu, ainda segurando a bola na mão.

— Ele me trouxe — o irmão mais velho timidamente indicou com a cabeça o velho. — Ele disse: "Vou levá-lo para ver seu irmão".

Os olhos do irmão mais velho, depois de vasculhar o vale verde, pousaram sobre o sorridente irmão menor, vestido com uma camisa xadrez, calça *jeans* e o boné de beisebol dos Yankees. O rapaz de vinte anos sente-se desconfortável e tem dificuldade em formular suas próximas palavras:

— Ele queria que eu soubesse que você está bem. Vamos enterrar você amanhã.

O sorriso rapidamente sumiu da face do menino. As palavras "Vamos enterrar você amanhã" romperam o véu. Numa fração de segundo, o véu desapareceu e um turbilhão de imagens despejou-se sobre ele.

As imagens tornaram-se reais.

Ele se lembrou daquela alguma coisa que ele estivera fazendo.

"Tenho doze anos e quero ganhar alguns trocados depois da escola", disse ele a si mesmo, seguindo a linha-guia de sua memória.

Ele se lembrou de outro lugar. É a Terra, e ele está andando para cima e para baixo pelas ruas de seu bairro, entregando a edição da tarde do jornal.

Ele pára de casa em casa e anda de quarteirão em quarteirão, até que só restava uma rua para atravessar para que ele chegasse em sua casa.

E ele se recorda de tudo.

— Eu estava com pressa, estava indo encontrar os amigos.

Havia só mais uma rua para atravessar, e ele estaria em casa.

Ele vê a si mesmo correndo no meio daquela última rua.

— Eu estava com pressa. Estava atrasado.

De onde veio aquele carro? Ele o acertou do nada naquela última rua que faltava atravessar para que ele chegasse em casa.

Uma porção de sons: um baque... os pneus cantando no asfalto... um grito.

Uma porção de cenas: a grade de metal brilhante... o capô vermelho metálico... o céu cinza-chumbo... o asfalto negro e granulado...

Uma porção de lembranças: o solavanco rápido e dolorido quando o carro avançou sobre seu corpo... o chão e o céu se movendo depressa enquanto o corpo voava pelo ar... a dor lancinante quando sua cabeça se espatifou contra a sólida rua.

— Mamãe, mamãe — o menino se lembra de ter gritado, mas ela não estava ali naquela última rua que ele precisava cruzar para que chegasse em casa.

Um tranco rápido.

O espírito está livre, já não é mais parte daquela criança sangrando, despedaçada sobre a rua. O espírito atravessou sua última rua a caminho de casa, para o amplo vale verde onde ele encontrou um velho e jogou um arrastado jogo de bola com uma montanha.

O véu já não existia entre as sensações desordenadas, os sons e as lembranças do garoto, e agora ele via claramente quem ele era.

O espírito está feliz em ver seu irmão mais velho, mas sabe que ele não está ali para ficar. Aquela não era sua hora, nem aquele o seu lugar.

— *Rick, volte para casa. Diga a eles que estou bem. Peça-lhes que não chorem. Estarei por perto, prometo* — disse o garoto de doze anos, novamente sem usar palavras.

— Eu o trouxe aqui por uma razão. — Essa era a primeira vez que Olhos de Chocolate ouvia a voz do velho. — Ele está dormindo. Ele vai se lembrar dessa visita como um sonho.

O velho, que era o guia do menino, disse que o sonho "seria tão vívido e real que ele saberia que era a verdade".

— Será um sonho — o guia fez uma pausa e continuou: — que marcará sua alma.

— *Vá para casa. Estou bem* — insistiu o irmão mais novo. — Este não é o seu lugar.

Rick dá uma última olhada ao seu redor. Ele também está impressionado com as cores e tons fortes do vale. Ele não se lembra de ter visto nada assim antes.

— Aqui é o céu? — arrisca Rick humildemente.

O garoto sorri e lentamente balança a cabeça.

— *Não. É apenas uma parada na estrada* — responde Joe.

Rick suspira. Relutantemente, ele reconhece que é hora de ir, mas vai com uma sensação de paz e a certeza de que seu irmão Joe está vivo e em segurança.

Levado por seus mentores pessoais, Ricky sai flutuando e desliza para dentro de seu corpo terrestre adormecido.

Joe acena para o velho. Ele finalmente se lembra do nome do guia: é Fred. Eles estiveram juntos por muitas e muitas encarnações.

Em apenas alguns instantes, o garoto de doze anos estava transformado: não só havia se lembrado de sua última encarnação, mas também se lembrava de todas elas. Ele estava consciente de quem ele era e lentamente começava a recordar o significado de sua última viagem à Terra.

Fred testemunhou a transformação e balançou a cabeça, incrédulo.

— Nunca vi nada assim.

Joe lançou-lhe um olhar intrigado, esperando uma explicação.

— Foi a coisa mais extraordinária — respondeu Fred.

Percebendo que Joe não tinha a menor idéia do que ele estava falando, incitou:

— Pense no que acabou de acontecer.

Um vagaroso e conhecido sorriso se abriu na face do menino. Cada vez mais o sorriso crescia. Ele compreendia.

— Ele retirou o véu. Meu irmão retirou o véu — disse Joe quase num sussurro.

O guia mantinha os olhos fixos no distante horizonte, tentando encontrar uma explicação.

— Quando um espírito faz a passagem, ele pode levar algumas semanas terrestres, meses e, às vezes, até anos para que esteja totalmente ciente não apenas de seu presente, mas também de seu passado.

O guia confessou ter certeza de que com Joe aquilo seria rápido. Ele sabia que o menino era um espírito altamente evoluído.

— Na maioria das vezes, existe uma espécie de gatilho: um fato, uma lembrança ou a sugestão oferecida por um guia. Às vezes, esse gatilho dispara em uma escola espiritual, um hospital ou ainda pelo próprio espírito, internamente, por meio de meditação ou contemplação.

— No entanto — refletiu o guia —, isso foi feito por um espírito encarnado, trazido até você enquanto ele dormia. Isso é incrível!

Joe prestou atenção em cada palavra de Fred, mas, diferentemente do guia, ele não estava nem um pouco impressionado ou surpreso com aquilo.

— Você lembra por que voltei à Terra?

O guia assentiu. Ele sabia que Joe, como era conhecido em sua última vida, estava além das encarnações terrestres. Esse espírito havia alcançado um nível de evolução em que não precisava mais vivenciar o plano terrestre.

Sua última encarnação tinha sido uma missão. Durante doze anos, ele levaria alegria e felicidade à família com a qual nascera. E levaria dor e tristeza a eles quando esses doze anos se acabassem. Sua vida e sua morte precisavam acontecer para a mãe, o pai, irmã e dois irmãos. Sua passagem mudaria o curso de suas vidas, especialmente a de Rick.

Joe soube, antes de nascer, que sua súbita e violenta morte abriria um abismo repleto de mágoa e saudade.

Tinha que ser assim. Às vezes, no plano terrestre, a única maneira de progredir é por meio da dor.

Mas ele queria que Rick preenchesse aquele abismo com esperança, compreensão e luz. Não podia ser de nenhuma outra forma, porque Rick estava predestinado a compartilhar aquela luz. Mas, para compartilhar, Rick primeiro tinha que encontrar a esperança, compreensão e luz por sua própria conta. E, como a maioria dos humanos, ele apenas procuraria isso se tivesse um abismo para preencher.

Foi por isso que, cinco dias depois de deixar a família, o menino de doze anos conhecido como Joe e seu ainda encarnado irmão Rick se encontraram no amplo vale verde.

O encontro foi importante para ambos, porque Joe compreendeu que sua missão não acabava com sua morte; estava somente começando. Sua passagem preparou o palco, mas a peça só se desenrolaria nos próximos anos terrestres.

Pelos meses seguintes, a princípio com a ajuda de Fred, Joe falaria com Rick. Ele plantaria as primeiras sementes de luz na escuridão do abismo.

O "sonho" de seu encontro no vale verde o confortaria e consolaria durante o funeral de Joe. Quando Rick olhasse para o pequeno caixão branco, saberia que aquele corpo sem vida não era Joe.

Não há acaso no universo. Não há coincidências na vida. Os fatos não são ruídos aleatórios na noite.

Em 1964, a família mudou-se de uma pequena cidade nos Estados Unidos para São Paulo, Brasil. Os filhos Joe, Rick, Cara e Billy tinham estudado numa escola americana católica, Maria Imaculada.

Mas, logo na primeira noite no estranha e exótica terra, Rick ouvia falar de uma mais estranha e exótica crença da secretária brasileira de seu pai. Ela lhe mostrou um livro de um francês chamado Allan Kardec. Os temas da obra eram reencarnação, vida após a morte e a unidade de toda a humanidade.

Nenhum acaso. Nenhuma coincidência. Nenhum ruído aleatório na noite.

Mas Rick não prestou atenção, afinal eles eram católicos, membros da única religião verdadeira. Além disso, como qualquer menino de treze anos, ele tinha outras coisas na cabeça, e vida depois da morte não estava na lista dos principais interesses de um adolescente.

Mas o universo mandou um sinal. E ele continuaria mandando, até que conseguisse atrair sua atenção.

Cinco anos depois, um amigo deu-lhe um presente. Era um livro de Allan Kardec, o mesmo que a mulher lhe mostrou naquela primeira noite no Brasil. Dessa vez ele leu o livro e ficou fascinado. A obra forneceu-lhe respostas que "a única religião verdadeira" não dava.

O universo mandou outro sinal. E começava a atrair sua atenção.

Nenhum acaso. Nenhuma coincidência. Nenhum ruído aleatório na noite.

Enquanto ainda morava no Brasil, Rick decidiu que iria cursar a Universidade de Syracuse e que o faria assim que terminasse o segundo grau. Quase um ano depois, o trabalho de seu pai acabou levando toda a família para... Syracuse. De um continente para outro, de um hemisfério para outro, eles deixaram uma cidade de onze milhões de habitantes para viver numa cidade com cem mil pessoas.

Nenhum acaso. Nenhuma coincidência. Nenhum ruído aleatório na noite. O universo estava preparando o palco.

Foi em Syracuse que Joe morreu, atropelado por um carro na última rua que faltava para atravessar antes de chegar em casa.

Era em Syracuse que uma médium honesta e altamente sensitiva, chamada Margaret Tice, coordenava uma pequena igreja espiritualista.

E foi naquela igrejinha caindo aos pedaços, num bairro pobre da cidade, que Rick e sua mãe, guiados espiritualmente por Fred, chegaram, numa noite nevoenta de janeiro. Um veio para ouvir sobre o irmão morto; outra, sobre o filho morto. Mas ambos vieram porque tinham lido um livro de Kardec.

Nenhum acaso. Nenhuma coincidência. Nenhum ruído aleatório na noite. A peça estava para começar.

Eles foram à igreja acreditando um pouco e confiando um pouco, mas esperando do fundo do coração poder ouvir algo que fizesse brilhar um raio de luz no abismo deixado pela morte de Joe.

A médium não conseguiu se comunicar com a mãe. Sua mágoa era tão profunda e suas vibrações tão carregadas de tristeza que não havia com o que a médium pudesse estabelecer uma conexão. Os médiuns não usam apenas sua própria energia, mas também a energia daqueles que os rodeiam.

Com Rick, já era outra história. Ele estava ansioso. Ele estava aberto. Ele estava esperando. Ele estava predestinado.

Mas Joe, que fizera a passagem havia apenas alguns meses, ainda não estava pronto para reduzir suas próprias vibrações para falar diretamente com a médium. Ele usou seu guia Fred, que mostrou à médium uma imagem de um garotinho atravessando uma rua, sendo atropelado por um carro, jornais voando pelo ar.

A médium contou o que tinha visto e o guia disse que o menino estava com ele.

— Diga a eles que é Joseph — instruiu o guia.

A Sra. Tice agradeceu e, do outro lado da vibração dividindo o plano espiritual e o terrestre, Joe viu o irmão e a mãe chorando de tristeza e alegria.

O garotinho e seu guia haviam completado a primeira etapa. Ao fornecerem o nome de Joe e as circunstâncias da morte, eles tinham mostrado a Rick e sua mãe que era realmente ele quem se comunicava com os dois.

Agora, a segunda etapa. Por meio de Fred, Joe deu instruções à médium para repetir exatamente essas palavras:

— *Minha morte tinha que acontecer.*

Rick, sua mãe e até mesmo a médium pensaram que a mensagem era sobre destino: o menino deveria morrer naquele dia, naquela hora e lugar, *e nada neste mundo poderia mudar isso*. De certa forma, eles estavam certos. No entanto, havia outra mensagem por trás daquelas palavras. Uma mensagem que, no entanto, só seria compreendida anos depois.

Fred avisou a médium que o contato seria encerrado.

— Por esta noite, chega — disse ele.

Joe concluiu o que tinha se proposto a fazer. Ele queria que sua família soubesse que ele havia sobrevivido. Agora ele queria que seu irmão entendesse o que isso significava. Joe sabia que isso ia levar algum tempo, porque seu irmão, encarnado na vibração terrestre, ainda estava coberto pelo véu.

Na semana seguinte, Rick e sua mãe voltaram à pequena igreja na Avenida Oakwood, em Syracuse.

Dessa vez foi mais fácil. A médium havia se sintonizado com Joe, e ele começava a controlar suas vibrações.

— Ele disse que fará com que sua presença seja sentida, assim vocês saberão que ele, assim como nós, sobrevive à morte do corpo — relatou a Sra. Tice naquela noite.

Poucos dias depois, Joe escreveria numa das paredes da casa deles:

EU AMO MINHA MÃE, EU AMO MEU PAI.
NÃO FIQUEM TRISTES E NÃO CHOREM POR MIM.
JOE.

Foi isso. Sua mãe estava convencida. Seu pai, que estava cético e começava a achar que a esposa vinha enlouquecendo, se convencera. Sua irmã estava convencida, assim como seu outro irmão, Billy.

Mas Rick estava mais do que convencido; ele estava intrigado. Ele começou a ler todo livro sobre o assunto na biblioteca da Universidade de Syracuse. Ele falou com religiosos fundamentalistas, rabinos judeus e cristãos renascidos, que pregavam contra a mediunidade e a comunicação com os chamados mortos.

Um pastor evangélico disse-lhe que isso era coisa do demônio. Rick se contrapôs ao homem, perguntando por que o demônio iria querer que ele tivesse uma nova visão sobre sua vida:

— Por que o demônio quer que eu veja além do mundo em que vivemos? Por que ele quer que eu repense meus valores e até mesmo meus princípios morais? — perguntou ao evangélico.

— A Bíblia proíbe contatos dessa natureza — foi tudo que o religioso pôde dizer.

Mas o abismo negro de Rick começava lentamente a se encher de luz.

Rick conferiu e reconferiu suas descobertas. Ele testou a médium, fazendo-lhe perguntas que só Joe poderia responder. Ele passava e repassava suas dúvidas. Nunca se deixava convencer de que algo era inquestionável. Até que, finalmente, ele chegou a uma conclusão:

— Meu irmão Joe está vivo. Nós todos vivemos depois da morte. É realmente ele quem está se comunicando comigo, não algum espírito maligno, porque os resultados desses contatos não são maus.

Muito tempo atrás, em São Paulo, uma semente fora plantada na mente de Rick. A semente, infelizmente, precisou ser regada com as lágrimas derramadas pela morte do irmão.

Não existe acaso. Não existe coincidência. Não existem ruídos aleatórios na noite.

Os irmãos, um encarnado e outro desencarnado, visitariam aquela igreja muitas e muitas vezes durante os três anos seguintes. O laço entre eles se fortalecia, e Joe, assim que seu irmão estivesse pronto, iria revelar mais sobre como era a vida no mundo espiritual.

Rick mudou-se de Syracuse depois de formar-se e começou sua vida pelo mundo afora.

De certa forma, Joe também se formou. Ele ficou apenas alguns poucos dias no amplo vale verde, uma parada intermediária onde ele pôde se reajustar à vida no plano espiritual.

Mas os dois jamais se separariam.

Joe nasceu para que Rick, movido pela morte do irmão, examinasse, questionasse e explorasse a vida após a morte. Essa curiosidade só poderia ser motivada pelo choque e pela dor do falecimento de um ente querido.

Joe era o professor; ele viveu muitas vidas. Ele poderia ser chamado de uma "velha alma". E sua escola é tanto no lado astral quanto na vibração terrestre.

Rick é um de seus alunos, e um aluno confiável. Apesar de ter sido trazido para a escola da maneira mais difícil, ele aprendeu. Ele foi movido pela fascinação e curiosidade do contato com os mortos para entender os mais importantes e sublimes fatores que tal contato implica.

Muitos anos depois da morte de Joe, Rick estava tomando alguns drinques com amigos, depois do trabalho. Vida após morte e fenômenos psíquicos viraram assunto. Depois das habituais piadas e histórias de fantasmas, Rick contou aos amigos o que havia aprendido.

— Se um espírito é capaz de se comunicar, por um médium ou por outros meios, significa que nossa identidade sobrevive.

Alguns dos presentes riram e imitaram a música do seriado *Além da Imaginação*. Dida dida, dida dida...

Rick riu com eles e continuou:

— Se um espírito mantém sua identidade depois da morte, então somos a soma dos desejos, ações e idéias que temos durante nossa vida na Terra. — E completou: — Se vivemos antes e vamos viver novamente, então estamos todos, de alguma maneira, interligados e relacionados uns com os outros.

Uma mulher no grupo não quis ouvir mais nada:

— Se tudo isso for verdade, contraria tudo aquilo em que acredito.

Joe, invisível, estava ao lado de Rick, e acabou ouvindo toda a conversa.

Ele sorriu. Seu irmão aprendera muito bem as lições. Mas Joe reconhecia que a mulher estava certa: uma vez que você vai além da curiosidade, do entretenimento e da novidade que envolve o contato com espíritos, você começa a entender a profundidade e o impacto que essas crenças têm sobre sua vida. E essa nova perspectiva pode mesmo revirar todo o seu mundo.

Joe, em sua escola, ensina uma verdade fundamental: não há salvador nem entidade mística ou santa que possa fazer seu trabalho por você.

Ele começa um de seus cursos dizendo:

— Somos responsáveis pelos nossos atos, pensamentos e intenções. Suas conseqüências são sentidas única e exclusivamente por nós mesmos. Ninguém, na Terra ou do lado de cá, vai lavar seus "pecados". Temos que encontrar a salvação por nossa própria conta.

Ele diz a seus alunos que a lição que ele ensina é uma só:

— Somos livres para nos libertar de nós mesmos. Somos prisioneiros de nossos desejos, ambições, cobiça e ego. Apenas nós podemos nos libertar.

A aula está para começar. E você está convidado a assisti-la. Liberte-se!

E lembre-se: não existem acasos, coincidências ou ruídos aleatórios na noite.

4

O professor espera

O espírito flutua alguns metros acima do piso de pinho amarelo-claro. Ele está meditando no meio da enorme rotunda, banhado pelos raios suaves e dourados da luz que irradia através do domo de cristal, no alto.

Esse espírito percorreu uma longa distância. Ele vem de outra dimensão e, enquanto descansa sob o domo, o espírito cuidadosamente se alinha às vibrações deste plano.

O espírito é de uma vibração carmim de harmonia e unidade e, como já esteve aqui muitas e muitas vezes, está achando fácil se misturar ao verde vivo e profundo da freqüência de Summerland.

Summerland é onde os espíritos da Terra começam a entender quem e o que eles são. É o plano de existência onde os espíritos podem avançar esta primeira etapa da dificuldade que se põe em seu caminho.

Essa vibração tem escolas, onde os espíritos podem escolher entre milhares de cursos. Também existem hospitais, onde o espírito, e não o corpo, é tratado. As salas de reunião de Summerland estão repletas de espíritos que compartilham suas experiências e idéias, e os grandes parques verdes são tranqüilos recantos onde um espírito pode meditar e sentir a brisa morna e suave de Summerland, que refresca e inspira.

Summerland é um plano com um propósito: evolução espiritual. Todo espírito nesta vibração está pronto e ansioso por explorar os muitos caminhos que Summerland oferece.

Aquele espírito estava ali para ensinar. Flutuando sob os raios do domo de cristal, ele pensa na missão que tem pela frente. Apesar de ter estado ali antes, cada classe é diferente e cada missão é única.

Em breve, outros espíritos estariam tomando seus lugares na sala de aula e o professor torce para que consiga ajudar a todos. Ele sabe que a aula não vai ser fácil. O espírito sabe que nem tudo que ele vai ensinar será compreendido ou mesmo aceito.

Neste exato instante, ele está escolhendo a imagem em que vai se projetar. Ele sabe que os alunos não podem vê-lo em sua forma verdadeira. Suas vibrações são muito rápidas e altas para a capacidade de compreensão deles.

"Eu ficaria invisível", pensou.

O espírito lembrou-se da noite em que apareceu para uma médium na esfera terrestre.

"Ela me viu como eu era em minha última encarnação. Eu disse a ela que havia nascido numa missão e minha morte era parte da missão."

A lembrança transformou-se numa idéia. E a idéia transformou-se em realidade. Uma onda de luz pulsou através da aura dourada do espírito.

"Por que não?"

O espírito decidiu e começou a imaginar as formas de um garoto de doze anos de idade.

"As missões têm muito em comum."

As lembranças de sua última encarnação na Terra encheram o espírito com um brilho vivo.

"Eu não tinha que voltar; eu fui voluntário. Alguém precisava de um impulso."

O espírito sorriu pensando no espírito que recebeu o "impulso" e as semelhanças entre aquela encarnação e sua nova missão.

"São iguais, exceto que agora eu dou um impulso a grupos para que achem o caminho. E às vezes esse impulso", ele fez uma pausa recordando sua última vida na Terra, "pode ser doloroso."

O espírito sentiu a forma de um menino de doze anos de idade se materializando à sua volta.

"É como ganhar um novo uniforme escolar."

O espírito, agora chamado Joe, riu, enquanto um garoto magro e baixinho, com uma face angulosa coberta com cabelos pretos lisos, se tornava parte dele.

Ele sorriu e sacudiu a cabeça. O espírito viu que, como sempre, eram os olhos que chamavam a atenção: castanho-escuros e profundos, atrás de cílios longos e finos.

"Olhos de uma alma velha."

A lembrança veio como um solavanco. Era a de uma senhora da esfera terrestre. Ela era uma completa estranha, mas parou-o numa esquina, para dizer-lhe que ele tinha olhos de uma alma velha. Ele só tinha oito anos de idade e, para ser sincero, a mulher o assustou.

Agora ele sabia.

— Acho que estou pronto para a aula — declarou ele, e pensou sobre as diferenças entre aquela escola e as que ele freqüentou, quando criança, na Terra.

Joe sabia que ali, naquela escola, ele seria mesmo um professor, não um juiz.

"Como alguém pode julgar?", refletiu. "Nós todos vivemos anteriormente, todos fizemos nossas escolhas, tomamos decisões. Nenhum de nós foi feito mais inteligente ou mais talentoso do que os outros."

Ele não elaboraria provas de avaliação, porque as provas vêm da vida.

"Cada vida é única, cada vida tem um significado especial. Talvez eu possa ajudar meus alunos a descobrir o 'por que' por trás de suas vidas."

Não haveria lições para estudar, porque as lições são encontradas nas diferentes vidas que o espírito leva.

"Carma é o grande professor, não eu. O universo usa o carma que criamos para nos trazer para casa."

Não há álgebra, história ou geometria para aprender, porque os alunos nesta escola apenas aprendem sobre si mesmos.

"E, às vezes, essa é a matéria mais difícil de aprender."

Não há nada para se decorar, porque a única coisa que o professor quer de seus alunos é que eles se lembrem.

"Quanto mais rápido os espíritos se lembrarem do que eles realmente são, mais fácil sua jornada se tornará."

"Vibrações..." Joe repetia a palavra para si mesmo, várias vezes. "Tenho de ensiná-los sobre vibrações. Esta é a chave. Se eu os ajudar a abandonar seus medos, egos e vaidades, suas vibrações aumentarão. E, quando as vibrações aumentam, os véus caem, facilitando que eles vejam o que realmente são."

Joe pensou naqueles véus, que não apenas são bloqueios à visão do espírito para suas vidas passadas, mas também são as mentiras que contamos a nós mesmos em nossa viagem através da eternidade. Todo espírito tem suas mentiras. Elas são as desculpas que usamos para justificar nossos pensamentos e ações, e as mentiras têm um modo furtivo de se tornarem verdades. Mas, quando os véus desaparecem, as mentiras ficam expostas e murcham no vazio.

O professor termina de alinhar-se com aquela vibração, sentindo a paz que a etapa chamada Summerland lhe oferece.

O professor tateia na vibração da esfera a que ele pertence. É o chamado sexto degrau. Ele sente a ausência de interesses próprios e deixa-se levar pela vibração. Ele sabe que essa ausência está muito além da compreensão de seus alunos. Esse espírito passou por muitos nascimentos e renascimentos, apenas para compreender sua sublime grandeza.

Ele não se limitou a esvaziar-se do orgulho, ego, revolta e ódio. Essa é a parte fácil. Quando um espírito aprende com essas emoções, ele já não precisa delas.

Finalmente, depois de compreender o significado do vazio, Joe ainda precisou de muitos anos terrestres de estudo e trabalho para atingir o nada.

Ele se lembrou das palavras de seu próprio professor, o espírito que lhe deu seu primeiro impulso na estrada.

— Fomos feitos para nos reunir ao Criador. Mas, para chegar lá, temos que nos esvaziar. Durante nossos ciclos de nascimentos e renascimentos, quando lidamos com emoções, orgulho e ego, escolhemos identidades. Usamos essas identidades para aprender. Mas chega uma hora em que não precisamos mais dessas personalidades. Um espírito tem que se esvaziar de si mesmo, porque só assim ele pode começar a se lembrar do que ele realmente é: uma parte de um todo.

Com essas palavras flutuando ao seu redor, o professor jura a si mesmo que vai dar tudo de si.

"Sei que não vai ser um passeio no parque", admite. "Mas, se posso lhes dar um pequeno impulso ou mesmo um pequeno toque no caminho para o vazio, estarei feliz."

A escada da vida materializa-se em sua mente.

"Mostrarei a eles a escada. Vai ajudar a indicar o caminho."

Ele agora pensava em seus alunos.

Seriam apenas quatro, mas cada um traria consigo muitas e muitas vidas.

"Logo", disse o professor a si mesmo, "eles verão como uma vida leva à seguinte."

Joe também viu as ligações entre seus alunos.

"Eles vão ficar surpresos quando descobrirem quanto têm em comum."

O professor sabia que esse conhecimento tinha de ser revelado vagarosa e cuidadosamente e que os véus que cobriam o passado estavam ali por uma razão. Somente quando um espírito atinge certo nível de consciência, ele pode compreender e apreciar o carma.

"Nada antes de seu tempo", lembrou-se Joe, enquanto, uma a uma, as imagens de seus estudantes surgiam em frente a ele.

A figura de um adolescente revoltado e mal-encarado era a primeira.

— Esse espírito pensou que compreendia o carma. Sua encarnação transformou-se num desastre para ele e para os que estavam ao seu redor.

Ele sabia que os quatro espíritos não estavam em sua classe por acaso. Eles tinham compartilhado carma e experiência. Quando as aulas acabassem, seus carmas e experiências se uniriam para oferecer a cada um deles novas escolhas e desafios.

O professor agora sacudia a cabeça, com uma sensação de respeito e admiração. Novamente, o equilíbrio, a simetria e a perfeição da Criação impressionavam-no.

"É como uma roda gigante, sempre girando, mas constantemente se equilibrando e se realinhando. Ela nunca pára", pensou, enquanto outro aluno, com suas vidas singulares, desfilava diante de seus olhos.

Joe via uma jovem que deixou o plano terrestre coberta por uma poça de seu próprio sangue. Ela morreu tentando satisfazer um homem que não podia ser satisfeito. Então, depois de breve passagem pelo mundo astral, ela voltou à Terra e novamente deixou que outra pessoa tomasse decisões por ela. E, ainda em outra encarnação, o espírito morreu numa cama de hospital, depois de confiar mais nos outros do que nela mesma.

"Se eu puder ajudá-la a ver o que ela é realmente, esse espírito pode começar a acreditar em si mesmo", refletiu, observando como as três vidas se entrelaçavam umas com as outras. "Não vai ser fácil, mas vou arriscar."

A seguir, veio a imagem de um espírito que não queria nada além de poder, dinheiro e posição social. Tudo isso lhe foi negado e ele morreu, sem um tostão, sem amor e sozinho. Em outra vida, porém, o espírito conseguiu tudo que queria: milhões de dólares, poder e *status*. Mas ele deixou a Terra solitário e sem amor, mais uma vez.

O professor franziu os lábios, quando via os laços que uniam aqueles dois espíritos.

"Vai ser espetacular quando eles virem esses laços por si mesmos. Mas eles são espíritos cujos caminhos já se cruzaram antes e, acho eu, vão se cruzar de novo."

Joe sacudiu a cabeça. Novamente o rosto do adolescente revoltado surgiu diante dele.

"Esse é um espírito que não compreendeu o carma e não teve paciência para aprender. Um sabe-tudo", presumiu.

O professor viu instantes de ódio e revolta misturando-se à aura do espírito. Joe recordou o passado do adolescente: em uma vida ele foi um torturador, em outra foi uma vítima e em sua última vida ele morreu numa explosão fulminante.

"Esse cara tem uma tonelada de carma para resolver. O melhor que posso fazer é mostrar isso a ele. Se tudo der certo, quando seus véus se romperem, ele fará a escolha certa para ele."

Com um suspiro forte, Joe olhou para o derradeiro aluno.

"Um espírito que quis mudar o mundo, mas ao invés disso acabou morrendo cheio de medo e terror. E agora tem medo de progredir. Está cansado e derrotado."

"Essa turminha foi feita de encomenda para mim", disse a si mesmo, sabendo que, naquele exato momento, não por acaso nem por sorte, seus alunos começavam a achar o caminho para a classe de aula sob o domo de cristal.

"Quero que aprendam com o passado. Então eu quero plantar uma semente que vai ajudá-los a aprender com as muitas e muitas vidas que eles ainda vão viver. Cada um deles precisa lembrar quem é e de que é parte. Eles precisam ver a Terra como ela é: um degrau feito para que os espíritos aprendam, vivenciem e então possam ir em frente."

"Espíritos", o professor sabia, "se perdem no caminho e começam a ver a Terra como o fim de tudo. Se eu puder mostrar a eles que nascemos não para sermos ricos, mas para aprendermos com a riqueza, terei ajudado a lembrar quem são.

"Se eu puder fazer com que percebam que encarnamos não para sermos pobres, mas para aprendermos com a pobreza, eu lhes terei dado um impulso na estrada da evolução.

"Se eu os fizer ver que não nascemos para ser revoltados, para odiar ou ter inveja, mas sim para aprender com essas emoções, eles se livrarão delas, substituindo-as por amor, harmonia e paz.

"Se eu puder mostrar a eles com exatidão o que é a Terra no

universo, eles vão entender que há muito, muito mais que suas próprias existências."

Novamente a escada da vida apareceu diante de seus olhos. Ele sorriu para si mesmo e repetiu:

"Isso vai ajudar a mostrar o caminho."

Quando terminou sua reflexão, Joe gargalhou alto.

"Se eu puder fazer tudo isso, vou ser melhor professor do que Sidney Poitier em Ao Mestre com Carinho."

O professor sabia que ainda haveria um quinto aluno e que este seria diferente. Ele não se sentaria com os outros quatro, na sala de aula; ele assistiria à aula na platéia, porque esse aluno ainda estava encarnado na Terra.

— Ele está aqui para aprender e levar com ele o que ele vê.

O professor sentiu um leve tremor quando uma tribuna redonda e branca se levantou no meio do piso de pinho.

"O palco da vida." Ele sorriu, sabendo que a hora estava chegando. "O círculo dentro do círculo."

Um por um, eles chegaram, cada um seguindo seu próprio feixe luminoso, cada um trazendo sua própria história.

O professor esperou embaixo do grande domo que banhava a enorme cúpula com serenos raios dourados.

As aulas iriam começar. Ele estava pronto.

5

Seu primeiro dia na escola

Você está voando... Flutuando sobre uma pradaria de verde infinito, deslizando no calor de um vento suave que se agita sobre as folhas verdes e macias embaixo de você. Você nunca se sentiu tão livre, tão leve e tão vivo.

— *Bem-vindo a Summerland* — sussurra em seu ouvido uma voz invisível.

Você não está com medo. Você sabe que está sendo guiado e observado. Você se rende àquela voz. Você até se permite rir.

— *Summerland...* — diz você a si mesmo. — *Parece nome de motel barato de Atlantic City.*

— *É melhor do que Atlantic City. Aqui eles têm tudo que o plano terrestre tem, com algumas diferenças. Olhe ao seu redor: as cores são mais brilhantes, o céu é mais profundo, a grama é mais verde. E os ventos, ao invés de frios e cortantes, são carícias suaves e mornas.*

E a voz continua:

— *Temos escolas, onde espíritos aprendem sobre a vida e sobre si mesmos. Há hospitais, onde tratamos da alma. Todos têm empregos, mas não trabalhamos para ganhar a vida; trabalhamos para ajudar todos os seres viventes. Deixe-se sentir. Não há medo, nem revolta, nem competições aqui. Aqui é Summerland, no mundo astral, onde seu espírito é livre.*

Você olha ao seu redor e, pela primeira vez, nota como a grama é mesmo mais verde, o céu azul sobre você é mais profundo e infinito e as correntes de ar que carregam você são mais suaves e leves que a mais delicada brisa na Terra.

— *Esta é a primeira vibração da consciência. É onde os espíritos começam a aprender e lembrar-se do que esqueceram.*

Flutuando livremente, você confessa à voz invisível que não tem a menor idéia do que ela está falando.

— *Tudo bem, não esquente! Você está aqui para aprender, meu amigo. Se você soubesse de tudo, não estaria aqui.* — Como numa conclusão, a voz admite: — *Nenhum de nós sabe de tudo. Quanto mais aprendemos, mais há para descobrir.*

De repente, bem em frente a você, surge um clarão luminoso.

Você se eleva, querendo ver de onde vem aquela luz. Você flutua cada vez mais alto, até outro raio atrair seus olhos. A luz torna-se seu feixe-guia.

Seu coração bate mais forte, em expectativa, e seus sentidos estão alertas. Você finalmente vê de onde vem a luz. Bem em frente, uma esfera alta de cristal ergue-se em meio à grama verde e macia, brilhando e resplandecendo como um diamante redondo. Você chegou.

— *Pode entrar* — chama a voz, e você percebe que não a está ouvindo com os ouvidos, mas com o espírito.

Você olha por uma abertura no domo. Não há ninguém. Você de repente percebe que a voz quer que você atravesse as vidraças finas de cristal.

Você hesita; sabe que é impossível.

A voz o acalma, lhe dá segurança.

— *Você consegue. Você está em espírito; a única barreira é você mesmo.* — A voz pede-lhe que confie nela. — *Afinal, fui eu quem o trouxe aqui.*

Apreensivamente, você se aproxima da esfera, estica a mão e toca uma de suas muitas vidraças de cristal. Você se impressiona quando sua mão a atravessa sem o menor esforço.

Um riso se faz ouvir:

— *Eu não disse? Entre. Não tenha medo.*

Antes que você se dê conta, e mesmo sem saber como, você está dentro, deslizando calmamente pelo domo. Os reflexos das cores o impressionam. Tons infinitos de dourado, azul, vermelho, violeta, verde, amarelo e branco o circundam com muita intensidade enquanto você vagarosamente desce até o chão.

Há uma grande tribuna circular bem embaixo do domo. Um garoto de doze anos, vestido com *jeans* e uma camisa xadrez amarela, está parado no centro da tribuna, sobre o chão de pinho branco.

Ele acena.

— *Você demorou. Faz tempo que estou chamando.*

De seu ponto de vista, do alto e do meio do domo, você percebe um pequeno semicírculo em frente a ele, com quatro espíritos sentados em cadeiras prateadas e brilhantes. Mas você sabe que ele não está falando com eles; ele está falando com você e só você pode ouvir o que ele fala.

Você flutua até perto da tribuna. Consigo mesmo, você começa a rir. O cenário lhe lembra um show da televisão.

Um sorriso travesso cresce no rosto do garoto. Seus olhos escuros se iluminam. Ele lê sua mente, e, como você logo vai descobrir, ele vai fazer isso de novo muitas vezes.

— *Parece o "Qual é a Música?", não parece?* — ele graceja. — *Só que eu não sou o apresentador; sou o professor. E esses não são os convidados* — disse, apontando para os quatro espíritos em volta dele. — *São estudantes. E* — seu olhar passeou pela cúpula sob o domo — *isto aqui não é um estúdio de TV; é uma escola astral em Summerland.*

Você está confuso, imaginando ter dito alguma besteira. Mas ele lhe diz para não se preocupar. Na verdade, ele até gosta das semelhanças.

— *Assim fica mais fácil explicar o que acontece aqui.*

E, para sua surpresa, ele continua fazendo um paralelo entre a escola e o programa de TV.

— *Mas devo dizer que não há prêmio em dinheiro. Também não há campainhas para respostas erradas nem luzes piscando para as certas, porque não há nada certo ou errado. Existem apenas escolhas e lições. Em outras palavras, aqui aprendemos sobre a vida. E, uma vez que a vida de cada um é diferente, como pode haver resposta certa ou errada?*

No meio da tribuna redonda, poucos metros atrás do professor, você vê um pequeno palco. Ele também é redondo. É um círculo dentro de um círculo maior. Mas esse palco não é feito de madeira; é repleto de luz. O palco paira poucos metros acima do maior, tremulando em um arco-íris colorido.

Pela primeira vez desde que você chegou, o garoto fala para todo o grupo:

— Estou feliz que tenham conseguido. Sei que todos tomaram caminhos diferentes, mas esses caminhos os trouxeram para cá.

O professor sorriu.

— Esta é sua escola. Eu sou seu professor. Meu nome é Joe.

Ele agora rodopiava o dedo, traçando um círculo no ar, e chamava a atenção dos estudantes para a enorme cúpula onde eles estavam sentados.

— Neste palco, vocês não vão ver nenhum show circense. Nada de atrações com leões, palhaços ou cantores que cobram fortunas para se apresentar. Em nosso palco — ele apontou sobre seu ombro para a plataforma menor — há apenas a vida, nada mais e nada menos. Sem cadernos, sem lousas, nenhuma regra para decorar. Vocês vão aprender uns com os outros. — Fez uma pausa e continuou: — E vão aprender consigo mesmos.

Joe olha para você, ainda flutuando sob o domo de cristal.

— Mas — revela o professor — nós temos uma platéia.

Ele espera até que você esteja bem em cima dele e com um sorriso largo indica um grande auditório em frente ao palco.

— Então, como eles dizem na TV, "Fique ligado, o show vai começar", brinca o menino, enquanto ele e os quatro alunos observam você se acomodar num assento na primeira fileira, onde percebe que aquela platéia é composta por apenas um.

— *Não ligue para isso. Você representa muitos.*

Enquanto espera "o show começar", você dá uma olhada na enorme sala redonda. A primeira coisa que lhe chama a atenção é que os raios mornos de luz do sol se lançam pelo domo e o céu azul do lado de fora se mistura com o azul suave das paredes que circundam o auditório. É difícil dizer onde começa uma coisa e onde termina a outra. À sua esquerda, à direita, acima e atrás de você, o azul infinito provoca a sensação de que você está flutuando novamente, sem esforço, pelo ar.

Bem à sua frente, lá está o grande palco redondo.

"Deve ter uns noventa metros de diâmetro", você calcula em silêncio.

Bem no meio dele, fica o pequeno semicírculo com os alunos, e no meio deles fica o professor. Uns três metros atrás de Joe, brilha o cenário com o círculo menor dentro do círculo maior. Você não consegue ver direito o que há atrás dele porque uma névoa densa cobre os cavernosos bastidores.

Mas você vê o tema predominante nessa sala de aula: um domo redondo, paredes circulares, um enorme palco circular, alunos sentados num semicírculo e, finalmente, o pequeno palco redondo, flutuando poucos metros acima da base maior.

Novamente, Joe lê seus pensamentos, só que dessa vez ele os compartilha com toda a classe.

— Nossas vidas são círculos, infinitas e eternas, cada uma fluindo para outra. Que modo melhor para se aprender sobre a vida — novamente rodopiando o indicador e desenhando um círculo no ar — do que estar no meio de uma?

A voz firme e forte de Joe faz com que você interrompa a inspeção da sala de aula. Sua atenção novamente se volta ao menino magro parado no meio do semicírculo de estudantes.

— Eu adoraria ter sido o autor desta frase, mas foi um espírito chamado William Shakespeare que escreveu: "O mundo é um palco, e todos os homens e mulheres são meros atores. Eles entram e saem de cena, e cada homem interpreta vários papéis".

Joe olha para os alunos e então para você. Seus olhos se encontram. Ele lhe lança um sorriso tranqüilizador. Ele sabe que você está nervoso, confuso e um tanto amedrontado.

— *Relaxe. Você precisava estar aqui.*

Na verdade, ele não fala; é mais como um pensamento rápido.

Você descobre que está ficando bom nesse negócio de trocar mensagens por telepatia.

"Isto está ficando interessante", você conversa consigo mesmo.

— *Mais do que você imagina* — ele provoca, e continua a falar com seus alunos.

— Todos nós interpretamos vários papéis e vivemos muitas vidas. Entramos em cena no palco chamado Terra e, naturalmente, temos nossas marcações para sair de cena. E agora vocês estão aqui nesta escola espiritual. Vocês interpretaram seu último papel e acabaram de sair de cena.

Joe parou e acrescentou:

— *Exceto para você. Sua peça ainda está em cartaz no palco chamado Terra. É por isso que você está aqui.*

Você sacode os ombros, ergue as sobrancelhas e balança a cabeça, ainda sem saber o que está fazendo sentado no meio de um auditório vazio, assistindo a uma aula numa escola para espíritos.

"Este é um sonho bem maluco", diz você a si mesmo.

O professor comenta:

— *Para você é um sonho, mas, acredite em mim, isto é real. Você está aqui para aprender, assim como eles. Com um detalhe: quando voltar à Terra, você vai compartilhar tudo que aprender aqui.*

— Todos vocês — ele se voltou para a classe — estão aqui para decidir o próximo passo que vão tomar, se é que vão tomar algum, em seu próprio caminho de evolução. E — acrescentou, fazendo ar de mistério — vocês estão juntos por uma razão. Nada acontece por acaso. O universo não é um jogo. As coisas não se decidem ao rolar de dados. Não existe sorte. Nada acontece sem planejamento.

Os quatro espíritos em frente a ele estavam em silêncio. Até aquele momento, eles não tinham feito nenhuma pergunta ou comentário. Na verdade, eles não mostraram nenhuma reação ao professor falara.

Um adolescente alto, magro e com traços árabes, sentado na ponta direita do semicírculo, contorceu-se em seu assento. Um sorriso desafiador formou-se em seus lábios finos.

"O que é que um moleque pode me mostrar?", perguntou o

adolescente a si mesmo, em tom de provocação. "Quero ir embora daqui."

Joe lê os pensamentos do rapaz e percebe que o adolescente, cujo nome é Assan, acha que deveria estar em outro lugar. E, o mais importante, o professor sabe que o espírito é livre para ir embora quando bem entender.

— *Tenho que atrair a atenção dele* — Joe admite para você.

Tão logo ele diz isso, a escada da vida surge pela terceira vez em frente aos olhos do professor.

"É... Por que não?", diz Joe a si mesmo. "É uma boa hora, como outra qualquer."

— *Fique de olho no fundo do grande palco* — Joe alerta você. — *Vai ser impressionante.*

— Eu também gostaria de estar rodeado de virgens — diz Joe, voltando momentaneamente sua atenção para Assan. — Mas elas são como aquelas dançarinas de Las Vegas... Não temos nenhuma aqui. E — com uma piscadela — não conheço nenhum lugar no universo onde se possa encontrá-las. Os tempos mudaram — brinca.

Enquanto um confuso Assan tenta entender como o menino sabia das virgens, uma escada comprida e curva com nove degraus iluminados surge inesperadamente nos fundos enevoados do grande cenário, estendendo-se dramaticamente até o topo do domo de cristal. Cada degrau tem sua própria pulsação luminosa; cada um tem sua própria cor e vibração.

Você ouve os alunos perderem fôlego.

Finalmente, eles manifestaram alguma reação.

Você também está hipnotizado pela escada brilhante. O professor deixa o local onde estava, no meio do semicírculo, e vai para o primeiro degrau, onde ele começa a descrever cada patamar luminoso da escada cintilante.

Primeiro degrau: destaca-se pela cor branca pura, como a de um lírio.

— O começo — resumiu o professor.

Segundo degrau: irradia um azul tranqüilo.

— A Terra, nossa escola — foi tudo que Joe explicou.

Terceiro degrau: cintila e pulsa furiosamente em tom violeta.

— O abismo. Vocês logo vão descobrir o que significa — diz Joe enigmaticamente.

Quarto degrau: estampa um vermelho quente, elétrico.

— Avançando um pouco — foi seu único comentário.

Quinto degrau: brilha levemente em verde vivo e profundo.

— Summerland. É onde estamos agora.

Sexto degrau: emite um delicado halo amarelo.

— Um plano mental, um lugar de idéias e inspiração.

Sétimo degrau: pulsa em tom escarlate.

— Um lugar para preparação — mas Joe não diz para quê, apenas acrescenta: — Eu o conheço muito bem.

Oitavo degrau: cintila em tons dourados.

— O lar de nossos patrocinadores — observa o professor, sem dizer quem são esses patrocinadores.

Nono degrau: destaca-se pela cor branca pura, como a de um lírio; um reflexo do primeiro degrau.

— O primeiro degrau era o começo. Este último é um novo começo. Alguns, erradamente, o chamam de fim.

Os degraus brilham. A escada luminosa e as descrições vagas e curtas de Joe conseguiram por algum tempo atrair o interesse da classe.

— Os degraus representam planos de existência. Você pode chamar alguns de céu. Você pode chamar alguns de inferno. Isso não importa. A única coisa que conta é que eles existem, e cada degrau, sem interessar em que nível ele está, leva a um fim. E o fim simplesmente leva para um novo começo.

As semelhanças entre o primeiro e o último degraus foram percebidas. Seus tons brancos em cada ponta da escada colorida faziam com que parecessem aparadores de livros numa estante.

— Vai ver, eles não tinham mais cores — gracejou Assan com o espírito à sua esquerda, um negro chamado James.

— Eu sabia que isso ia atrair sua atenção — disse o jovem professor, voltando rapidamente para seu lugar em frente à classe. — Por que vocês não esperam um pouco para descobrir aonde eles levam?

O adolescente não se importou ao ver que o professor ouvira seu gracejo sobre os degraus e respondeu ao sorriso de Joe com um dos seus. Mas, mesmo a contragosto, Assan não conseguia tirar os olhos da escada reluzente que se estendia preguiçosamente até o topo do amplo domo.

Joe continua a estudar Assan. No plano terrestre, o adolescente recebera a promessa de paraíso eterno com treze virgens atendendo a todos os seus desejos.

— *Se eu fosse ele, também estaria revoltado* — o professor brinca com você.

— Eu sei que você está decepcionado — diz Joe a Assan. — Sei o que lhe foi prometido. E, acredite, sei que não substituo suas treze virgens obedecendo a todos os seus pedidos, mas — apontando para a escada —, se você me der uma chance, sei que posso oferecer a você algo melhor.

Os olhos negros de Assan desviaram-se da escada luminosa para examinar a grande sala circular.

Ele analisou o garoto de doze anos, tentando entender o que aquele professor-mirim poderia oferecer a ele que pudesse ser melhor que treze virgens no paraíso.

— Sem chance — murmura Assan.

Ele olha para os outros alunos, mentalmente analisando cada um deles. Desde criança na Terra, ele foi treinado para analisar rapidamente tudo ao seu redor e fazer rápidos julgamentos sobre as pessoas à sua volta, porque, como seus professores enfatizavam, sua vida podia depender disso.

À sua esquerda sentava-se um negro musculoso, ali pelos seus vinte anos, fitando impassivelmente os degraus brilhantes.

"Parece que está surrado e cansado", foi a primeira impressão que Assan tirou de seu vizinho.

Bem em frente a ele, na outra ponta do semicírculo, ele vê uma senhora, já nos seus sessenta anos, elegante e esnobe. Ela friamente lhe devolve o olhar.

"A velhota parece que está com prisão de ventre. Está tensa como a corda de um violino."

Perto dela está um homem de meia-idade, bronzeado e com cabelos louros bem penteados, sentado ereto em sua cadeira. Assan nota que ele também está analisando todo mundo pela classe. Seus olhares se encontram.

"Esse cara é cheio de si", decreta o adolescente árabe.

"Sem dúvida, as treze virgens ainda são melhores do que isso", conclui Assan consigo mesmo.

O negro próximo a Assan estendeu-lhe a mão.

— Meu nome é James.

Eles se cumprimentam e James convida Assan a ficar por ali.

— Afinal, o que mais temos para fazer?

Assan franziu os lábios e fechou os olhos. Ele sabe que James tem razão.

"Já estou aqui há algum tempo. Pelo menos esta escola tem algo de diferente", argumenta ele consigo próprio, convencendo-se a ficar, pelo menos temporariamente.

Joe, no entanto, sabe que logo vai ter que lidar com Assan.

— *Não quero perdê-lo. Ele sabe que pode ir embora quando quiser* — Joe revela a você, e decide: — *Seus flagrantes serão os primeiros.*

— Vocês estão sob o domo — diz o professor ao grupo. — Lembram-se do que eu disse sobre os papéis que interpretamos? Aqui, sob o domo de cristal, nós veremos alguns deles.

O professor aponta para a longa escada em espiral com degraus seguindo até o topo do domo.

— Aqueles são os nove degraus da vida. Cada um tem sua própria vibração, cada um tem seu propósito e cada um tem seu lugar especial no universo.

Joe momentaneamente virou-se de costas para a classe a fim de ir até a pequena plataforma elevada que estava atrás dele. Parado na frente de seu brilho florescente, ele olha para o semicírculo dos alunos.

— Este é o palco da vida. Aqui é onde algumas de suas vidas passadas vão ser interpretadas. Nós as chamamos de flagrantes da vida real. Vocês vão aprender sobre si mesmos e sobre os outros. O mundo é um palco. — Ele repete as palavras de Shakespeare: — E todos nós interpretamos muitos papéis neste palco.

O professor salienta que apenas algumas, não todas, encarnações passadas serão mostradas.

— Somente as relevantes — conclui, com um sorriso.

Enquanto caminha de volta para o meio do semicírculo, Joe vai fazendo observações mentais sobre seus alunos. Ele sabe que Assan não é o único que quer ir embora.

— *Esta escola não é bem o que eles esperavam encontrar do outro lado* — explica Joe a você. — *Alguns estão decepcionados, alguns frustrados e confusos. Seus guias individuais, espíritos que ajudam outros espíritos no caminho da evolução, disseram-lhes para seguir a luz. A luz os trouxe aqui.*

James, como Joe observou, está cabisbaixo.

— *Esse espírito está procurando respostas para perguntas que ele tem medo de fazer. Está aprisionado por seus próprios medos* — diz Joe a você.

O professor olha para Assan sentado com seus braços cruzados sobre o peito, com um sorriso desafiador estampado na face.

— *Ele vai tentar transformar isto num jogo. Enquanto ele continuar a jogar, tudo bem para mim.*

De frente para Assan, a elegante e empertigada mulher lentamente sacudia a cabeça de um lado para o outro. Ela tem certeza de que está ali por engano, e que logo esse erro será desfeito. Seu nome é Rosa.

— *Essa mulher vai ser um osso mais duro de roer do que Assan. De certa forma, ela e o rapaz têm muito em comum. Aos dois prometeram algo, e ambos viveram suas vidas em função dessas promessas.* — O professor olha para os dois e suspira. — *Eles estão unidos por muito mais do que falsas promessas. Mas nenhum deles está pronto para descobrir como.*

Joshua, o homem de meia-idade sentado perto de Rosa, parece entediado. Ele também quer ir embora, achando que tem coisas melhores para fazer.

— *Bastará uma rachadura em sua carcaça, para que toda a fachada desmorone.* — E Joe lhe dá uma sugestão: prestar atenção em Joshua e Rosa. — *Os dois estão tão apegados a si mesmos que não conseguem ver os laços entre eles.*

O professor não está nem um pouco preocupado com a aparente falta de interesse do grupo nele ou na escola.

Parado no meio do semicírculo, ele calmamente recomeça de onde parou, explicando aos alunos os "flagrantes da vida real" que seriam exibidos no círculo dentro do círculo chamado de palco da vida.

— Chamo isso de retirar os véus, porque os véus que cobrem seu passado serão retirados, camadas de orgulho e ego rompidas e as mentirinhas que contamos a nós mesmos serão expostas.

Em resposta, James simplesmente fita o chão, Assan lança seu sorriso desafiador, Rosa olha para cima e Joshua boceja.

— *Turminha difícil* — admite Joe. — *Mas o tempo dirá se são realmente tão difíceis.*

Atrás do professor, o palco da vida já não pairava alguns metros acima do chão. Sua base agora está plantada firmemente no piso de pinho do grande palco. O arco-íris fluorescente se foi. O palco da vida está pronto para receber seu primeiro flagrante da vida real.

— *Isso vai ser melhor do que qualquer programa de TV que você já viu. Nem pense em mudar de canal.*

Mas o aviso é desnecessário. Você não perderia isso por nada neste mundo.

6

A *primeira lição de Joe:* *o que somos*

Olhando para os alunos, o professor esfrega as mãos, esperando ansiosamente o que viria a seguir. Era hora de começar a retirar os véus. Ele sabe que isso não será indolor.

— *Mas, se eles querem progredir com suas vidas, isso precisa ser feito* — diz Joe a você. — *E não deve ser feito de uma vez; é preciso fazê-lo passo a passo.* — Ele riu e indicou a escada luminosa atrás dele. — *Da mesma forma que subimos aqueles degraus.*

Mas Joe sabe que, para poder se aprofundar nas vidas de cada aluno, ele terá de acelerar as coisas no começo.

— *Quero mostrar-lhes um pouco do que são e uma amostra do que podem ser* — ele explica a você.

Como um médico examinando a ficha do paciente antes de chegar ao diagnóstico final, Joe deu uma última conferida em seus alunos. Ele começa com Rosa, elegante e aprumada, encarando o professor do canto esquerdo do pequeno semicírculo.

— *Essa mulher é a seriedade em pessoa* — brinca.

Nenhum fio de seus cabelos grisalhos está fora do lugar no coque bem-feito no alto do rosto impassível pontuado por olhos frios e acinzentados, bochechas altas e lábios finos e pálidos. Suas roupas seguem sua rigidez: um conjunto impecavelmente bem passado, composto de um *blazer* azul combinando com uma saia comprida até os tornozelos; na blusa branca, o colarinho engomado é preso por discreto broche dourado.

Rosa Maria está deste lado há sete anos, tendo deixado o plano terrestre aos sessenta e três anos de idade.

— *A maneira como o espírito faz a passagem da Terra para o plano astral diz muito sobre a vida que ele levou. Rosa fez a passagem na cama de um hospital, rodeada por seu pastor e membros de sua igreja. Eles se despediram dela com orações, hinos e hosanas. E ela foi recebida deste lado com orações, hinos e hosanas. É o que ela esperava e foi o que ela obteve. Rosa foi recebida por espíritos que compartilhavam suas vibrações e crenças.*

Joe relata que aquele espírito se manteve em isolamento, mantendo apenas o mínimo contato necessário com outros espíritos. Rosa Maria é um espírito convencido de que levou uma vida inquestionável e está agora exigindo a recompensa que lhe foi prometida.

— *Ela está procurando os portões de madrepérola. Rosa simplesmente bloqueia qualquer coisa ou qualquer um que ela ache que não vá passar por eles. Quando chegou aqui, ela se encontrou com espíritos que acreditavam no mesmo que ela. Eles cantaram hinos e leram a Bíblia. Mas nada aconteceu. Eles não podem ir em frente, porque não há nada para seguir adiante. O céu que prometeram a eles não existe. A maioria dos espíritos que se encontrou com Rosa quando ela fez a passagem ainda está neste nível, cantando e louvando a Deus. Rosa se encheu disso. Ela decidiu encontrar sua "justa recompensa". Seu guia a enviou para cá.*

A recompensa que o espírito de Rosa Maria espera é a vida eterna no paraíso. Esse espírito, a despeito de tudo que já viu, ainda não compreende que já tem a vida eterna e que o paraíso tão desesperada e obstinadamente almejado não existe da maneira como ela o quer.

— *Ela criou um véu de hipocrisia ao seu redor, porque ela não pode encarar a verdade.* — O professor, ouvindo suas próprias palavras, pára por um segundo ou dois e então acrescenta: — *Ela vai descobrir o que a Bíblia realmente quer dizer com "E a verdade te libertará"*.

Rosa, por outro lado, está indignada por encontrar-se nessa escola, com "um árabe pagão, um adorador do dinheiro, um negro analfabeto e uma criança que acha que vai me ensinar sobre a vida". No entanto, ela se propõe a enfrentar essa prova, dizendo a si mesma: "É Deus que está testando minha fé".

— *Ela não será fácil. Essa mulher não tem véus ao seu redor* — diz Joe, rindo. — *Ela está rodeada por um anel de aço. Vou dar a ela, e a todos os outros, um aperitivo do que está do lado de fora desse anel.*

Agora ele volta a atenção para Joshua, o homem de meia-idade sentado perto dela. Josh também é fanático, mas não por crenças religiosas e sim por poder e controle. Na Terra, ele foi um homem de negócios tremendamente bem-sucedido e sua vestimenta ainda projeta a imagem desse sucesso: um terno habilmente feito à mão, azul-escuro com risca de giz, uma camisa impecavelmente branca, gravata de seda vermelha, meias pretas que chegavam ao joelho e sapatos lustrosos como um espelho. Josh está ali há uns dez anos e ainda não conseguiu ver além da imagem que fez de si mesmo. Ele está atado ao que ele era.

No astral, Joshua está se sentindo perdido e insignificante. Ele quer desesperadamente reentrar na esfera terrestre, onde se sentia vivo e necessário. Seus guias pediram-lhe que assistisse a algumas aulas nessa escola antes de encarnar novamente. Ele concordou, embora pensasse:

"Isso é uma total perda de meu valioso tempo. Esse menino que eles arrumaram para ser o professor não tem idade nem para ser meu *office-boy*."

Joe sabe que nem Josh nem Rosa serão alunos fáceis. Agora mesmo, por motivos diferentes, eles estão envolvidos somente com si próprios. No fim, eles verão como estão envolvidos um com o outro. Mas esse momento ainda está longe.

O professor faz uma pausa e observa mais uma vez um sentado ao lado do outro. Suas suspeitas se confirmam e ele tem uma idéia. Ele ergue uma sobrancelha enquanto pondera sobre a idéia.

— *Ele vai enxergar além de seu vício pelo poder. Ele vai experimentar o que significa o verdadeiro poder.*

Joe lança um olhar para o outro lado do semicírculo, onde está o musculoso negro, sentado entre Joshua e Assan.

James já tinha sido um espírito orgulhoso e corajoso, cheio de ousadia e curiosidade.

Mas tudo isso mudou.

Esse espírito vive no astral há quase duzentos anos terrestres e está com medo, sente-se acanhado e derrotado, mergulhado na autopiedade e dominado por seus próprios temores.

— *O sujeito não quer reencarnar. Ele tem medo. E, se há uma coisa que paralisa e aleija o progresso de um espírito, essa coisa é o medo.*

Joe promete recolocar os pés de James na estrada da evolução espiritual.

— *Todos nós temos que chegar lá; ninguém pode ficar para trás. Vou mostrar a ele o que ele é e o que ele pode vir a ser.*

Finalmente, Assan: um espírito que, trinta anos atrás, escolheu um caminho violento e sanguinário.

— *Como posso ajudá-lo a trocar a revolta pela compaixão? Como posso ajudá-lo a moldar suas encarnações para ajudar a si mesmo e aos outros?*

Enquanto Joe se questionava sobre Assan, outra idéia surgiu em sua mente.

"Pode ser... Pode ser, sim...", falou ele consigo mesmo, cautelosamente.

Essa é sua classe. O universo o havia encarregado desses quatro espíritos.

— *Nenhum deles sequer começou a erguer seus véus, para poder ver a si mesmo como realmente é: um espírito eterno, com passado, presente e futuro. Dois deles* — disse, referindo-se a Rosa Maria e Joshua — *não conseguem ver além de si mesmos. E os outros estão aprisionados, um pela revolta, outro pelo medo.*

Para aqueles espíritos, o tempo realmente não fazia sentido. James estava ali por mais de duzentos anos, Rosa por sete, Josh por dez e Assan por quinze. O tempo, quer seja em dias, meses, anos ou décadas, perde a direção na própria infinidade.

Mas há outro tempo, chamado de *tempo de escolher*. E, quando acabarem as aulas, chegará esse tempo para Assan, James, Rosa e Josh. Um passo pode ser dado ou não, um caminho pode ser tomado ou não, mas o tempo para se fazer essas escolhas não pode ser postergado. Espíritos precisam seguir adiante. Eles podem aprender. Eles podem crescer. Ou podem, como James, escolher viver dentro de casulos formados por seus próprios egos.

— *Eles podem me deixar retirar seus véus. Ou podem escolher continuar a vida nas sombras. Está na hora de começar.*

Apenas alguns segundos haviam se passado desde que o professor iniciou o "diagnóstico final" de seus alunos.

Eles esperaram em silêncio. Mas eles sabem que alguma coisa está acontecendo. Eles podem sentir a expectativa no ar e vê-la estampada na face do professor.

James levanta o olhar do chão, esperando o que está por vir.

Assan remexe-se na cadeira, preparando-se para o que ele pensa ser um jogo que pode comandar e controlar.

Rosa senta-se ereta em seu assento, esperando sua libertação.

E Joshua, assumindo seu ar enfadado de superioridade, quer que aquilo acabe logo.

— *Como eu disse anteriormente, vou mostrar a eles o que são agora e, depois, dar uma amostra do que podem vir a ser.*

Enquanto Joe falava com você, a luz dourada e suave que irradiava do domo vagarosamente se esvanecia. Com exceção do brilho que vinha da escada luminosa atrás do professor, a grande sala de aula redonda está escura.

Todos os olhos estão voltados para Joe, parado calma e confiantemente diante deles, no meio do semicírculo.

Um pequeno ponto luminoso brilha bem no centro de seu corpo. A princípio, é apenas uma pequena faísca brilhante. Mas ela cresce e vai-se tornando cada vez mais forte e brilhante, até que a imagem do menino de doze anos é substituída por uma intensa energia amarelo-clara, pulsante e disforme.

Os alunos, e você na platéia, estão dominados pelo esplendor, e cada um vê o que precisa ver na luz dourada crepitando diante deles.

Assan sente a revolta e o ódio fervendo dentro de si. Ele está preso a essa turbulência. O espírito queima, num calor ardente. Mas a tempestade de emoções se desfaz tão depressa quanto começou e Assan, por alguns segundos, experimenta a alegria e o conforto do amor e da compaixão, emoções de que ele precisa tão desesperadamente, mas terá de aprendê-las por si próprio.

James se sufoca em seus medos, que são correntes apertando seu espírito, paralisando seu ser. De repente, o aperto do medo dá lugar ao abraço de um amigo. James suspira. Ele sabe que precisa aprender a confiar novamente.

Joshua recebe uma amostra de um mundo sem nenhuma ambição, cobiça ou orgulho. Por uma pequena fração de seu tempo, ele experimenta a harmonia do completo vazio. Mas, tão depressa quanto a paz vem, ela vai, esquecida e fora de alcance, porque ele não está pronto para conquistá-la.

Rosa Maria, por um segundo sagrado, sente a serenidade, a harmonia e o amor que ela procurou desde que fez sua passagem da Terra. Mas ela também não sabe como manter essas sensações. Elas se vão como areia escorrendo por entre seus dedos, porque, como Joshua, ela ainda não está pronta.

Você, sentado longe do palco, na platéia, vê bondade, paciência, compreensão, compaixão e sabedoria de uma "alma velha" refletidas nos olhos de chocolate do menino de doze anos.

A voz do professor ecoa pela câmara redonda, de parede em parede.

— Somos espíritos de uma mesma fonte criadora. Deus, Força Universal, o Todo-Poderoso; podem chamá-lo do que quiserem, porque nenhuma palavra pode defini-lo. Mas uma coisa é certa: essa força divina é parte de nós, a chama vive dentro de cada um de nós e isso é o que realmente somos. Vivemos através de nossos problemas, tentativas e carma com um único propósito: aprender, crescer e recordar o que somos, assim poderemos mais uma vez nos reunir com o Criador.

A sala é iluminada pela harmonia amarelo-clara da aura do professor e ele fala com cada um de seus alunos, começando por sua "criança-problema", Assan.

— Você é o que é por causa do que você era. Cada ação que você fez, cada pensamento que teve, cada escolha que fez trouxeram você até aqui. Chegou a hora de romper o círculo que você criou para si mesmo e seguir adiante.

A voz convoca James. O negro se inclina para a frente e para trás, hipnotizado pela vibração harmoniosa que a energia brilhante irradia diante dele.

— Você já foi orgulhoso, bravo e desafiador; agora você é tímido, humilde e medroso. Aprenda a confiar no universo. Nada acontece em nossas vidas por acaso. Isso pode parecer sem sentido, mas acredite em mim e você verá que é a única coisa que faz sentido.

O professor estava en[illegible]nado: tudo aquilo fazia sentido para James. As lágrimas correndo por suas faces eram prova disso.

O professor dirige-se a Rosa Maria e Josh.

— Vocês dois são viciados. Rosa Maria é viciada em crenças, preconceitos e opiniões. Você se fechou para qualquer um ou qualquer coisa que contradiga tudo isso. Você se sente segura sob o escudo de fé que construiu para si mesma.

— E você, Joshua, é viciado em coisas insignificantes. Você vê um brilho dourado na ilusão de poder, dinheiro e *status*. Dê uma boa olhada ao seu redor. Onde estão seu poder, dinheiro e *status*? Não estão aqui.

E, tão depressa e repentina quanto foi a abertura da aula do professor, ela termina.

A voz se cala. A sala silencia. Lentamente, a luz suave do domo volta a clarear a classe. A vibração harmoniosa de energia se vai e em seu lugar está, novamente, um garoto de doze anos chamado Joe.

Em segundos, os alunos vão se esquecer do que aconteceu,

mas um silencioso anseio por algo melhor vai permanecer em cada um deles.

Rosa Maria, ainda admirada, sussurra através do palco:

— Ou você é um anjo ou é um demônio.

O menininho sorri e encolhe os ombros.

— Nem uma coisa, nem outra, dona. Sou apenas um professor que acabou de dar sua primeira aula.

7

Uma lição da vida: Assan antes de ser Assan

Um turbilhão de excitação e ansiedade percorre toda a rotunda. A excitação contagia todos os alunos por algum tempo, permanecendo nas lembranças de suas primeiras revelações. A ansiedade cresce com a certeza de que, o que quer que venha a seguir, será com um deles.

Em seu posto no meio do semicírculo, o professor avisa você: a vida de Assan vai ser a primeira a ser exibida no palco da vida.

— *Quero mantê-lo envolvido e vou tentar, aos poucos, acabar com toda essa pose. Ele nunca fez, de uma vez só, a retrospectiva de três vidas. Esta vai ser a primeira vez. Até agora, esse espírito reviu, com seu guia, apenas a última encarnação que viveu.*

Você foca seus olhos em Assan. Ele está tão nervoso e impaciente quanto seus colegas.

Agora seus olhos se centram na pequena plataforma redonda chamada de *palco da vida*, plantada a poucos metros do palco principal.

Você imagina como o adolescente vai reagir quando vir suas vidas sobre aquele palco.

"Ainda bem que não é comigo", diz você a si mesmo enquanto ouve o professor dirigir-se à classe.

— Nenhuma mágica vai acontecer — Joe tenta sossegar seus alunos. — Dentro de alguns momentos, vamos ver alguns flagrantes do que foi um de nós. Afinal, somos a soma do que fomos antes e nosso futuro nada mais é do que o que somos agora, então por que não darmos uma olhada em como chegamos até aqui? Vai ajudar todos vocês a decidir para onde vão.

Rosa, indignada, interrompeu imediatamente:

— Não acredito nessa bobagem de vidas passadas. Minha Bíblia não fala nada sobre isso.

— *Eu sabia que ela ia dizer isso. Ela até se recusou a fazer a retrospectiva de sua última vida com seu guia. Disse a ele que sua vida só interessava a Jesus.*

Joe acena para Rosa, sorri e diz que não vai começar a discutir citações bíblicas com ela:

— Eu perderia — diz, rindo. — Você é uma especialista no assunto. — O professor pede a ela que confie nele e seja paciente. — Daqui a pouco você vai entender.

— Eu deposito minha confiança em Jesus.

— Eu também. E Ele deposita sua confiança em mim.

Rosa ficou boquiaberta. Ela estava chocada com aquela resposta. Mas, antes que ela pudesse articular qualquer palavra, os raios luminosos do domo novamente começaram a se apagar, interrompendo, ao menos temporariamente, o debate entre Joe e Rosa.

Assim que a sala de aula escurece, uma luz diferente passa a brilhar no domo, formando um feixe luminoso e branco sobre o centro do pequeno palco da vida.

— Muito tempo atrás — começa Joe —, aprendi que começamos nossa vida atual do jeito que terminamos a anterior. Uma vida é continuação da outra.

Ele confessa que, ao ouvir essas palavras pela primeira vez, quando era um jovem estudante no Tibete, ficou confuso. Mas, muitos anos e encarnações depois, ele veio a entender o significado daquele ensinamento.

— Se partimos da vida com revolta, iniciaremos nossa nova vida revoltados. Se vivemos odiando, nossa próxima vida será nada mais que a continuação desse ódio. Parece bem simples, não é mesmo?

James balançou a cabeça:

— Alguma coisa não está certa.

Joe fica feliz. Finalmente, a classe começa a se envolver.

Ele sinaliza a James para que ele continue.

— Não é justo. Estamos presos a uma espécie de círculo vicioso do qual jamais conseguiremos sair.

O professor assente.

— *Talvez essa não seja a resposta que ele quer, mas é a verdade* — diz Joe a você.

— Cada vida — esclarece o professor aos alunos — é a base para a próxima. O que *vivenciamos* em uma se estende para a próxima, e apenas nós mesmos podemos interromper esse ciclo, porque fomos nós que o construímos. Revolta, medo, ódio e inveja: uma vez que aprendemos com essas emoções, é hora de ir em frente. É justo, James, porque nós, e apenas nós, somos responsáveis por nossas ações. Somos nós que mantemos vivo esse ciclo. Por meio da escolha, nós temos o poder de mudar.

O professor agradece a James e fala aos alunos que ele está aberto a mais perguntas.

— Vocês não estão aqui para ficar sentados engolindo cada palavra que eu disser. Estão aqui para aprender, e a melhor maneira para isso é perguntar.

Assan dá um tapinha nas costas de James. Uma afinidade entre esses dois espíritos está se formando, e é uma simpatia que vai crescer durante o curso.

— Quando ficamos apegados a uma emoção ou obcecados por um sentimento, criamos nosso próprio "círculo vicioso de carma". É por isso que vamos estudar fragmentos de várias vidas e procurar os laços ou ciclos que os conectam.

Joe enfatizou que a palavra-chave era *estudo*.

— Não estamos aqui para julgar — e, enquanto falava, lançou um olhar significativo para Rosa —, porque nem mesmo nosso Criador julga. Estamos aqui para aprender com esses flagrantes da vida real. Em outras palavras, estamos aqui para aprender uns com os outros.

Rosa mordeu a isca lançada pelo professor, repreendendo-o severamente sobre o que disse a respeito de Deus e de julgamento.

— Deus julga todos nós, mocinho. Cuidado com o que diz; ele está ouvindo. Deus está em toda parte.

Assan, do outro lado do semicírculo, mandou-a calar a boca.

— Espero que seu Deus tenha coisa melhor para fazer do que espiar nossas conversas.

Tão certa quanto a amizade que estava se desenvolvendo entre Assan e James, uma forte hostilidade nascia entre ele e Rosa.

— *Gostos e desgostos* — reflete o professor com você. — *Eles também passam de uma encarnação para outra.*

Pela segunda vez, uma discussão foi interrompida por eventos que se desenrolavam na sala de aula. Uma imagem começou a se formar sob o feixe de luz no palco da vida. Assim que ficou nítida, o professor deu início à narrativa.

— Vocês verão três fragmentos diferentes de vidas que pertencem a alguém nesta sala. Quando acabarmos de assistir, vocês verão com uma vida flui para dentro da outra. Verão como a revolta e o rancor geram rejeição e como a rejeição, por sua vez, gera mais revolta e rancor.

Os alunos olham-se uns para os outros, tentando adivinhar quem seria colocado sob o microscópio. Até mesmo Rosa, que dizia não acreditar naquilo, espichou o pescoço para olhar para os colegas.

— O local é a França. O ano é 1095, na pequena cidade de Clermont.

A imagem tridimensional no pequeno palco se cristaliza.

Uma catedral alta, grandiosa e inacabada domina o fundo do cenário. Um papa da Igreja Católica Apostólica Romana discursa apaixonadamente para uma multidão de nobres franceses que lota o quarteirão ao redor da imponente igreja.

— Notícias preocupantes chegaram até nós da região de Jerusalém e da cidade de Constantinopla. São relatos de que o povo do reino persa, uma raça completamente alheia a Deus, invadiu um território cristão. E invadiu esse território saqueando, incendiando e matando.

Os alunos ouvem murmúrios de revolta ecoando pela multidão. Até mesmo Joshua, temporariamente, deixa de lado seu ar *blasé* de superioridade, para exclamar:

— Isso é histórico. É o começo das Cruzadas.

No meio da multidão, um jovem aristocrata francês chamado André ouvia atentamente as acaloradas palavras de seu papa. Seus olhos estão fixados no Santo Padre, que ele crê piamente ser o representante de Cristo na Terra.

Quando a imagem enquadra o jovem nobre, alguém na sala respira de modo ofegante.

Esse alguém é Assan.

Um véu é levantado.

— Esse aí sou eu — grita ele. — Conheço esse cara. Sou eu.

Joe assente.

— Essa não foi sua primeira encarnação, mas é uma das três que nos interessam.

Joe pede a Assan e aos outros que prestem muita atenção ao discurso exaltado de Urbano, ressaltando que as palavras do papa, de uma forma ou de outra, são ouvidas na esfera terrestre até hoje. E, acrescenta, com os mesmos resultados nefastos.

Os alunos, com nova perspectiva, voltam a ouvir o papa.

— Os persas aprisionaram alguns desses cristãos em seus próprios países; outros, mataram por meio de cruéis torturas.

As palavras de Urbano incitam ainda mais a já revoltada multidão.

— Eles destruíram totalmente algumas das igrejas de Deus e transformaram outras em templos para seus próprios cultos. Profanaram altares com imundície e aviltamento.

As palavras enlouquecem a multidão, que anseia por vingança contra tais atrocidades.

— Eles circuncidaram cristãos e lambuzaram altares e pias batismais com o sangue das circuncisões. Eles têm prazer em matar suas vítimas abrindo suas barrigas, arrancando suas vísceras e enrolando seus intestinos em estacas.

A multidão enfurecida fica histérica; seu mundo está desmoronando. Isso exige uma reação. E, durante os quatrocentos anos que se seguiram, eles reagiram. Joshua estava certo: aquele foi o começo das Cruzadas, também conhecidas como Guerra Santa.

André imediatamente se alista para ser um soldado de Cristo e orgulhosamente ostenta seu símbolo: a cruz. Por dez longos anos, André e seus colegas cavaleiros traçam um caminho sangrento da Europa até o Oriente Médio, tudo em nome de Jesus. Papas e bispos orientam esses cavaleiros a matar e saquear a seu bel-prazer.

— Vocês serão perdoados, porque estão agindo em defesa de Jesus e da Santa Igreja.

— Você fez isso por Jesus ou por si mesmo? — o professor confronta Assan. — Será que aquilo não foi uma desculpa para deixar que sua revolta e seu ódio fossem satisfeitos? Só você pode responder a essa questão.

Assan não profere uma só palavra, enquanto o palco da vida mostra cenas em que ele e seus soldados pilham sinagogas judias, profanam mesquitas muçulmanas e matam centenas de milhares de "incrédulos".

"Os céus os esperam de portas abertas", garante-lhes a Igreja. "O que estão fazendo é em nome de Deus."

— Por quê, Assan, por quê? — insiste o professor.

Os cruzados lutavam sem medo ou misericórdia porque o papa, o representante de Deus na Terra, lhes garantia o paraíso eterno.

Assan está vidrado naquele fragmento holográfico de sua vida, e o professor faz outra pergunta:

— Isso tudo lhe parece familiar, Assan? Guerras santas, infiéis, uma única religião verdadeira, morrer por Deus, vida eterna no paraíso?

O adolescente devolve um triste aceno positivo com a cabeça. Há um momento de silêncio até que Assan, com voz amargurada, acrescenta:

— Usei essas palavras duas vezes — admitiu, sem dizer mais nada. Mas não era preciso.

O filme em três dimensões sobre o palco da vida descortina outra cena.

Um prédio está em chamas e vozes são ouvidas, gritando contra as labaredas que se erguem na escuridão da noite.

— São judeus — explica o professor. — Os cruzados estão queimando-os vivos dentro de sua própria sinagoga, da mesma maneira que queimaram muçulmanos dentro de suas próprias mesquitas.

André é visto montado em seu cavalo, rosto iluminado pelas chamas, assistindo ao diabólico holocausto.

Uma nova imagem rapidamente se materializa sobre o palco. A imagem de um holocausto é substituída pela de outro, onde cadáveres e mais cadáveres, amontoados em pilhas de até dez metros de altura, eram queimados, estalando sob o sol do meio-dia.

— Agora, são muçulmanos — observa Joe. — Os Cavaleiros Sagrados estão queimando os corpos de suas vítimas. Queimam os judeus, depois cremam os muçulmanos; mas as cinzas são todas as mesmas.

Assan vê a si mesmo rindo e bebendo enquanto a gordura dos corpos derrete e escorre para a fogueira fúnebre, alimentando as chamas.

— Você sente a revolta percorrendo seu espírito? — pergunta o professor a Assan. — Só você sabe quais eram suas verdadeiras intenções: salvar o mundo para Cristo ou sentir o poder que sua revolta e seu ódio lhe proporcionavam.

Joe fita Rosa, que desviara o olhar dos horrores sobre o palco.

— Está vendo, Rosa, como os tais "religiosos" usam a fé e as paixões? Está vendo o que a intolerância pode causar? Até que não mudou muita coisa, mudou? O ciclo de preconceito e ódio ainda reina sobre a face da Terra.

A mulher não queria ceder nem um centímetro. Ela se agarra às suas crenças como um soldado se agarra a seu rifle.

— Francamente, nunca achei que os católicos fossem verdadeiros cristãos.

Sentado perto dela, Joshua bufa e resmunga:

— Dê um tempo, dona.

Assan e seus colegas de classe vêem outra imagem formar-se sobre o palco: André morre em meio a uma batalha. A espada de um soldado muçulmano atravessa seu coração e ele morre sozinho num terreno rochoso a milhares de quilômetros do lar.

Os alunos vêem o espírito abandonar o corpo do cavaleiro morto. Guias espirituais estão a seu lado, esperando para ajudar na passagem da Terra para o plano astral.

— O espírito espera sua "justa recompensa" — comenta o professor. — Ele aceita a morte, esperando por seu galardão. E, quando chegar a hora, ele o receberá.

Os alunos seguem o espírito de André para o lado astral.

Durante os primeiros anos, o espírito deixou-se atrair por outros que compartilhavam suas vibrações, misturando-se a guerreiros desencarnados.

— Eles foram atraídos para uma vibração cruel, brutal. Enquanto estavam encarnados, eles acreditavam que assassinar, torturar, estuprar e saquear era certo, se tudo isso fosse feito em nome de Deus. Eles terminaram suas vidas terrestres em ódio e violência; estavam mergulhados numa vibração de ódio e violência. Eles não podiam seguir adiante. Seu ciclo permanecia inquebrável; sua revolta os trouxe à revolta, seu ódio os guiou ao ódio.

Centenas de anos terrestres se passaram, contou o professor, e alguns dos ex-Cavaleiros da Santa Cruzada cansaram-se da incessante brutalidade ao redor deles. Eles buscavam algo melhor.

— No fim, eles encontraram seu paraíso — revelou Joe enquanto o palco mostrava à classe imagens de enormes nuvens e pastos verdes infindáveis. — Por meio de suas próprias vibrações e pensamentos, eles criaram o céu da forma como lhe ensinaram que um céu deveria ser. Mas, depois de certo tempo, alguns deles passaram a achar aquilo vazio, porque as palavras e os homens que os ensinaram sobre aquele céu eram vazios, também.

O professor, ainda tentando romper as barreiras ao redor de Rosa, faz com que ela recorde:

— Eles fizeram o mesmo que você e seus amigos do coral: criaram aquilo que esperavam ter. Mas no final das contas aquilo não passava de uma ilusão.

A mulher, fria e impassivelmente, devolve-lhe o olhar, sem dizer nada.

Joe ignora seu antagonismo. Ele sabe que a está provocando. Está fazendo de propósito, pois é a única forma de derrubar sua muralha.

Ao deixar Rosa sibilando de hostilidade, o professor continua falando para a classe sobre o progresso de André no mundo astral.

— Ele era um dos cruzados que queria mais. Sua igreja não havia explicado o bastante sobre o cotidiano no céu. Ele e os outros que compartilhavam a mesma vibração simplesmente não tinham mais nada para criar. Lembrem-se: espíritos criam com pensamentos. Eles criaram o que eles esperavam ter e, como não sabiam exatamente o que esperar, eles não sabiam como continuar. André começou a se perguntar o que havia por trás daquelas enormes nuvens e por trás daqueles pastos verdejantes.

O cenário sobre o palco muda novamente.

O céu imaginário desaparece. Nenhuma nuvem macia e branca, nenhuma grama verde brilhante.

Em vez disso, lá estão apenas André e uma mulher, numa sala lotada de livros, do chão ao teto. Uma fresta de luz, da mesma luz que emanava do domo de cristal sobre a classe, iluminava a sala com um brilho suave.

Assan reconhece a mulher.

— É Cláudia, minha guia — diz, admirado.

O professor lembrou à classe que todos eles tinham guias e orientadores.

— Foram eles que trouxeram vocês aqui.

Uma vez que André aceitara sua morte havia muito tempo, ele e sua guia começaram imediatamente a rememorar a última encarnação.

— Algo como o que estamos fazendo agora — explica o professor.

Assan corrigiu o professor.

— Só que com ela foi mais demorado. Nós revisamos tudo — disse ele enquanto recobrava as lembranças de sua retrospectiva da alma. — Meus pais, amigos, as pessoas que conheci, como eu reagi, o que pensei e quais eram minhas intenções. E o mais importante: o que eu havia preparado para aquela encarnação. O que eu consegui cumprir e o que não.

O adolescente confessou que abusara da riqueza e dos privilégios com que nascera.

— Eu estava apegado à igreja não porque era um homem religioso. Eu estava atraído pelo seu poder e sabia que ela iria me trazer ainda mais poder.

Anos de estudo, aprendizado e reflexão passaram diante de André.

E, como sempre, o espírito, por conta própria, decidiu que era hora de viver na esfera terrestre mais uma vez e ver se conseguiria pôr em prática tudo que aprendeu.

E, como sempre, foi o espírito, em conjunto com sua guia, que traçou o rascunho do que seria sua próxima vida.

— Tive poder e posição social e abusei disso. Imaginei que poderia aprender como seria se eu não tivesse posição social nem poder.

Joe revelou à classe que a guia de André tentou convencê-lo a não escolher uma encarnação naqueles moldes.

— Ela disse a André que isso não iria contar tanto. Carma, como Cláudia tentou explicar a ele, é mais do que dar ou tomar na mesma moeda. Carma é evolução e progresso.

A classe viu Assan estremecer e encolher-se.

— Não lhe dei ouvidos. Mas alguma coisa aconteceu que acabou mudando os planos. Eu não nasci.

Assan disse que não conseguia se lembrar do que era, mas "foi horrível".

Mais uma vez, o palco da vida mostrava André e Cláudia juntos, planejando a nova encarnação.

— Eu tinha sido um perseguidor em minha última vida — dizia

André à sua guia. — Acho que deveria aprender como é ser o perseguido. Torturei e matei pessoas que eram diferentes de mim. Tenho carma para equilibrar. Em minha nova vida, eu deveria sentir a humilhação de ser diferente.

Os alunos viram Cláudia balançar a cabeça.

— Mais uma vez, ela está tentando colocar André em outro caminho — explicou o professor.

— As pessoas têm a idéia errada sobre esse negócio de carma — Cláudia dizia a André. — Um assassino não precisa voltar como uma vítima, assim como uma vítima não tem que voltar como um assassino. Eu disse a você agora mesmo que carma é mais do que dar e tomar na mesma moeda. Carma é equilíbrio, é simetria. Carma não é o mesmo para todos, porque ninguém é igual.

André sacode a cabeça. Ele não quer desistir de sua idéia.

— Sinto que devo aprender o que é sofrer da forma como eu fiz outros sofrerem.

— Carma não é punição — respondeu a guia calmamente. — E os milhares de mortos? E os estupros, a tortura? Como é que voltar no papel de vítima vai equilibrar essas atitudes? Como isso pode ajudar alguém além de você? Nós equilibramos o carma pelo que fazemos, não nos retraindo. Aprendemos quando fazemos.

Mas o espírito estava irredutível.

— Já estou aqui há tempo demais. Quero voltar. Tenho certeza de que isso vai ser o melhor para mim.

— Cláudia sabia o que todos nós sabemos: os espíritos têm livre-arbítrio e podem tomar suas próprias decisões — disse o professor à classe. — Nós podemos até mesmo desprezar conselhos de nossos próprios guias quanto a uma encarnação, se aquilo que a gente quer se encaixa na ordem do universo. — Joe fez uma pausa rápida e concluiu: — E o universo sempre encontra um espaço para essa ordem.

Então outra vida de Assan começou. E mais um flagrante da vida real se exibiu sobre o palco da vida.

8

Uma lição da vida: o segundo flagrante de Assan

Assim que André evapora do palco, uma música começa a ecoar pelas paredes da rotunda. O ritmo é rápido e hipnótico, a batida sedutora e erótica.

Uma nova imagem emerge no palco da vida, mas o professor não está assistindo. Ele está olhando para Rosa.

— *Acho que ela vai ter um treco quando vir isso* — confidencia Joe a você.

Você sabe que ele está meio que brincando, mas esse comentário aguça sua curiosidade.

— *O que pode ser mais chocante que matança e tortura?*

Joe responde com uma piscadela e um sorriso, enquanto começa a descrever o próximo flagrante da vida real. O espírito que era André agora é Steve, que, depois dessa encarnação, se tornará Assan.

— Estamos em 1959.

A cena fica nítida e ganha vida, transportando a classe para um teatro escuro, esfumaçado e decadente. Todos os assentos estão tomados e, sobre o palco apertado, um rapaz alto, louro e bonito rebola e rodopia.

O jovem dança e gira. Ele faz pose e se exibe em sincronia perfeita com as batidas da música. A platéia, composta só de homens, está completamente vidrada em cada um de seus movimentos e posições. O dançarino louro sorri e pisca para seu público já cativo.

Ele tira a camisa e os quadris balançam ao ritmo que ecoa dos distorcidos alto-falantes do teatro.

Os homens na platéia aplaudem quando o rapaz, coberto de suor, rodopia sob a luz forte e branca dos refletores.

A música fica mais lenta. O garoto remexe os quadris de forma sedutora.

Ele se vira de costas para a platéia, deixando-os olhar com avidez e criar fantasias.

Ele ouve assobios e murmúrios. Ele sente o calor dos olhos famintos em suas costas.

Chegou a hora.

O dançarino vira-se, sorri, e despe-se das calças, revelando uma minúscula tanga branca.

As luzes se apagam. E uma nova cena oscila sobre o palco da vida.

Steve, com outros quatro dançarinos, encosta-se sensualmente numa parede, em uma sala pequena e pouco iluminada, nos fundos do teatro.

O show no palco era de graça. Agora, ele está oferecendo “shows particulares”. Vinte dólares pagam um passeio rápido pelo banheiro; cem dólares, uma hora num hotel da vizinhança.

Assan suspira. Mais um véu é retirado. Ele se lembra de tudo.

— Eu não tinha escolha. Eu tinha só dezessete anos. Precisava comer. Meu pai me expulsou de casa porque eu era *gay*.

Rosa praticamente cuspiu as palavras ao dizer:

— Você é um jovem desprezível!

— E você é uma vaca recalcada! — devolve Assan.

James estende a mão e aperta o ombro de Assan, assegurando:

— Está tudo bem.

O professor volta a lembrar Assan e Rosa sobre julgamentos.

— Aquele que nunca pecou, que atire a primeira pedra — disse, deliberadamente citando o livro que a mulher afirmava orgulhosamente ser seu guia de vida.

— Ele é um sodomita e um prostituto — rosna a mulher. — Se você leu a Bíblia que acaba de citar, sabe o que ela diz sobre esse tipo de gente.

Rosa estava lívida. Ela apertou os olhos, encarou Assan e cuspiu, repetidamente, a palavra "sodomita".

O professor decide não a deixar sem resposta desta vez.

— Rosa, a Bíblia diz muita coisa. Sabe o que diz sobre escravos? A Bíblia os exorta a amar e obedecer a seus mestres.

Joe disse que a Bíblia não podia ser lida ao pé da letra, "muito embora lhe tenham ensinado desse jeito".

Ele dá a Rosa alguns conselhos:

— A Bíblia não é um manual de carro, não é um projeto para a vida e, principalmente, não deve ser lida sob o ponto de vista de outros. Você deve lê-la com seus próprios olhos e coração. Deixe-a penetrar em sua alma sem nenhum filtro ou preconceito.

Ele repassa a Rosa e à classe o que um rabino lhe ensinou:

"A Bíblia deve ser lida sem segundas intenções."

— Eu me lembro de não ter a menor idéia do que ele estava falando, então perguntei a ele. "Você a lê porque é a palavra de Deus, e ponto final", foi a resposta. Você não a lê para achar respostas, decorar trechos, nem mesmo para ensinar. Você não a lê para memorizar ou escolher citações que sirvam como meta na vida. Você a lê porque ela está lá.

A classe estava confusa.

— É muito simples. Leia a Bíblia sem pensar que a está lendo. Se fizer isso, vai entender.

— *Vou deixar que eles digiram isso por algum tempo* — avisa Joe, e acrescenta com uma gargalhada: — *Preciso voltar para Rosa e os sodomitas*.

— A homossexualidade não é uma escolha, no modo como você pensa que é, Rosa. É biológico. Espíritos, como o de Assan, por vezes escolhem nascer num corpo com tendências homossexuais por uma razão. Ele queria ser uma vítima, lembram-se?

Ele sabia que a explicação não iria acalmar a mulher.

E ele estava certo.

— Não existem limites? — gritou ela, levantando-se de onde estava, ao mesmo tempo em que ajustava o *blazer*. — Você fecha os olhos aos sodomitas e aos que vendem o corpo. Não há nada que você condene?

Os olhos de Rosa desafiavam o professor.

Com visível desconforto, os alunos esperavam pela resposta.

Joshua viu méritos nos argumentos da mulher.

"Existem limites", disse ele a si mesmo.

James sorriu para seu novo amigo Assan, que apoiou a cabeça entre as mãos.

— Eu não condeno nem perdôo nada nem ninguém. — Joe, sem se mover de seu lugar bem no meio do semicírculo, encarou sua oponente. — Porque de uma forma ou de outra, todos nós, em uma ou outra vez, pegamos todos os caminhos que existem para ser tomados. Não há pretos ou brancos, certos ou errados. Há apenas escolhas e os resultados dessas escolhas.

Rosa olhou em volta do semicírculo, para os outros alunos. Ao ver que nenhum deles iria ficar de seu lado, ela bufou e voltou para seu assento. O professor, sem dizer palavra, virou-se e apontou para o palco da vida, onde, mais uma vez, a cena havia mudado.

Era 1964. Cinco anos se passaram.

Um homem brutalmente espancado jaz na cama de um hospital. Ferimentos e cortes profundos, feitos com facas, cobriam todo o seu corpo, mantido vivo por tubos e aparelhos.

É Steve. Ele está sozinho.

Este não é mais o jovem bonito que dançava despreocupadamente no palco da boate *gay* alguns anos atrás. Ele é um moribundo retalhado, surrado e cheio de hematomas.

Um médico pára perto dele, balança a cabeça e sussurra em seu ouvido:

— Ligamos para o número que nos deu. Ela disse que não pode falar com você.

O médico disse ainda que a mulher do outro lado da linha pareceu assustada.

— Estou morrendo, não estou?

Aquilo nem era uma pergunta.

O médico aproximou-se, tocando suavemente as mãos daquele corpo destroçado.

— Não vou mentir para você, filho.

— Eu queria ouvir a voz dela, uma última vez. Meus pais me puseram para fora de casa. Nunca vou esquecer o dia em que meu pai me encontrou com um amigo. O ódio e o desprezo em seu rosto... Nunca mais o vi, nem minha mãe. Liguei uma vez, ela atendeu. Ouvi sua voz, chorei e desliguei.

Em seus momentos finais, Steve lembrou-se dos homens que o espancaram.

— Eles me pegaram no Central Park. Eles me esfaquearam. Chutaram minha cara. E me chamaram de bicha, veado, pederasta.

A dor de suas lembranças rivaliza com a dor em seu corpo.

A dor de sua humilhação compete com sua luta pela vida.

A vida é derrotada.

A luta acabou.

Mais uma vida acabou. Uma nova vai começar.

9

Uma lição da vida: Assan é Assan

Um estrondo de milhares de trovões; mas não são trovões. Uma intensa luz branca ofusca os sentidos; mas não é um relâmpago.

Sem nenhuma emoção e sem ser dramático, o professor anuncia:

— Foi assim que acabou a última encarnação de Assan.

Do fundo da sala de aula ecoava a sirene de ambulâncias e por todos os lados podiam-se ouvir gemidos e lamentações de seres humanos feridos.

Mas não havia nenhum sinal de Assan.

A cena sobre o palco da vida está totalmente tomada por poeira e fumaça. Por um buraco aberto numa parede, os alunos puderam ver o interior do que era um restaurante lotado em Tel-Aviv.

Corpos e partes de corpos forram o chão. Estilhaços de vidro, muitos deles enterrados em crânios e peitos humanos, brilham pelo ambiente.

Mas nada de Assan.

Nas paredes que sobraram do pequeno prédio, manchas vermelhas de sangue espirrado se misturam com pontos acinzentados de pedaços de cérebro humano. Um bombeiro diz:

— Estamos literalmente raspando gente das paredes.

Mas nada de Assan.

Ali, onde era o centro do restaurante, um jovem e sua namorada jazem, mortos. Em alguns minutos, o menino ia pedi-la em casamento. Ela teria dito *sim*, mas não teve chance para isso.

A alguns metros dali, os corpos desfigurados e sangrando de uma menina de seis anos e de um menino de oito estão grudados ao cadáver de um velho com barbas brancas. Os irmãos mortos estavam passando a noite com o avô.

Ao todo, vinte e sete mortos. De dez feridos, três jamais iriam andar novamente, dois estavam cegos para o resto da vida e um morreria em alguns dias.

Mas nada de Assan.

O adolescente não podia ser encontrado porque seu corpo se misturava aos pedaços de outros corpos, os de suas vítimas, que explodiram com a dinamite presa ao corpo dele.

— Assan — revelou o professor — era um homem-bomba. Ele achou que morria por uma causa, como fizera milhares de anos antes.

— Paraíso eterno. Absolvição. Santificação. Felicidade. Guerra Santa. Matar. Morrer.

Joe fez pausas propositais entre cada palavra, dando aos alunos a chance de fazer a associação entre as falsas promessas de ambas as encarnações.

— As mesmas idéias. Religiões diferentes. Épocas diferentes. Os mesmos resultados.

Mas suas palavras tiveram pouco ou mesmo nenhum efeito, ao menos para Rosa e Joshua.

Do outro lado do semicírculo, Joshua dá um longo suspiro.

— De bicha a homem-bomba. Você realmente ganhou colhões, garoto! — ri o negociante, enquanto balança a cabeça.

Assan não diz nada.

Rosa, sendo Rosa, fica de pé, atravessa o semicírculo e encara Assan de um modo superior. Com voz alta e penetrante, ela grita para o adolescente: chegou a hora de pedir perdão.

— Você devia cair de joelhos agora, seu pagão, e aceitar Jesus como seu salvador. Faça isso agora. Só Ele poderá salvá-lo.

Assan devolveu-lhe o olhar duro e gelado, mas foi James quem falou em sua defesa:

— Talvez não tenha percebido. Ele já fez o que tinha que fazer por Jesus e já fez também por Alá. — O negro apontava para o palco da vida, onde a fumaça e a poeira pairavam no ar. — E olhe aonde isso o levou.

James esperou pela reação dela. Quando nada aconteceu, o negro deu um enorme e desconcertante sorriso e disparou mais uma rajada:

— Dona, olhe ao seu redor. Tudo que vem pregando e esbravejando trouxe-a para o mesmo lugar que nós, pagãos.

Rosa começou a dizer alguma coisa, mas James interrompeu-a com o que ele pensou ser seu melhor argumento:

— E por que está tão aborrecida com isso tudo? Você disse que não acreditava em nada disso, mesmo.

Ele deixou a mulher refletir por um segundo. Quando ela estava se recolhendo a seu assento, James voltou-se para seu mais novo amigo. Ele passou seu braço musculoso ao redor dos ombros do rapaz e, olhando desafiadoramente para Rosa e Joshua, disse a ele:

— Você foi uma vítima da ignorância. Assim como eu.

Assan balançou a cabeça.

— Não sei quanto a você, mas eu me deixei ser uma vítima. Sei disso agora.

Os alunos viram que a sala de aula voltava lentamente ao normal. O palco da vida estava vazio. A fumaça, a poeira e a carnificina desapareceram e a luz suave e dourada novamente mandava seus raios pelo domo.

Joe voltou-se para Rosa, enterrada em sua cadeira, cantarolando baixinho um de seus hinos.

Ele não estava disposto a facilitar. Ele achava que o espírito, depois de ver o desfile das vidas de Assan, podia estar pronto a aceitar o fato de que havia mais em sua vida, existência e ser do que sua religião ensinou.

Mas ele também sabia que, até que ela estivesse pronta para se abrir, permaneceria agarrada àquelas crenças com a força de um *pitbull*.

— *Ela não tem mais nada* — Joe sinaliza a você. — *Se a privarmos de seus preconceitos e intolerâncias, não vai sobrar nada.*

— Rosa — disse ele —, chegou a hora de responder a uma de suas perguntas, aquela sobre limites.

A mulher levantou o queixo, desafiando o professor. Ela estava alerta e pronta para atacar cada uma das palavras do mestre.

— Claro que existem limites — admitiu Joe. — Mas esses limites não podem ser impostos. Eles têm que ser aprendidos.

A mulher agitou arrogantemente sua mão no ar e rejeitou tudo que o professor dizia com uma só palavra:

— Bobagem!

Bravamente, ou talvez até encorajado pela atitude de Rosa, o professor continuou abrindo caminho sem perder o ritmo.

— Todas as religiões ordenam: não mate, não roube, não minta e não trapaceie. E, mesmo assim — ele sorriu —, as pessoas matam, roubam, mentem e trapaceiam, às vezes até mesmo em nome dessas religiões. Na Terra, os países fazem leis e punem pessoas quando matam, roubam, mentem e trapaceiam. E, mesmo assim — ele sorriu novamente —, as pessoas matam, roubam, mentem e trapaceiam, muitas vezes em nome desses países.

Os alunos, inclusive Rosa, sabiam que o professor tinha razão. E eles, incluindo Rosa, esperavam pelo que ele ia dizer a seguir.

— Limites precisam ser aprendidos até que não sejam mais limites. Eles precisam se tornar uma parte de você de tal maneira que nem precisem existir.

— *Vou deixar tudo claro agora* — Joe avisa você.

— Se você limitar pelo medo, não estará ensinando, mas sim manipulando.

— Se você limitar pela punição, não estará ensinando, mas sim controlando.

— Se você limitar pela recompensa, não estará ensinando, mas sim subornando.

— E, Rosa, se há uma coisa que posso dizer a você com absoluta certeza, é o seguinte: Deus não manipula, não controla e não suborna. Para que Ele nos daria o livre-arbítrio, se fosse assim?

Joshua, o prático e calculista homem de negócios, recosta-se em sua cadeira e faz uma pergunta:

— Como devemos aprender, se não através dos limites? As pessoas precisam de regras, você sabe.

O professor caminha até Joshua, sorrindo e balançando a cabeça de um lado para outro.

— Existem regras, mas elas não são feitas pelos homens. Existem verdades universais, e elas são constantes; elas não mudam com a opinião pública, com as oportunidades políticas ou com as conveniências culturais.

— E como se espera que aprendamos essas regras? — bufou Rosa. — Onde elas estão escritas?

— Estão escritas em todos os lugares, mas nós as aprendemos por meio de escolhas e dos resultados dessas escolhas. Isso é chamado carma. Nós escolhemos. Nós agimos. Então vivenciamos os resultados dessas ações. É assim que aprendemos, crescemos e evoluímos como espíritos. Não através do medo, intimidação ou imposição. Nós aprendemos por nós mesmos e com os outros.

Um Assan reservado murmurou:

— Eu provavelmente não aprendi muito bem, então. Fiz a mesma coisa que havia feito mil anos antes.

Rosa acrescentou, em voz alta o suficiente para que todos ouvissem, um sarcástico "amém".

Joe ignorou o "amém", mas repreendeu Assan:

— Não comece com essa história de autopiedade.

O adolescente não esperava aquele tipo de resposta para seu gesto de arrependimento. James encarou o professor, sem parecer acreditar no que havia ouvido. Rosa, por outro lado, ostentava um sorriso satisfeito:

"Finalmente, ele está levando o que merece", pensou.

Joshua outra vez se recostou em seu papel de observador desinteressado, superior, acima de toda a discussão.

Assan protestou:

— Pensei que era para isso que estávamos aqui. Para ver o que fizemos de errado.

— Certo, errado. Alto, baixo. Esquerda, direita. A longo prazo, nada disso faz muita diferença — disse Joe num suspiro, consciente de que os alunos não tinham a menor idéia do que ele estava falando.

O professor atravessou o semicírculo para parar junto a Assan. Com voz suave e calma, disse-lhe que ninguém estava ali para julgar, culpar ou acusar.

— Você está aqui para crescer, não para bater no peito, murmurando "*mea culpa*". Se você quer evoluir, você não pode mergulhar na autopiedade.

De volta ao palco da vida, o que parece ser um longo "S" branco materializa-se no centro. O professor permite que os alunos observem a forma por alguns momentos.

— *Deixemos que tentem entender por si mesmos* — sussurra ele para você. — *Posso garantir uma coisa: não é o "S" do Super-Homem. Nem mesmo é um "S".*

— Fios — é tudo que Joe diz aos alunos, enquanto ele caminha a passos longos e vagarosos até a frente do palco da vida, deixando o "S" brilhante atrás dele.

Não recebendo nada além de olhares vazios de seus alunos, ele lhes refresca a memória repetindo o que dissera momentos antes de começarem a ver os flagrantes da vida de Assan.

— Cada vida é a base para a seguinte. O que vivenciamos em uma levamos para a próxima. Fios infinitos ligam uma vida à outra. E — acrescentou — os fios nos dão pistas. Eles são os trilhos, deslizando como um "S", unindo uma encarnação à outra.

No meio do palco, além do "S", surge a imagem do cruzado André.

— Só mostrei as partes relevantes de cada encarnação, os trechos que mostram as ligações.

Outra imagem: André comandando o incêndio de uma sinagoga repleta de judeus.

— O espírito é o centro das atenções. Ele está no comando. Ele é o astro.

Outra cena surge entre as outras duas: André comandando seus cavaleiros em batalha.

— Os homens esperam suas ordens. Você é o chefe, interpretando o papel principal.

Então, as três imagens de André desaparecem.

O "S" brilha. A encarnação é outra.

Agora, lá está Steve dançando e brincando com seu público.

— Novamente, o espírito é o astro, manipulando e provocando as emoções dos homens ao seu redor.

O professor pede a Assan que lembre por que escolheu aquela encarnação.

— Pode se lembrar das palavras exatas que usou com sua guia?

O adolescente respondeu à pergunta com um olhar vago. Mas ele estava certo de que o professor ia achar uma forma de fazê-lo lembrar. E assim fez o professor.

De algum lugar fora do palco, os alunos ouviram André decidindo tornar-se Steve.

— Eu era um perseguidor. Eu deveria aprender como é ser uma vítima. Eu deveria sentir a humilhação de ser diferente.

— Eu. Eu. Eu. Eu — parodiou Joe. — É tudo que ouço.

Assan estava confuso. Ele disse que, depois da encarnação como André, estudou muitos anos no mundo astral, onde começou a aprender sobre carma.

— Pensei que deveria aprender com aquilo que fiz.

Joe fechou os olhos e balançou a cabeça. Mas não disse nada. Ao invés disso, apontou para o palco da vida, onde a classe viu Assan momentos antes de sua explosão mortal.

— Lá está você de novo: o centro das atenções, pregando alguma Guerra Santa.

Joe pediu a Assan, novamente, que lembrasse como ele escolhera aquela encarnação. O adolescente sacudiu os ombros, sabendo que Joe acharia um jeito de lembrá-lo.

E foi o que fez o professor.

Uma luz brilhante, surgindo ao lado de Joe, lentamente se transforma em Cláudia, a guia de Assan.

— Lembra-se dela? — Joe brinca com Assan.

O professor pede para a guia descrever como Steve se transformou em Assan.

— O espírito quis viver como um muçulmano. "Afinal, eu tentei destruí-los uma vez", foi sua argumentação. Como eu sempre fiz, perguntei-lhe qual era o propósito dessa encarnação.

— Qual foi a resposta? — provocou Joe.

Um sorriso se abriu no rosto da guia e os cantos dos olhos azuis dela se enrugaram quando ela lembrou a resposta do espírito.

— Ele disse: "Talvez eu possa aprender um pouco de disciplina".

A jovem de cabelos escuros e esvoaçantes descreveu como Steve, preparando-se para ser Assan, escolheu nascer num lar islâmico ortodoxo: "Assim posso ter certeza de que serei um muçulmano fundamentalista e devoto".

Joe lançou um olhar para Assan, que confirmou a história com um aceno de cabeça e disse:

— Achei que seria uma maneira de pagar pelas ações de André, o cruzado, e de me redimir por ter sido um garoto de programa. Eu precisava de alguma disciplina em minha vida, então pensei que dessa forma mataria dois coelhos com uma paulada só — ele sorriu mansamente.

Cláudia deu uma sacudidela nos ombros, como querendo dizer: "O que se pode fazer quando eles não entendem?"

E, sentindo que sua presença já não era mais necessária, ela se foi assim como chegou. Sua silhueta alta e bela transformou-se numa luz branca que foi apagando-se lentamente, enquanto flutuava para o domo de cristal.

Sacudindo a cabeça, o professor apontou sobre seu ombro para o "S", ainda branco e brilhando atrás dele, no palco da vida.

— Eu. Eu. Eu — repetiu. — Esta é uma de suas ligações, Assan. Você pensa no carma em razão de si mesmo. Você só enxerga como suas ações vão afetar a você, e não ao outros.

Rosa, que estava segurando a língua até aquele momento, fez a pergunta que estava na cabeça de todos:

— E o suicídio? Eu aprendi que é o maior dos pecados. Apenas Deus pode tirar uma vida. Assan não apenas tirou a vida de muitos outros — disse com veemência — como tirou a sua própria.

Joshua, e até mesmo James, concordaram com o que Rosa dissera. Joe também.

— Mas — alertou o professor — sempre há um "mas". E aqui ele se chama *intenção*. Este não foi um suicídio levado a cabo num quarto de hotel barato, onde um espírito, fracassado na vida, desiste de viver. Como eu falei a vocês, uma vida leva a outra. Se você termina sua vida em desespero ou tristeza, você faz a passagem para uma vibração de desespero e tristeza. Você faz a passagem sem fé.

O palco da vida agora mostrava um plano vasto, vazio e escuro. Nenhuma árvore, nenhum arbusto, nenhum brilho de luz aquecia o local devastado.

— Espíritos que perderam as esperanças acabam aqui — explicou Joe. — Às vezes, um suicida não pode sequer compreender que está vivo. Quando um espírito perde a fé e a esperança, ele não aceita que há uma vida depois de sua morte. Esses espíritos podem vagar por séculos, vivendo presos a seu próprio desespero e tristeza. Imaginem o que seria viver sem saber que está vivo.

Joe deixou claro que o caso de Assan, no entanto, era diferente.

— Seu suicídio teve uma simples razão: ele pensou que estava fazendo um protesto político e religioso. Os resultados são os mesmos, mas as intenções são diferentes, assim como o carma que é criado.

O professor decidiu que seria melhor voltar um pouquinho para explicar melhor seu argumento.

— Depois da encarnação como André, o espírito estava mergulhado numa vibração violenta. Ele viveu uma vida selvagem e continuou numa vida selvagem do lado de cá. O tempo passou e o espírito, por sua própria conta, cansou-se do círculo vicioso de violência. Ele queria algo melhor. Ele seguiu adiante. Ele evoluiu.

Estudou e aprendeu tudo que podia, compreendendo o que estava pronto para compreender. Ele estudou o carma, mas não entendeu bem do que ele se tratava, porque o espírito simplesmente não estava pronto para isso.

Joe saiu de onde estava, em frente ao palco da vida, para voltar ao centro do semicírculo. Ele percebeu que a classe, incluindo Rosa, estava atenta a cada uma de suas palavras.

— *Enfim, consegui envolvê-los todos* — diz ele a você.

— Depois da encarnação como Steve, o espírito fez a passagem e foi recebido por Cláudia — contou Joe, decidindo que essa era uma boa hora para começar a mostrar os fios que ligavam as encarnações de Assan.

— Suas intenções — o professor olhava agora para Assan — sempre foram centradas em VOCÊ, e nunca em seu carma.

Com essa frase, Joe atraiu a atenção da classe para o local onde estava o palco da vida.

Três imagens surgiram, uma ao lado da outra.

André: seu corpo mortalmente ferido pelo golpe que atravessou seu coração.

Steve: o que sobrou de um homem brutalmente surrado morrendo na cama de um hospital.

Assan: seu corpo rasgado e fragmentado em milhares de pedaços e partes da bomba construída e detonada por ele.

— Alguém aí consegue ver outro fio, ligando como um “S” as encarnações de Assan?

— Cadáveres — observou Joshua, secamente. — Mas todos nós morremos — acrescentou, sem chegar a nenhuma conclusão.

Rosa sacudiu a cabeça. Assim como James. Assan olhava para o palco, inexpressivamente.

— O universo manda sinais. Ele usa o carma para ensinar — disse Joe.

— Três corpos destruídos pela violência. O universo, por meio do carma, está pedindo ao espírito que conhecemos como André, Steve e Assan, para destruir seu “eu”, a si mesmo, seu ego, da mesma forma que seu corpo físico foi destruído. O universo está dizendo:

"Ouça, rapaz, tanto o corpo quanto o ego são ilusões. Se quer progredir, livre-se da ilusão".

Joe explicou que, como Assan não compreendeu o carma, ele pensou que podia equilibrar o seu usando a si mesmo.

— Eu vou aprender... eu vou pagar... eu vou sentir. Carma não é uma conta bancária, com débito e crédito — simplifica o professor, para que todos possam entender. — É uma condição criada por espíritos, mas usada pelo universo para ensinar.

Apesar de estar parado em frente a Assan, o professor falava não só para ele, mas também para Joshua, Rosa e James. Aquela não era uma lição apenas para Assan; era para eles também.

— Carma é equilíbrio. E o carma é equilibrado com e por meio de outros. Às vezes, é equilibrado por um ato de bondade e outras vezes por um simples ato de sacrifício. Não em um sacrifício de sangue, mas — e agora Joe colocava a mão sobre o ombro de Assan — em um sacrifício de si mesmo, do "eu", do ego.

O professor pediu à classe que tirassem o dia de folga e pensassem sobre aquilo que viram e aprenderam.

— Mas há mais uma coisa sobre a qual eu quero que vocês pensem.

Saindo de perto de Assan, Joe andou sem pressa até o palco da vida e parou no meio da plataforma mais alta.

— Antes que se graduem nesta escola, todos vocês terão que fazer uma escolha. E — disse, sorrindo — essas escolhas têm a ver com o "eu".

10

Uma lição de Joe: a questão do porquê

O professor sugerira aos alunos que tirassem o dia de folga e pensassem sobre o que viram no palco da vida.

Dias, anos, horas e segundos têm um significado diferente no mundo astral em comparação com o que eles são na Terra. Quando não somos prisioneiros da gravidade ou do corpo físico, nossos espíritos percebem as coisas de um modo diferente. Portanto, no outro lado da camada que separa a Terra do mundo astral, o tempo voa.

Assim, decorreu um dia ou um ano, dependendo de sua perspectiva, e as aulas estavam de volta. A sala estava viva. Novamente a luz radiante descia do domo de cristal, envolvendo o recinto com seu brilho suave e dourado.

O palco da vida, vazio por todo esse tempo, continuava alguns metros acima do palco principal e, ao fundo, lá estava a escada brilhante e colorida de nove degraus, erguida até o topo do domo. E o professor, com um largo sorriso, estava em seu lugar de sempre, no meio do semicírculo, de frente para os alunos.

Tudo estava igual, exceto pelos estudantes. Eles estavam vivos, finalmente interessados e envolvidos.

Joe estava satisfeito.

— *Sei que ainda há muito trabalho pela frente, mas consegui a atenção deles* — confidencia a você, e diz o que tem em mente: — *Até agora, tudo que eles falaram ou fizeram foi baseado no que trouxeram da esfera terrestre. Vou trabalhar nisso, começando agora mesmo.*

Ele sabia que cada um estava tendo uma reação diferente ao primeiro "flagrante da vida real" apresentado.

Assan, obviamente, foi o mais afetado.

— *Ele vai ver as coisas com olhos diferentes. Espero que seja pelos olhos de alguém que começa a pensar sobre o longo e difícil processo de deixar o "eu" para trás.*

O professor sabia que Assan ainda tinha muita revolta em si e estaria pronto para atacar suas palavras.

— *É preciso muita revolta para explodir a si mesmo e mais trinta outras pessoas. Tanto ele quanto eu teremos que lidar com isso.*

Joshua, indiferente e cínico, decidiu tratar a escola como um dos muitos seminários de negócios de que participou na Terra, esperando aproveitar alguma coisa que lhe pudesse ser útil no futuro.

— *Ele não vai saber qual lote de ações é o mais lucrativo* — disse Joe, rindo.

Rosa Maria está com medo. Desde o instante em que chegou, tudo que ela viu e ouviu era um desafio direto às suas crenças religiosas.

— *Esse espírito tem todo o seu ser baseado naquilo que lhe foi ensinado. Sua fé é o chão sob seus pés, como uma rocha; retire a rocha e ele vai afundar em areia movediça. Tenho que retirar essa rocha, mas não quero que Rosa afunde; quero que ela permaneça firme sobre si mesma.*

Finalmente, lá estava James, que tão vigorosamente defendeu Assan. Ele, enfim, já não estava mais cabisbaixo e parecia pronto para o que quer que estivesse para acontecer.

— *Ele é o único que está em busca de algo melhor do que aquilo que deixou para trás* — observa o professor.

Então, um ano ou um dia depois de testemunharem a retirada dos véus de Assan, os alunos voltavam às aulas.

E foi James, saindo de seu casulo, quem começou a metralhar Joe com uma rajada de perguntas.

— Ei, professor, e aqueles degraus? Estava achando que nos esquecemos deles?

— Como é esse negócio de "eu", afinal?

— O que estamos fazendo aqui?

— Por que estamos aqui?

"Finalmente", pensou o professor, "eles estão chegando aos porquês."

A pergunta "Por que estamos aqui?" já era esperada, mas o professor queria saber a qual "aqui" e a qual "por que" James estava se referindo.

— James, quando você pergunta "Por que estamos aqui", você quer dizer por que estamos *aqui* — os braços de Joe indicaram a sala de aula — ou você que dizer o GRANDE "por que estamos aqui"? — os braços se abriram amplamente, sugerindo por que fomos criados.

O negro musculoso abriu um largo sorriso e respondeu com um toque de ironia:

— Os dois, porque não faço a mínima idéia de nenhum deles.

A classe inteira riu e Joe devolveu o sorriso irônico de James com um dos dele.

— Bom, a resposta é a mesma para os dois porquês: para aprender, para crescer e para lembrar.

James balançou a cabeça.

— Não é uma resposta satisfatória. — Ele deu um sorriso forçado. — Você está dizendo isso desde que chegamos aqui.

O professor levantou os braços, como se estivesse se entregando.

— Você me pegou! — Ele sorriu e prometeu: — Todos os seus porquês, ondes e quês serão respondidos brevemente.

Imediatamente, Joe mostrou que sua promessa era para valer, lançando uma pergunta a ninguém menos do que Rosa.

— Rosa Maria, por que você... — começou, enquanto pensava sobre ela e Joshua: — *Se ao menos eles soubessem como são parecidos... Ambos vivem por trás das paredes que eles próprios construíram: Joshua em sua fortaleza de poder e posição social, e Rosa por trás de seu refúgio de fé* — revela ele a você.

No entanto, o professor não chegou a completar seus pensamentos, nem sua pergunta.

— Professor, professor... — chamou James, acenando com as mãos impacientemente. — E aquela escada? Quero dizer, a gente está olhando para ela há um bom tempo, brilhando e tudo o mais. O que ela significa?

Joe suspira e, desculpando-se por parecer um disco riscado, repete à classe:

— Aqueles degraus são como aprendemos, crescemos e um dia nos lembramos.

Agora é Assan que tenta cobrar o professor, lembrando a pergunta de James sobre "aquela história de 'eu'".

— Não pode ao menos responder essa? Afinal — ergueu os ombros e fez uma careta — fui alertado de que tenho um interesse especial no "eu".

Balançando a cabeça de um lado para o outro, o professor abriu um sorriso travesso, dizendo:

— Você vai aprender isso com aqueles degraus.

Os dois alunos se irritam. Eles percebem que o professor não tem nenhuma pressa de chegar aonde tem que chegar.

E eles estavam certos: Joe tinha um plano e não iria se desviar dele ou pular etapas.

— *Tijolo a tijolo, passo a passo; essa é a única maneira de se fazer isso* — confidencia, enquanto calma e deliberadamente volta a atenção para Rosa, terminando a pergunta que deixou pairando no ar por causa da interrupção de James e de Assan.

— Por que você acha que estamos aqui, Rosa?

Com um surpreendente toque de humor, ela diz, sem mostrar nenhuma emoção:

— O pequeno porquê — pergunta, olhando para a classe e imitando o professor — ou o GRANDE porquê? — esticando o pescoço para o alto do domo.

Todos, incluindo o professor, caem na risada.

— *Agora estamos chegando lá* — Joe pisca para você.

— Os dois, faça a imitação completa — brinca Joe de volta.

Rosa Maria apruma-se na cadeira e, como sempre faz antes de lançar um argumento, ajeita seu *blazer*.

— Não me leve a mal — começa —, mas eu ainda não tenho a mais remota idéia do que estou fazendo aqui. Sei que é uma sala bonita e agradável e você — indicando Joe — é um jovem bastante interessante. Mas não sei o que posso aprender aqui. Fui professora da escola bíblica dominical por vinte anos. Conheço as sagradas escrituras de trás para a frente e, pelo que aprendi, tudo que precisamos saber está neste livro.

Os olhos acinzentados e frios de Rosa Maria percorreram os outros alunos.

"Talvez eu possa convencê-los", pensou ela, "a se juntarem a mim e acabar com essa bobagem de uma vez".

Os medos de Rosa Maria diziam-lhe que nada de bom poderia sair de uma aula como aquela; era um desnecessário e talvez perigoso desvio dos planos de Deus.

O professor interrompeu-lhe os sonhos de motim com uma pergunta para outro aluno.

— Isso lhe soa familiar, Assan? "Tudo que precisamos saber está neste livro"?

A pergunta pegou o adolescente desprevenido. Ele piscou e deixou a cabeça pender, lembrando-se de uma escola onde lhe ensinaram que "Tudo que precisamos saber está neste livro". O rapaz olhou para Rosa. Pela primeira vez, desde que encontrou aquela mulher, ele sentiu, de um modo estranho, pena dela.

Rosa Maria limpou a garganta, chamando a atenção do resto da classe. Com outro puxão no *blazer*, educada mas firmemente declarou que ela não devia estar ali.

— A Bíblia não diz nada sobre escola. A Bíblia diz que vamos ou para o céu ou para o inferno. A vida eterna é prometida àqueles que aceitam Jesus como seu Senhor e Salvador. Eu O aceitei e aceito. Não sei o que estou fazendo aqui.

— Faça-me uma vontade — disse o professor, sorrindo. — E o outro porquê? Por que fomos criados?

A mulher franziu os lábios, encarando o professor com um olhar aborrecido mas paternalista.

— Meu jovem, se você tem que fazer essa pergunta, então você é quem devia estar sentado aqui e eu é quem devia estar dando esta "aula".

— *Não falei que ela ia ser jogo duro?* — brinca Joe com você.

O professor apoiou o queixo sobre a mão, esperando pacientemente uma resposta. A sala está em silêncio. Mais uma batalha entre Joe e Rosa Maria estava para começar. Em sua mente, você vê a imagem de dois trens de carga, correndo um de encontro ao outro no mesmo trilho. Você sabia que o inevitável iria acontecer quando Rosa Maria desafiasse o professor para um duelo.

— Nós fomos criados pelo amor de Deus a nós — declarou ela. — Nosso Deus criou o universo e nós somos parte dessa criação. É isso — concluiu uma Rosa Maria toda satisfeita consigo mesma, os olhos passeando pelo semicírculo em busca das reações de cada um dos colegas.

O professor perguntou à classe se alguém discordava do que ela dissera.

Ninguém esboçou uma palavra.

Ele foi até Assan e perguntou se ele concordava com Rosa.

— Fomos criados por Deus e somos parte de Sua criação?

— Claro — respondeu o adolescente rapidamente, mesmo sabendo, como o resto da classe, que o professor estava aprontando alguma.

A bola estava no campo de Joe e ele a conduziu de volta pelo semicírculo, até parar em frente a Rosa.

Joshua e James limitaram-se a recostar em suas cadeiras, assistindo à novela envolvendo o professor e Rosa. Você sorri para si mesmo: os dois trens de carga estão cada vez mais próximos.

— Nós todos fomos criados por Deus e somos parte de Sua criação — resumiu Joe. — Mas será que Ele nos ama a todos com a mesma intensidade? — provocou.

— Claro que sim — respondeu Rosa, de modo presunçoso. — Ele ama todos os seus filhos. Nós somos iguais perante Seus olhos.

Rosa estava perdendo a paciência com a simplicidade das perguntas do menino.

— Entendi...

O professor concorda e vagarosamente formula a próxima pergunta:

— *Aqui vamos nós. Preste atenção* — ele avisa você.

Você ri sozinho. Quase consegue ouvir as locomotivas soando seus apitos.

Joe inclina a cabeça em direção a Joshua. Então, erguendo as sobrancelhas, ele olha para James do outro lado do semicírculo. Lentamente, e com um estilo dramático, ele volta a atenção para Rosa.

— Portanto, Deus ama Joshua e James da mesma forma.

Rosa gira os olhos.

— Claro! O Pai ama todos os Seus filhos da mesma forma. Ele não tem favoritos — um profundo suspiro reflete seu aborrecimento.

— *Lá vai* — o professor sinaliza a você, enquanto coça a cabeça e enruga o rosto, e em sua mente você ouve o gemido distorcido dos apitos dos trens.

— Josh, ajude-me com uma coisa aqui. Você deixou na Terra um monte de dinheiro, não foi?

O presunçoso homem de negócios abre um sorriso:

— Claro que sim: ações, aplicações, contas bancárias, carros, casas, investimentos.

— Viajou pelo mundo, ficando nos melhores hotéis?

— Eu merecia.

— Estou certo de que sim. Aposto que conhecia todos os mandachuvas: presidentes, políticos, reis.

— É, todos eles me deviam alguns favores, também — relembrou o negociante.

— Aposto que você trabalhou até se ralar — comentou o professor.

— Ah, isso foi, mas amei cada segundo. Era minha vida — sorriu Josh.

Joe assentiu, parabenizou Joshua por suas realizações e então, casualmente, passeou até James.

— E você? O que deixou na Terra?

O jovem negro encarou o professor com um olhar distante e entristecido.

— Muita dor — suspirou — e arrependimento.

— Aposto que você também trabalhou muito — provocou o professor.

— Feito escravo.

Joe encolhe os ombros. Ele olha para Joshua, e depois novamente para James. E balança a cabeça, sem poder acreditar.

— Por que a vida dos dois foi tão diferente, Rosa? Se Deus os ama da mesma maneira, por que um passou pela vida construindo um império e o outro rastejou pela Terra, apenas sobrevivendo?

"Cara, os trens vão bater já, já", diz você a si mesmo.

A resposta de Rosa foi rápida, porque era algo que ela tinha decorado na Terra anos atrás.

— Leia sua Bíblia, rapazinho — decreta triunfante. — Jesus e a Parábola dos Talentos. Joshua usou seus talentos, o que agradou a Deus. James provavelmente não usou os dele, portanto não teve recompensas. Simples.

O professor sorriu e comentou, sem rodeios:

— Cuidado com os julgamentos, Rosa. Pelo que sei, a Bíblia diz alguma coisa sobre isso, também.

Mas, antes que Rosa pudesse abrir a boca, o professor insistiu:

— Por que Deus fez tudo mais fácil para Joshua do que para James? — questionou, andando de um lado para outro dentro do semicírculo.

A resposta de Rosa Maria, mais uma vez, veio da Bíblia.

— Deus age de formas misteriosas. Você pode achar isso na Bíblia, também — disse ela, arrogante.

Joe concordou, acrescentando que provavelmente se pode achar uma resposta para tudo na Bíblia, "ainda que tenha sido escrita há milhares de anos".

Rosa não percebeu o golpe e curvou a cabeça, solenemente.

— Mas, Rosa, você ainda não respondeu à pergunta: o que estamos fazendo aqui? Por que estamos vivos? Qual a razão disso?

Sem nenhuma pausa ou hesitação, Rosa declarou:

— Para dar glória a Deus, para servir a Ele e pregar Sua palavra. Para dizer a todas as nações que Jesus é a verdade e o único caminho para o Criador.

O professor esfregou os dedos no queixo preguiçosamente e perguntou:

— E se houver algo mais?

Rosa sacudiu a cabeça e disse ao professor que não havia nada além disso:

— Fomos criados para engrandecer Sua glória e para fazer Sua vontade.

— O que quer dizer com isso? Que estamos vivos para servir a Deus e falar ao mundo sobre Jesus? É isso? Nada mais? — Joe revirou os olhos, sem acreditar.

Ela já estava vencida por essa pergunta, mas o professor não parou por aí.

— Só isso? — insistiu, exagerando em seu descrédito, levantando as mãos para o alto. — Isso é tudo que existe? Deus nos criou porque Ele nos ama e quer que nós passemos toda a nossa vida pregando Sua palavra. É simples assim?

— Sim — respondeu Rosa, esperando pôr um fim ao interrogatório.

— E, se você viver toda a sua vida fazendo isso, o que acontece? — inquiriu Joe, parando bem em frente a ela.

Os olhos da mulher apontaram para o alto, em profunda irritação.

— Você recebe sua recompensa justa e direita: alegria eterna no paraíso ao lado de Jesus — recitou corretamente.

Joe sorri para ela e imediatamente dispara para Joshua a próxima pergunta:

— Você passou a vida pregando a palavra de Deus?

— De jeito nenhum — sorriu Joshua.

— Pelo menos leu a Bíblia?

— Nunca me interessei — foi a resposta rápida e segura.

— E você, Assan? — perguntou Joe. — Já leu a Bíblia?

— Em qual vida? — brincou o rapaz, e todos, exceto Rosa, riram.

— E você, James? Estudava a Bíblia todas as noites?

— Não sabia ler. Ninguém me ensinou — respondeu, com descaso.

— *Vamos ver como ela responde a próxima* — o professor sinaliza a você.

— Rosa, estou certo de que viveu sua vida da forma que lhe ensinaram, pregando a palavra de Deus e a salvação por meio de Seu Filho, Jesus.

Ela lançou ao professor um sorriso meloso.

— Ensinei na escola dominical por *dezesseis anos*. Dei dinheiro à minha igreja e às missões — bravateou Rosa.

— E além disso? — instigou o professor.

— Vivi minha vida como um exemplo cristão. Nunca uma só gota de álcool passou pelos meus lábios, nunca me rendi às tentações frívolas e pecaminosas de Satã. Minha vida foi perfeita — disse ela, apertando os olhos na direção do professor.

Ele pediu a ela que tivesse paciência; as perguntas já estavam acabando.

Ela suspirou. De fato, já estava cheia daquilo, mas, como ele disse que estava chegando ao fim, permitiu que continuasse.

— Se você viveu sua vida em total obediência às leis e ensinamentos de sua igreja, como estou certo de que fez, o que está fazendo no mesmo lugar que Joshua, um homem que nunca sequer pensou a respeito do destino de sua alma imortal? O que você está fazendo no mesmo lugar que Assan, um assassino, um garoto de programa e um suicida? Ou com James, que nunca sequer leu a palavra de Deus? Como você está aqui respondendo a minhas perguntas? Como é que está aqui, e não gozando da vida eterna com Jesus?

Rosa Maria literalmente saltou de sua cadeira. Ela arreganhou os dentes e arrogantemente rosnou:

— Aí está uma coisa que eu também queria saber, rapazinho. Estou tentando entender isso desde que ele — disse, apontando para James — me perguntou. Só pode ser Deus testando minha fé, fazendo com que eu perca meu tempo aqui com você e esses três cavalheiros, quando eu já podia estar em êxtase ao Seu lado.

Seus ouvidos agora podiam ouvir o aço das rodas do trem guinchando sobre o trilho. Os dois trens estão prestes a colidir.

Joe fez um gesto pedindo a Rosa que se sentasse. Depois, virou-se de costas para ela e encarou Assan.

— Aposto que você está em busca de algumas respostas, também. Como, por exemplo, onde estão aquelas virgens e Maomé, não é verdade?

O rapaz árabe fechou a cara.

— É, gostaria de saber sobre tudo isso. Isto aqui não era o que eu esperava.

O professor encerrou a conversa com Assan e, de modo confiante, deslizou para o centro do semicírculo para encarar de frente todos os alunos.

— Para Assan e Rosa fizeram muitas promessas. Mas deixe-me dar uma pista a vocês sobre uma coisa: há muito mais em nossas vidas do que promessas vazias feitas por homens vazios.

— James e Joshua, por razões diferentes, não esperavam nada além da morte. Abram seus olhos. Olhem ao redor. Isto — Joe olhava para o alto do domo — é alguma coisa. Vocês já encontraram mais do que esperavam.

— Não é nenhuma coincidência o fato de vocês quatro estarem aqui. Vocês todos têm algo a dar aos outros. Não existem acasos ou coincidências, porque — ele agora se dirigia a Rosa — nenhum pássaro cairá em terra sem a vontade de vosso Pai.

O professor volta sua atenção para James e relembra a ele que não se esqueceu de sua promessa.

— Nós logo vamos chegar aos seus grandes porquês, meu amigo. Logo depois do show de William e Mary. Pode confiar.

De seu lugar na platéia, você olha para Rosa. Você poderia dizer, pela expressão em seu rosto, que o trem de carga carregando suas crenças, pelo menos por enquanto, está fora dos trilhos. Joe fez o que tinha preparado. Ele plantou as primeiras sementes de dúvida na mente dela.

11

Uma lição da vida: o show de William e Mary – Parte 1

A sala de aula escurece e um feixe de luz focaliza exatamente o meio do palco da vida. Os alunos já conhecem a rotina: outro flagrante da vida real está para começar.

O lugar: Inglaterra. A época na Terra: fim do século 18.

Um portão alto e largo protege a entrada de uma imponente mansão de alvenaria em três andares e seu amplo jardim verde-esmeralda. A letra "E", banhada a ouro e adornada por duas espadas cruzadas, orgulhosamente se impõe no alto do portão trancado, anunciando ao mundo que ali é o Solar Eaton.

Um jovem alto e magro aproxima-se do portão. Ele também é um "E", e está chegando para reclamar o que é seu por direito.

— O nome dele é William Eaton — narra Joe. — Ele é o sobrinho de Sir Walter Eaton, proprietário de uma dúzia de usinas e fábricas na pequena cidade inglesa de Hampton.

— O filho da mãe comprou o título de Sir — murmura uma voz amarga e ressentida. — Ele pagou uma boa grana para isso.

A atenção dos alunos é desviada do palco da vida para a voz.

Era de Joshua. Ele foi William e vê, com seus colegas de classe, quando o simpático jovem de bastos cabelos pretos e lisos se aproxima da portaria de tijolos vermelhos, uma versão em miniatura da enorme mansão que se destaca por trás do imponente portão.

— Eu tinha dezenove anos — relembra Joshua, vendo a si mesmo como William, num terno mal cortado e no tamanho errado.

— Era de meu pai, o irmão do "lorde" — explicou o espírito, sarcasticamente exagerando no "lorde".

O jovem está exausto. Suas roupas estão cobertas de poeira, seus cabelos despenteados pelo vento.

— Eu estava chegando de uma viagem de trem de dois dias, e, da estação até ali, andei uma hora — lembra Joshua.

William coloca sua pequena e surrada mala de papelão no chão, vasculha os bolsos e retira um envelope amassado e lacrado contendo uma carta de seu pai para Sir Walter. Com a outra mão, ele puxa a longa corda que aciona a campainha que chama o porteiro.

O rapaz sujo e maltrapilho espera pacientemente, carta na mão, até que o porteiro apareça.

— Meu pai escreveu a carta antes de morrer — informou Joshua, enquanto as memórias daquela encarnação ficavam dolorosamente mais claras.

A imagem no palco da vida se desloca da Inglaterra para um leito de morte na França. Um moribundo Edward Eaton, pela primeira vez, fala para William sobre seu rico e próspero parente.

— Eu nunca peguei um tostão de meu pai, nem recebi nenhuma mesada. Eu quis viver minha vida à minha maneira. Decidi assim e nunca quis dever nada a ninguém.

Edward explicou que, quando Alfred, pai dele e avô de William, morreu, um advogado de Londres mandou-lhe uma carta, informando que seu pai havia nomeado Walter, seu irmão mais novo e tio de William, como executor do testamento.

— Isso foi há quinze anos — revelou Edward. — O telegrama dizia que uma quantia em dinheiro foi reservada para mim. Mas... — suspirou, dando a entender que nunca se preocupou em resgatar a herança. — Para falar a verdade, nem liguei para isso.

Edward fez uma pausa e continuou:

— Não vejo seu tio Walter há pelo menos vinte anos. Ele esteve em Paris; nós jantamos. Ele só falava de banalidades. Éramos diferentes, Walter e eu. Desde então, apenas um ou outro cartão de Natal.

Edward olhou diretamente para William e ressalvou:

— Mas, de qualquer maneira, você é um Eaton, tanto quanto eu ou Walter. Foi seu avô que construiu todo aquele império.

Edward entregou a William a carta de apresentação para a família do outro lado do canal da Mancha e ordenou:

— Vá até Walter. O mesmo sangue que corre nas veias dele corre nas minhas, e é o mesmo que também corre nas suas.

— Meu pai achava tudo muito simples — lamentou Joshua —, porque ele era um homem simples e honesto.

Assim, a jornada de Paris até Hampton, Inglaterra começou e o palco da vida passa a mostrar *flashes* de cada etapa da viagem.

Com pouco mais que uma carta no bolso e uma mala barata nas mãos, um ingênuo e inocente rapaz de dezenove anos chamado William Eaton faz uma viagem para se encontrar com uma família e uma herança que nunca soube que possuía.

Flash: Paris para Calais.

William viaja num vagão apertado e sufocante de um lento trem de terceira classe. Cada solavanco o deixa mais perto do Solar Eaton, cada apito da locomotiva alimenta seus sonhos de riqueza e *status*.

Flash: Calais até Dover.

William enfrenta as fortes ondas do mar de outubro no canal da Mancha, embaixo do convés de uma balsa ordinária, cheia de vazamentos. Cada onda o joga para mais perto dos Eatons. Cada vez que a balsa sobe e desce na água, em sua mente ele vai ficando mais rico.

Flash: Dover para Londres.

Ele embarca como clandestino num vagaroso trem de carga e, dentro de um vagão por onde o vento entrava por todos os lados, sua imaginação o seduz com a imagem de uma mulher jovem e perfumada, festas glamourosas e sofisticadas, e partidas de pólo nos finais de semana.

Flash: de Londres até Hampton.

Ele salta para dentro de mais um trem de carga e em pouco tempo o jovem de dezenove anos está chegando a seu destino. Ele apalpa o bolso da frente do paletó sujo e amassado, para ter certeza de que a carta ainda está ali, garantindo-lhe que o que almejou e sonhou durante todo o último mês está prestes a acontecer.

Finalmente, depois de uma longa caminhada por uma estrada de paralelepípedos, coberto de suor, ele está diante dos portões do Solar Eaton.

Para ele, será o fim dos banhos em pias de banheiros públicos. O fim dos sonos em vagões frios, dividindo um pedaço de chão com bêbados e mendigos.

Em alguns instantes, ele teria um belo banho de água quente e lençóis de seda sobre um colchão macio.

Ele pára diante dos portões do Solar Eaton. Pelas grades ele vê a casa do tio, a casa onde seu próprio pai nasceu.

O inocente e ingênuo jovem espera pacientemente por uma resposta à campainha que acabou de tocar.

Seus olhos se enchem com a fartura de riqueza e conforto diante dele: amplas áreas verdes de grama perfeitamente cortada em volta da grande mansão de tijolos vermelhos e o desenho hipnotizante das flores coloridas salientando-se no gramado. Tudo isso parece chamá-lo através das grades do portão.

No lado oeste da mansão, um enorme pavilhão branco está sendo preparado.

— Aposto que estão dando uma festa — diz William a si mesmo, e novamente sua imaginação se rende às imagens de uma bela mulher, reluzentes taças de champanhe e uma música suave, tocada por uma orquestra com músicos trajados a rigor.

Um empregado aparece na estreita portaria, interrompendo os sonhos de William.

O jovem entrega-lhe o envelope. Está um pouco amassado da viagem, e o serviçal reluta em pegá-lo.

— O sujeito me tratou como se eu tivesse a peste — lembrou-se Joshua amargamente.

— Espere aqui — disse o empregado. — Vou ver se o lorde está.

E, sem ser convidado, William saltou para dentro do portão e sentou-se num banco de madeira.

O jovem William esperou. Esperou. E esperou. O sol de outono começou a dar lugar às sombras vespertinas que se espalhavam pelo enorme gramado bem cuidado, e as flores começavam a perder suas cores deslumbrantes sob os tons da noite que tingiam o céu.

Além do portão, ele vê os empregados da casa acendendo lampiões e tochas de querosene ao redor do pavilhão branco. Ele vê músicos vestidos em fraques e gravatas brancas, tomando seus lugares numa pequena plataforma. Ele nota servos uniformizados acomodando pesadas bandejas cheias de comida em enormes mesas cobertas com toalhas brancas.

— Ele não consegue lembrar-se de qual foi a última vez que teve uma refeição decente — conta Joe a seus alunos, enquanto eles vêem William testemunhar, da portaria, os preparativos finais para a festa dos Eatons.

William ainda espera, agora mais ansioso do que paciente, pelo convite do tio para se juntar a ele na mansão de tijolos vermelhos.

Da estrada, ele ouve o trote de cavalos. Mais de um, talvez uns quatro, ele pensa. O ruído dos cascos batendo na estrada rústica vai ficando cada vez mais alto, até que os cavalos chegam aos portões de ferro do Solar Eaton.

William estava certo: são quatro cavalos, trazendo dois casais que têm mais ou menos sua idade. Os casais param no portão e, para eles, as portas se abrem rapidamente, convidando-os para a paisagem elegante que William viu pelo portão.

Os dois rapazes, musculosos e cheios de energia, parecem ser irmãos.

— Aqueles dois eram meus primos — diz Joshua secamente.

Eles estão acompanhados por suas namoradas, e uma delas atrai o olhar de William, sua beleza resplandecendo nas sombras do anoitecer de um dia de outono: cabelos pretos longos e brilhantes, olhos azuis e um rosto suave, delicadamente branco.

O porteiro, o mesmo que levou a carta de William, recebe-os alegremente, com um caloroso "Bem-vindo, senhor!" para cada um dos irmãos.

Quando os portões se fecham, William acena para o porteiro.

— Esqueceu de mim? — ele grita.

Incomodado com as más maneiras daquele jovem mal vestido, o empregado, sem olhar para William, entrega-lhe um envelope diferente, com o mesmo "E" floreado que se ostentava no alto do portão.

Venha ao meu escritório na segunda-feira pela manhã, às oito em ponto. Não se atrase.

Sir Walter Eaton

William olhou os dois lados do cartão. Não havia nada nele além de um endereço. Nada de boas-vindas, nenhum "entre para jantar, sobrinho que jamais encontrei". Simplesmente uma linha dizendo a ele para estar num escritório na segunda pela manhã. Nada mais do que um encontro de negócios.

Joshua, assistindo a William ler o pequeno recado do tio, deixou escapar:

— Babaca!

De volta ao palco da vida, William bravamente conteve as lágrimas que brotavam em seus olhos. Ele vasculhou os bolsos, tirando dela sua magra carteira.

— Aquele dinheiro mal dava para pagar um albergue — lembra Joshua. — Era sábado à noite. Fiquei imaginando como fazer aquilo durar até segunda.

O jovem, em seu terno mal ajustado, apanha a mala e começa a longa viagem de volta à cidade.

Joe, juntamente com o resto da classe, vê o rejeitado e desolado William caminhar ao cair da noite.

— Foi aí que começou, não foi? — pergunta o professor a Joshua.

O homem de negócios olha para Joe, franzindo a testa.

— A sensação de vazio — adianta-se Joe. — O vazio corrosivo, faminto, que o consome por dentro até hoje. — Joe indicou com a cabeça o palco da vida. — E foi ali que começou, naquela solitária caminhada noturna de volta à cidade.

Joshua não respondeu de primeira. Com um meio sorriso tímido, ele fitou a si mesmo andando sob o frio do luar, rumo a um albergue às margens da ferrovia.

— Acho que sim — foi tudo que o negociante teve forças para balbuciar, mas ele sabia que o professor estava certo.

Os primeiros passos que deu na estrada de volta à cidade foram carregados de dor e mágoa pela rejeição.

Dentro dele, uma voz ecoava:

"Você viajou tudo isso para ser tratado como um caixeiro-viajante."

Naquele instante, a dor e a mágoa são substituídas por revolta e ressentimento.

"Eles não lhe deram nem um copo de água", protestou outra voz.

Naquele instante, enquanto está deitado em sua cama alugada, a revolta e o ressentimento são substituídos pelo vazio.

— O pai se foi. A mãe se foi. Você está por sua conta, num país estranho, sem um tostão no bolso.

William chega às 7h45 da manhã ao endereço dado por seu tio. Fez o melhor que pôde para limpar e desamarrotar seu único terno, surrado na longa e empoeirada viagem de trem.

Mais uma vez ele está diante de outro portão, com o mesmo "E" fixado em barras de aço negras. Mas, ao invés de cercar uma mansão de tijolos vermelhos, esse portão protegia uma enorme fábrica de quatro andares, do tamanho de um quarteirão.

William entrega o bilhete do tio para o porteiro. Desta vez, entretanto, ele recebe um firme aperto de mão e é escoltado pessoalmente até a entrada dos domínios de Sir Walter. O funcionário bate de leve na porta de vidro fosco e, quando ela se abre, mais uma vez William tem uma amostra da vida que ele tão desesperadamente almejava: uma sala de espera com paredes de carvalho, poltronas de couro preto e espessos tapetes orientais cobrindo o chão. Naquela fria manhã de outono, calorosas chamas ardiam na lareira de mármore.

Ele entrega o bilhete ao que parecia ser a secretária de seu tio, uma mulher comum, de meia-idade, cujo cabelo estava cuidadosamente arrumado num birote bem-feito.

Sem dizer uma palavra, ela avalia rápida e detalhadamente o jovem alto e magricela num terno barato, em frente a ela. Ela aponta o sofá mais distante de sua mesa, sinalizando para que William se sente, e, depois, ela desaparece por uma pesada porta de mogno.

Momentos mais tarde, ela volta sem o bilhete.

— Ele estará aqui num minuto — informa ela friamente.

Os minutos passam lentamente no rebuscado relógio de parede nos fundos da sala de espera. Ele badala anunciando o tempo: oito horas, em ponto.

"Eu estou aqui, e fui pontual", William diz a si mesmo.

Tique-taque, tique-taque: 8h15.

Tique-taque, tique-taque, tique-taque: as badaladas marcam 8h30.

William tem paciência; sabe que está sendo testado.

Tique-taque, tique-taque, tique-taque: 8h45.

Mas, antes que batessem nove horas, uma campainha soa. A secretária olha para William, indicando a porta com a cabeça.

— Bata antes de entrar — ordena, sem tirar os olhos de sua escrivaninha.

O jovem de dezenove anos e cabelos pretos levanta-se, caminha em direção à porta de madeira, enche o peito de ar e dá uma leve batida.

Ele ouve um "entre" abafado, vindo do lado de dentro. Sua mão empurra e abre a pesada porta, e William se vê dentro do opulento mundo do império Eaton.

Ele prende a respiração. O jovem nunca havia visto nada como aquilo.

"Esta sala bem poderia ser um salão de baile", admira-se.

No meio do salão de baile, sentado atrás de uma mesa de mogno entalhada à mão, está seu tio, Sir Walter.

— Ele se parece com meu pai — comenta Joshua. — Os mesmos cabelos pretos, com alguns fios grisalhos, um rosto comprido e ossudo, com um nariz fino e reto. Tudo é igual, exceto pelos olhos. Os dois tinham olhos castanhos, mas meu pai tinha rugas nos cantos, daquelas que se formam quando sorrimos. Sir Walter era de uma seriedade pétrea.

Não há mais ninguém na ampla sala, a não ser William e Sir Walter. O tio aponta para uma cadeira de madeira de formas retas, plantada bem em frente à sua escrivaninha.

— Sem apertos de mão, sem cumprimentos — ressalta Joshua.

Sir Walter limpa a garganta e olha pela janela, com a vista além de seu império de fábricas e usinas.

— Produzimos tecido e o transformamos em roupas: vestidos, camisas e blusas — comentou o tio. — Exportamos para todo o império britânico.

Essa foi a primeira vez que William ouviu a voz de Sir Walter. Era profunda e imponente, bem diferente da de seu pai, macia, quase feminina.

— Temos oito mil pessoas trabalhando para nós, quase metade da cidade. Homens e meninos nas usinas; mulheres e meninas nas máquinas de costura. Famílias inteiras trabalham para nós.

William notou que o homem falava em frases curtas, medidas. Sir Walter não era de desperdiçar palavras. Ele também percebeu, pela primeira vez, que o "salão de baile" era vazio. Exceto por alguns tapetes dispostos no bem encerado assoalho de madeira, um par de lâmpadas e um retrato na parede, que ele imaginou ser de seu avô, a enorme sala era vazia. Tudo que restava era a escrivaninha e a cadeira onde estava sentado.

— Meus pêsames pelo seu pai. Não éramos muito chegados. Ele saiu de casa quando eu tinha doze anos.

Novamente, as sentenças curtas e precisas. Nenhuma emoção. Nada sem razão.

Sir Walter foi direto ao assunto:

— Por que veio aqui?

A pergunta pegou William de surpresa. Ele começou a gaguejar uma resposta, mas o tio respondeu por ele.

— A herança? A carta de Edward falava alguma coisa sobre uma herança.

Sir Walter remexeu alguns papéis sobre sua mesa. Depois de encontrar o que queria, o tio colocou os óculos de leitura e começou a varrer o documento com o olhar, sem voltar a encarar o sobrinho. William, olhos alçando vôo pela escrivaninha, reconheceu a carta do pai.

— Não existe nenhuma herança — declarou Sir Walter peremptoriamente, a mão firmemente parada no ar, para sufocar quaisquer protestos ou perguntas que pudessem vir de William. — Vou explicar.

Walter afastou-se da escrivaninha, revelando sua envergadura de mais de um metro e oitenta. Com um aceno de seu dedo, ele convocou William a acompanhá-lo enquanto ele andava pela sala até a janela que ia do chão ao teto.

— Ela está ali — disse o tio, indicando o labirinto de fábricas e usinas, armazéns e chaminés espalhados diante deles.

— Não usei nem um tostão dela para mim. Tudo foi reinvestido no negócio — bufou.

William balançou a cabeça. Ele não queria entender o que estava ouvindo.

— Fui o executor dos bens de meu pai. Também comandei os negócios. Ele quis assim em seu testamento — disse, apontando para o retrato pendurado na parede do outro lado da sala.

"Então eu estava certo", pensou William. "Aquele é Alfred."

— Mandei nosso advogado enviar a seu pai uma carta sobre o dinheiro que nosso pai deixou para ele. Era uma boa soma. Ele nunca respondeu. Nunca reivindicou nada. Dez anos se passaram e o dinheiro ficou no banco, rendendo juros. Como executor, usei o poder que tinha, perante a lei, e liquidei a conta.

Tudo aquilo estava muito além da compreensão de William: juros, executor, contas liquidadas. O rapaz nem sequer havia terminado o colégio, e o que estava sendo exigido dele agora é que entendesse palavras e conceitos que nunca havia ouvido antes.

— William era muito inteligente, mas não era nada sofisticado — observou Joe, e Joshua assentiu, mas ressalvou que havia mais do que isso na história.

— Sir Walter mentiu — declarou Joshua, sem delongas. — Ele nunca disse a William que ele e seu advogado sempre souberam onde estava meu pai. Eles contrataram um detetive particular para ficar de olho nele. Walter se esqueceu de mencionar que, quando Alfred morreu, os negócios iam mal. Ele usou o dinheiro de meu pai para manter tudo funcionando. Eles passaram a perna no meu pai e depois passaram a perna em mim, quero dizer, em William. — E, com um sorriso tímido, disse: — Eu, William... É tudo a mesma coisa. Ele nos trapaceou.

No palco da vida, Sir Walter tornou a dizer que a herança de William não existia mais.

— O dinheiro? Não usei para mim. Coloquei de volta nos negócios. Agora você entende?

Infelizmente, William entendia. Sem dizer uma palavra ou sequer olhar para o tio, ele caminhou de volta para a cadeira em frente à escrivaninha de Walter e sentou-se nela.

— Toda essa viagem para nada — murmurou em voz alta, esperando que o tio pudesse ouvi-lo.

E ele ouviu.

Sir Walter sentou-se atrás de sua mesa e começou a dar um sermão a seu recém-descoberto sobrinho.

— Tecnicamente, você é um Eaton, mas — fez uma pausa — você seria o primeiro a admitir que não é um de nós.

Apesar da raiva, William impassivelmente ouviu cada palavra. Mesmo ingênuo, ele era esperto o bastante para esperar o tio falar e ver aonde a conversa ia levar.

— Você não se encaixa nesta família, e seria um embaraço para você se tentasse.

William não disse nada. Ele já havia percebido que Sir Walter ganhava as discussões pela intimidação. William decidiu ali mesmo, naquele momento, que não ia se deixar dominar. Com uma postura decidida, manteve os olhos fixos em Sir Walter.

— Eu e meus filhos construímos esta empresa. Cursei Oxford, como fizeram Alfred e David. Somos líderes desta comunidade. Nós engrandecemos o nome Eaton.

"É, e eu sou o sobrinho pobre e ignorante da França. Meu pai era pintor e minha mãe cantora de cabaré", dizia William a si mesmo, alimentando as chamas de revolta que cresciam dentro de si. Por fora, no entanto, ele retribuía de forma firme e paciente o olhar do tio.

— Mesmo assim, você ainda é um Eaton. E — Sir Walter encheu o peito, orgulhoso — nós Eatons cuidamos dos nossos.

Os lábios de Joshua se contorceram num sorriso sarcástico.

— Falou comigo como se meu caso fosse de caridade. — E, depois de refletir um momento, acrescentou com amargor: — E, por causa dele, até era de caridade.

O tio resumiu sua proposta de maneira rápida e eficaz:

1. *Ele daria um emprego a William, na sala de expedição, com o mais baixo salário.*

— A mesma coisa que fiz com meus filhos — acrescentou Sir Walter pomposamente.

— Ele se esqueceu, convenientemente, de dizer que seus filhos trabalhavam somente no verão, durante as férias da faculdade — interpôs Joshua. — E, incluído no "mais baixo salário", estava viver na mansão vermelha, o lar da família Eaton.

2. *Ninguém deveria saber que ele era um Eaton.*

— Se seus colegas de trabalho descobrirem, vão achar que você é um espião. Você vai se sentir rejeitado. Isso é para o seu próprio bem

— Ele não queria que ninguém soubesse que tinha um sobrinho trabalhando no setor de expedição. Não ia ficar bem — corrigiu Joshua.

3. *Ele deveria preservar a boa imagem.*

— Não se meta em encrencas. Faça seu trabalho, e voltaremos a nos falar daqui a seis meses.

— Senti que estava sendo colocado sob uma condicional. Eu seria testado nos próximos seis meses. Todos os meus movimentos seriam vigiados — acrescentou Joshua.

Mas William sabia que não tinha escolha. Afinal, ele estava sozinho no mundo. Era um estrangeiro num país desconhecido.

Ele retribuiu o olhar firme de Walter e depois de alguns instantes assentiu, acatando os termos do tio.

— Bom — grunhiu Walter, enquanto passava para William um envelope.

O conteúdo era dinheiro suficiente para pagar um quarto numa pensão decente — o que lhe permitiria sair do albergue ao lado da estação de trem — e para manter-se até seu primeiro pagamento.

— Deduziremos este adiantamento em três parcelas mensais de seu salário.

Sir Walter disse que também colocou documentos de trabalho no envelope, no nome de William Peyton.

— Você começa amanhã, no turno da noite, da meia-noite às oito da manhã. Chegue por volta das 23h30. Você vai achar as instruções aqui.

Ele foi dispensado, com o aviso de "aja corretamente, mantenha a boca fechada e nós nos veremos em seis meses".

Nada de herança. Nada de mansão vermelha. Nada de jantar de boas-vindas. Nem um Eaton ele era mais; ele era William Peyton, funcionário da expedição nas Indústrias Eaton.

Joe estava satisfeito com o modo como a classe estava acompanhando a história de William/Joshua. Mas ele estava particularmente interessado na maneira como um deles estava reagindo. Ele olhou profundamente na essência do espírito antes de decidir se ia continuar.

"Ainda não está pronto", disse a si mesmo, e então falou à classe que aquele flagrante da vida continuaria outro dia.

Assan, totalmente envolvido com a trama, gritou:

— O que aconteceu com Mary? Esse não era para ser o show de William e Mary? Até agora, só vimos William.

James e Rosa também protestaram. Eles também queriam saber

o que aconteceu com Mary. Até mesmo você, na platéia, estava curioso.

O professor levou um dedo aos lábios, sinalizando a Joshua que mantivesse a boca calada.

— Ela está esperando nos bastidores — foi tudo que ele disse.

Joshua deu um rápido olhar para Rosa e depois voltou os olhos para Joe. Seus véus estavam sendo retirados, e as coisas começavam a fazer sentido.

12

Uma lição de Joe: a boneca de madeira

No palco da vida, quatro flagrantes da vida real já haviam sido apresentados, e as palavras do professor "O passado se transforma em presente e o presente se transforma em futuro" estavam finalmente fazendo sentido.

Assan foi, como James simplificou, "uma vítima da ignorância". Mas Assan começava a ver que ser uma vítima era culpa dele. O espírito estava timidamente começando a ver fora de si mesmo, procurando meios de romper os fios de violência e revolta que interligavam suas vidas.

Depois de ver a primeira parte do show de William e Mary, Joshua começava a investigar mais a fundo a sensação de vazio que o induzia a encontrar satisfação e sentido no poder, no dinheiro e na posição social. O espírito ainda não estava completamente envolvido pelo "porquê", mas ao menos já se inclinava um pouco na direção certa para a compreensão.

Rosa permanecia inflexível e intolerante, presa às suas crenças religiosas como um náufrago se agarra a seu salva-vidas. Mas Rosa não podia refutar o desfile de vidas passadas que acontecia em sua frente.

— *Há uma pequena rachadura na fortaleza de fé que ela construiu ao seu redor* — observa o professor para você — *e vou usá-la para preparar Rosa para seus próprios flagrantes da vida real.*

James estava visivelmente empolgado. Ele abandonara a imagem do negro humilde e oprimido e estava começando a ocupar seu lugar como líder do grupo.

— *Vou dar um impulso para o ego dele.* — Joe diz a você que não há nada de errado com um ego forte. — *Ele está lá para proteger. Se o espírito o usa, ao invés de ser usado por ele, o ego pode ser uma ferramenta poderosa para o desenvolvimento espiritual.*

Você, sentado na platéia, também nota que os alunos começam a mudar, mas você ainda sente que algo mais está por vir.

"Alguma coisa está para acontecer", diz você a si mesmo.

Joe, sintonizado em seus pensamentos, responde de forma definitiva:

— *Pode apostar sua vida que alguma coisa está para acontecer. Vamos conversar sobre o que tudo isso significa. Vou começar respondendo o PORQUÊ.*

E o professor confirma suas suspeitas: não são apenas os alunos que estão começando a mudar; a sala de aula está com toda uma atmosfera diferente.

— Olhe bem de perto para a escada.

Desde que apareceram pela primeira vez, cada um dos nove degraus que compõem a escada irradiava sua própria cor. Agora, todos eles estavam escuros, exceto o primeiro, onde o professor, saindo de seu posto costumeiro no semicírculo, estava parado, a silhueta de seu corpo pulsando com a luz branca.

— *Um pouco de iluminação valoriza muito a dramatização* — brinca, antes de se dirigir aos alunos.

— Vocês se lembram de que começamos aqui, no início. — E, falando para James: — Você me perguntou por que estávamos aqui. Não o pequeno, mas o GRANDE AQUI. Eu respondi: "Para aprender, crescer e relembrar". Essa era a resposta curta. Agora, vocês vão conhecer a longa.

— Também perguntei sobre a escada, lembra?

Joe dá uma risada.

— Bem-vindo ao primeiro degrau: Criação — responde, batendo de leve o pé no degrau em que estava.

— *Agradeço a Deus por esse cara* — ele brinca com você. — *Se não fosse por ele, estaríamos ouvindo Rosa cantando seus hinos.*

E é justamente com a mulher que o professor, mais uma vez, resolve começar.

— Rosa, você declarou que fomos criados pelo amor que Deus tem por nós, não é isso?

A mulher faz que sim com a cabeça. Não está com muita paciência. Ela sente que está sendo isolada por causa de sua fé. E ela está certa. O professor sabe que, para tirá-la de seu canto, ele precisa golpear as pequenas rachaduras abertas em sua fortaleza de santidade.

— E todos nós concordamos com ela, não é mesmo?

Um murmúrio de concordância enche a sala.

— Bem, deixem-me dizer uma coisa... Ela não está completamente errada.

— Louvado seja Deus — vem a manifestação aliviada de Rosa.

— Mas ela também não está completamente certa.

E, antes que Rosa Maria possa dizer qualquer coisa, toda a sala fica escura. A única luz provém do degrau branco brilhante onde o professor se encontra.

Alguns momentos se passam na escuridão silenciosa.

Um ruído surdo quebra o silêncio.

Joe pede aos alunos para que olhem para cima.

O domo de cristal está se abrindo lentamente.

Um céu azul-escuro profundo surge no infinito. Não há nenhuma nuvem à vista. Em vez disso, o que há são agrupamentos e mais agrupamentos de luzes cintilantes, cada um brilhando com sua própria intensidade e emitindo um brilho singular, fascinando os sentidos de todos os alunos.

Nem um som vinha da classe, nem mesmo uma entrecortada exclamação de surpresa ou um suspiro de prazer. É um silêncio de admiração, espanto e deslumbramento.

A voz suave e confortante do professor vem da escada para preencher a sala de aula silenciosa.

— Isso é o melhor que posso fazer — confessa. — Eu gostaria de mostrar a vocês toda a Criação, mas, como só podemos compreender até certo ponto, então podemos revelar só até este certo ponto.

Mas as desculpas não tiraram nada da perfeição do momento. Sua explicação de que eles estavam vislumbrando apenas uma pequena parte do universo não interrompeu a comunhão silenciosa da classe.

— Parecem estrelas, mas não são — aventurou-se timidamente Assan.

— São bilhões e bilhões — disse efusivamente Josh. Pela primeira vez desde sua passagem, ele estava atraído por alguma coisa além de si mesmo.

James não dizia nada. Ele simplesmente sorria enquanto o reflexo da luz dançava em seu rosto.

— Louvado seja Deus nas alturas — cantava Rosa Maria. — Tremamos diante de Seu poder e glória.

Joe imediatamente se interpõe.

— *Esse negócio de tremor e humilhação tem que acabar* — diz ele a você.

— Rosa, não estou mostrando isso para assustar, mas sim para confortar. Nós não fomos criados para TEMER Deus. Não estou mostrando isso para humilhar. Não somos insignificantes grãos de poeira no universo; somos parte dele. Somos aqueles bilhões de faíscas brilhantes de energia.

O professor deixou a escada para começar uma caminhada lenta até a frente de seus alunos, fitando cada um deles, que não tiravam os olhos da amostra da Criação que tinham acima deles.

— A beleza que vocês vêem está dentro de nós. Não fomos criados para sermos servos ou marionetes.

Joe sabe que cada um dos espíritos à sua frente apresenta um desafio diferente: Rosa com sua fé cega; Assan entre as paredes do "eu"; James, um prisioneiro de seus próprios medos; e Joshua vivendo atrás das muralhas de seu ego, orgulho e satisfação própria.

As muralhas de Joshua, depois que seu flagrante da vida real foi apresentado no palco da vida, estavam começando a rachar.

Mas o professor sabia que elas tinham que cair. Joe decidiu dar um empurrãozinho a elas.

— Joshua, você já criou alguma coisa?

O homem de negócios, em seu terno azul com risca de giz, dá uma piscada.

— Nada parecido com isso — admite, sem desviar o olhar das fascinantes luzes cintilantes acima dele.

Joe sorri.

— Eu sei disso. Mas na Terra você fez muito. Qual você acha que foi sua maior realização?

Josh pensou por um instante, não porque não sabia o que ia responder: ele estava imaginando como ia responder. O executivo sabia que, o que quer que ele dissesse, ia parecer insignificante comparado ao espetáculo acima dele. Ele é um homem orgulhoso e não gosta de ver seus feitos minimizados.

Ele se endireita na cadeira. Seus olhos encontram os do professor e sua voz soa com a autoridade que ele usava quando comandava seus subordinados.

— *Estou surpreso de que ele não perceba quanto copiou de Sir Walter* — observa Joe para você, e faz uma previsão: — *Mas essa hora vai chegar.*

— Eu criei um império do nada. Com meu talento e trabalho duro, construí uma companhia de seguros que rendia bilhões de dólares. Pode-se dizer que criei milhares de empregos e sustentei dezenas de milhares de famílias em todo o mundo.

O professor concorda que é uma grande realização.

— Mas — pergunta Joe — sua companhia podia pensar e agir por si mesma?

O executivo balançou a cabeça, admitindo não ter entendido a pergunta.

— *Eu não achei que ia entender* — diz Joe a você. — *Eu o estou usando para formular um argumento.*

— Essa companhia — esclarece o professor —, ou império, como você chama, tinha vida própria? Podia pensar, agir ou criar? Ou dependia de você e de seus executivos para suas decisões?

— Claro que a companhia dependia de mim e de minha equipe — responde Joshua sarcasticamente. — Como pode uma companhia pensar por si mesma? Ela não tem cérebro, vontade ou personalidade.

O professor, notando a irritação com a pergunta aparentemente boba, franze os lábios e balança a cabeça, concordando.

— Você está certo. Na verdade, você nem imagina quanto está certo. — E, sem dizer mais nada, ele se volta e faz a James a mesma pergunta: — Você já criou alguma coisa?

O jovem negro, em vestes simples, olha para Joshua. Ele sabe que não vai chegar nem perto de alguma coisa que aquele homem já realizou.

James vasculha a memória, tentando achar algo que havia criado, alguma coisa que tivesse feito.

Joe espera pacientemente.

Rosa olhava para suas unhas. Ela está entediada e não pode sequer imaginar aonde a conversa vai levar.

"Qualquer imbecil pode ver que esse negro nunca criou nada", diz a si mesma.

Assan lança um sorriso encorajador para James. Ele se sente mal pelo amigo.

E Josh, juntamente com os outros, paciente e confiantemente espera a resposta.

Nenhum deles se deu conta de que aquilo não era uma competição.

— *Eles ainda não entenderam* — revela o professor a você. — *Não há competição. Não se trata de um torneio para vencer ou pessoas para derrotar, prazos para cumprir. Nós evoluímos a nosso próprio modo. E, às vezes* — acrescenta travessamente —, *esses modos nos surpreendem.*

James ergue o braço. Ele está pronto para responder.

— Uma vez, esculpi uma boneca para minha filhinha. Talhei em madeira — disse humildemente.

Josh mal conteve o riso.

Rosa balançou a cabeça, num gesto de desprezo. Ela se lembrou dos muitos poemas e ensaios que escreveu para que seus alunos da escola dominical pudessem louvar a Deus. E tudo que aquele homem podia oferecer era uma boneca de madeira.

De Assan, sentado ao lado de James, veio um suave afago no antebraço.

O professor ignora os pequenos dramas que se desenrolam pela sala e pergunta a James se a boneca podia pensar por si mesma.

— Ela podia criar outra boneca ou qualquer outra coisa que seja?

James riu com a possibilidade e balançou a cabeça.

— Claro que não!

O professor virou-se e lentamente retornou para o primeiro degrau da escada, que ainda irradiava sua luz branca e brilhante.

A classe estava para descobrir que aquilo não era uma aula sobre uma companhia de seguros contra uma boneca rústica de madeira. O professor estava prestes a mostrar a todos por que fomos criados.

— *É a resposta para o* GRANDE PORQUÊ — diz Joe a você.

— James esculpiu uma boneca na madeira — resume o professor, o pé direito descansando sobre o Primeiro Degrau. — Em outras palavras, ele transformou uma coisa em outra. Josh construiu seu negócio com talento e trabalho; ele também transformou uma coisa em outra. Nós todos temos o desejo de criar, e esse impulso existe porque há uma chama do Criador em cada um de nós. Mas nenhuma dessas criações têm vontade, personalidade ou vida própria. No entanto, nós temos. Fomos feitos pela mesma força viva e infinita que também fez — o professor olha para cima, em direção à vastidão — o universo.

Joe explica que fomos criados da mesma forma que James talhou uma simples boneca para a filha: com amor.

— Mas não fomos feitos de madeira. Fomos feitos, como diz a Bíblia de Rosa, com o próprio "sopro de Deus". E — enfatiza com dramaticidade — isso é o que nos faz diferentes. Não somos feitos de qualquer coisa; somos feitos do mesmo sopro que tudo cria. E, porque a nós foi dado o livre-arbítrio, fomos feitos para crescer e evoluir com o universo. Fomos criados para criar.

Joe rapidamente volta para o semicírculo, onde podia ficar mais perto dos alunos.

— Ele nos deu vontade própria. Conseqüentemente, temos a habilidade de aprender e crescer. E, desde que fomos feitos à imagem e semelhança do Criador, somos parceiros na Criação. Nosso principal objetivo é nos reunir em harmonia com a força que nos criou.

— *Acho que chegou a hora de acabar com essa história de competição* — diz Joe a você.

— Nós todos fomos criados iguais; ninguém mais inteligente, mais talentoso ou mais esperto. Fomos todos criados simples. Começamos nosso ciclo de vidas aprendendo como escolher; em outras palavras, como criar. Fomos feitos ignorantes. Cabe a nós descobrir quem e o que somos.

Mais uma vez, Joe pediu a todos para que olhassem para o alto do domo.

— Depois que crescemos e evoluímos de nossa simplicidade e ignorância, precisamos nos lembrar do que somos. Mas, para que recordemos, temos que voltar a ser simples e ignorantes de novo.

Joe sabe que não é a hora de explicar uma contradição óbvia: um espírito aparentemente volta para onde começou — à simplicidade e ignorância.

— *É um tipo diferente de simplicidade e ignorância* — diz a você. — *Mas vou deixá-los tentar descobrir sozinhos. Não há pressa; estamos apenas no primeiro degrau!*

O que o professor queria, mais do que qualquer outra coisa, era que cada um se deixasse perder no universo, para flutuar, mergulhar e sentir o ritmo da Criação. Ele queria que os alunos se conectassem.

Ele instruiu a todos para que olhassem com outros olhos para a Criação brilhando acima deles.

— Façam isso sabendo que o universo é uma parte de vocês e que vocês são parte dele. Não digam nenhuma palavra. Não pensem em nada.

Uma comunhão de solidão encheu o ambiente.

O tempo pára: nem segundos, nem minutos, horas, dias ou semanas. Tudo que há é uma inegável presença do infinito.

Tudo está em silêncio. Mas o silêncio não é vazio. É preenchido com a plenitude do ser.

Não há medo, porque não há razão para temer.

Não há querer, porque não existe desejo.

Não há ego, porque todos são um só.

Assan deixa que lágrimas rolem por seu rosto.

Joshua olha além de si mesmo, perdido no tempo e espaço.

Rosa Maria olha para o alto, sua cabeça vibrando em arrebatamento.

James sorri enquanto fita o esplendor.

O professor, da maneira mais suave possível, diz que eles são parte da grandiosidade e poder ao redor deles.

— Não somos um acaso. Fomos planejados. Temos nosso lugar.

Os alunos estão absortos no espetáculo da vida brilhando acima. Joe, sem perder o compasso, começa a preparar o terreno para suas próximas lições.

— Não somos irrelevantes; nossos egos, sim, o são. Não somos fúteis; nossas vaidades, sim, o são. Não estamos sozinhos, mas os preconceitos nos mantêm separados. Lembrem-se do que são. Lembrem-se de que somos apenas um. Lembrem-se, e poderemos todos nos reunir.

Quase que imperceptivelmente, o domo se fecha e sua luz suave e dourada novamente ilumina a sala.

Os alunos piscam e sacodem a cabeça, como se estivessem saindo de um transe. De certa forma, era o que estavam fazendo. Eles haviam sido hipnotizados pelo universo.

O professor disse a Josh e James que tinha mais uma pergunta para eles. Perguntou a Josh se ele sabia o que havia acontecido com seu império e então para James se ele sabia qual havia sido o destino da boneca de madeira.

Josh informou que a multinacional que ele havia construído se desintegrara.

— Eles não conseguiram mantê-la funcionando sem mim. Vi tudo acontecer daqui, sem poder fazer nada para impedir.

O professor não sabia dizer se o executivo havia ficado orgulhoso ou decepcionado com aquilo.

James disse que não tinha a menor idéia de onde a boneca de madeira fora parar.

— Dei-a para minha filhinha, é só o que sei.

O professor sorri. Joe sabe onde a boneca está.

— Sua filha deu-a para a filha dela e então ela a deu para sua própria filha. Sua bisneta está com ela. Hoje ela a guarda numa gaveta ao lado da cama.

Sem se dirigir a ninguém, mas ao mesmo tempo falando para todos, o professor refletiu:

— Um império de um bilhão de dólares, moldado pelo ego, se desmoronou. Ninguém sequer se lembra da companhia ou de seu criador. Mas a boneca rústica de madeira, moldada pelo amor, a partir de um pedaço de árvore, sobreviveu.

Joe olhou para James e sorriu.

— E a pessoa que a criou ainda é lembrada.

O professor moveu-se pela plataforma para parar perto de Rosa.

— E nós fomos feitos com amor. Nosso criador não quer louvor ou hosanas. Ele não precisa disso. Ele não precisa que sejamos seus humildes servos. Tudo que Ele quer — Joe agora olha para todo o grupo — é ser lembrado, como o criador da boneca de madeira é lembrado. E, finalmente, Ele quer que nos lembremos do que realmente somos.

O professor sorri para a classe e dispensa-os:

— Fim da aula, por enquanto. Mas mantenham isso em mente: a boneca de madeira sobreviveu porque foi feita com amor, como nós.

13

Uma lição de Joe: quem somos, o que podemos ser e a questão de Jesus

Mais um dia ou mais um ano se passa — que diferença isso faz? — e Assan, Joshua, Rosa Maria e James estão de volta, prontos para o início de mais uma aula.

No meio do semicírculo está o professor, ainda um garoto de doze anos usando as mesmas calças *jeans*, tênis e camisa xadrez. E, como sempre, os suaves raios dourados da luz que vinha do domo iluminam a sala redonda.

— Fico feliz em tê-los de volta. — E, com um brilho nos olhos, o professor aponta para o domo: — Vamos falar um pouco mais sobre vocês-sabem-quem.

A turma está pronta.

A visão da Criação ainda está viva em suas memórias, fazendo-os imaginar o que mais o professor iria tirar da manga.

Joe também está pronto.

Ele está cada vez mais confiante de que pode oferecer a seus alunos o impulso de que eles precisam.

Joe dá uma boa olhada para Rosa, que, como sempre, está sentada perfeitamente ereta em sua cadeira. O professor sabe que ainda terá muito trabalho pela frente.

— *Estamos chegando lá. Em alguns instantes, ela vai entender que*

Deus não quer que sejamos robôs sem destino, vivendo sem pensar ou aprender.

O professor sorri quando vê Assan.

— *Quando este curso chegar ao fim, esse espírito vai encontrar uma bifurcação na estrada. A escolha será entrar ou sair; uma escolha por si mesmo ou uma escolha pelos outros* — diz o professor, e então compara Assan a Rosa: — *Como Rosa, ele também tem suas muralhas, mas elas não foram erguidas com tijolos da religião, muito embora ele tenha sido enganado por duas Guerras Santas. Sua muralha é ele mesmo; ele acha que a vida e o carma giram ao seu redor. Ele tem que entender que o universo, por meio do carma que criamos, ensina. Nós não usamos o carma; nós o fazemos pelas nossas escolhas e então ele é usado para nos ensinar.*

Joe olha para Joshua e balança a cabeça.

— *O lema dele poderia ser: "Você é o que você tem e, quanto mais tiver, mais você vai ser". Joshua não acredita em nada além de si mesmo. Sua ambição cega e seu ego dominante são as rochas de sua muralha. Mas ele está começando a entender o porquê daquelas rochas e, uma vez que um espírito sabe o porquê, ele pode começar a se perguntar: "Por que não?"*

O professor sabe que tanto Joshua quanto Rosa não apenas têm um encontro com o destino, mas um encontro um com o outro.

— *É só uma questão de tempo.*

Finalmente, havia James.

— *Esse cara merece o melhor de mim. Ele está realmente tentando superar o medo que o manteve aqui por mais de duzentos anos. Chegou a hora de ir em frente.*

O professor está decidido. Ele já disse à classe que eles iriam descobrir um pouco mais sobre você-sabe-quem e, depois disso, James seria o próximo astro no palco da vida.

— *O show de William e Mary vai continuar mais tarde. Mary ainda não está pronta.*

Joe esfrega as mãos, ansioso. Ele sabe que a classe está esperando algo mais do que uma aula comum.

— Eu já lhes dei uma amostra da Criação. Por que não lhes

dar uma amostra do Criador? — E, meio que brincando, acrescenta:
— Apertem os cintos!

Imediatamente e sem nenhum aviso, uma luz silenciosa e muito intensa vinda do domo atinge você e os alunos. Você se sente suspenso no tempo. Não existe passado. Não existe presente e não há necessidade de um futuro.

Existe apenas um momento, e esse momento é eterno.

Não existe você, existe apenas paz.

Não existe você, existe apenas a harmonia da unidade.

Você não é simplesmente uma parte dessa unidade; você é a unidade.

Seu orgulho, ambição, ego e vaidade ficaram para trás. Agora é só você, simples e completo. É só você e a união com Deus, a força criadora. É só você e a conexão com toda e qualquer vida no universo.

Suavemente, como uma brisa morna, a voz do professor penetra na luz branca que cobre todo o seu ser.

— Não perca seu tempo pensando em Deus — a voz do professor diz a você e à classe. — Vocês podem ver como uma pequena centelha de seu poder nos domina por inteiro. Nós nem sequer podemos começar a compreender quem, o que, onde ou como Ele ou Ela é. Assim, ao invés de tentar imaginar o que Deus é ou não é, tente sentir Sua presença dentro de você.

Tão rapidamente quanto veio, a indescritível luz se vai.

Joe faz uma pausa de alguns momentos para deixar que todos reajustem seus sentidos e a classe volte ao normal.

— Qualquer tentativa de descrever Deus impõe limites a Deus. Qualquer tentativa de compreender o Criador faz d'Ele e da Criação algo trivial. Esqueçam tudo que lhes ensinaram e lembrem-se apenas de uma coisa: a energia está dentro de todos nós. Sua energia, chamada espírito, é o que nós somos. Somos todos iguais, todos feitos da mesma matéria. — O professor tentava deixar a explicação o mais simples possível. — Temos tudo: a luz, a força e o universo.

O professor havia mostrado a eles um pouco da Criação; eles ficaram maravilhados. Agora eles sentiram uma minúscula fagulha da energia do Criador; eles se sentiram dominados. Era chegada a hora de responder o segundo porquê: POR QUE fomos criados?

— O poder e a sutileza da força chamada Deus não existe no vácuo. Ele é muito grandioso. Ele cria e nós somos parte de sua criação.

O professor olhou para os alunos, um a um. Ele precisava estabelecer uma ligação especial com eles, para ter certeza de que estariam seguindo tudo que ele dissesse.

— *Agora mesmo, não me importo se eles a aceitam. Quero apenas que entendam.*

— E o poder de criar está dentro de nós — diz o professor a eles. — É a força motriz por trás de nosso aprendizado, crescimento e escolhas.

Pela milionésima vez, ele lembrou a todos que fomos criados "à Sua imagem e semelhança". Escolhendo cuidadosamente o ritmo do que diria a seguir, o professor formulou seus argumentos em frases curtas e pausadas.

— Não somos clones, porque Ele não precisa de clones.

— Não somos robôs, porque Ele não precisa de escravos que o adorem.

— Não somos fantoches, porque fantoches não podem fazer escolhas.

— Ele nos deu livre-arbítrio, para que assim pudéssemos moldar nossa própria personalidade e, à nossa própria maneira e nosso próprio tempo, aprender com nossas experiências.

Sabendo como essa lição iria terminar e como as próximas começariam, Joe deu a cada um dos alunos uma mensagem pessoal, adaptada às escolhas que cada um deles logo teria de fazer.

Ele andou até James, que o professor sabia estar lutando contra o medo que o paralisava, trazido de sua mais recente encarnação.

— Somos indestrutíveis. Nossas formas e aspectos podem mudar, mas, James, aquilo de que fomos feitos e nosso significado no universo jamais mudarão.

O professor deu alguns passos para sua esquerda e olhou dentro dos olhos de Joshua, mirando no egoísmo ambicioso do espírito.

—Fomos feitos à imagem de Deus, mas esquecemos isso quando estamos interpretando nossos papéis nos dramas que criamos na Terra. Ego, orgulho e desejos obstruem nossas memórias, fazendo com que esqueçamos quem somos. Mas somos mais do que nossas carreiras, dinheiro, sucessos ou fracassos. Nossos papéis vêm e vão, mas nunca deixamos de ser o que somos.

Joe foi até Rosa, um espírito que ele sabia querer desesperadamente fazer o que era certo, mas que sempre deixou que os outros lhe dissessem o que era o certo.

— Quando Jesus disse "Eu sou o caminho", Ele não quis dizer que devíamos louvá-lo com hosanas e aleluias. Seu espírito de luz não precisa nem quer nada disso. Ele quis dizer que nós devemos viver como Ele, amando e agindo como ele agiu. O caminho é a vida de Jesus, não rituais, sermões ou leituras bíblicas. São nossas ações, não a fé cega, o que nos leva de volta ao lar. Quando Jesus disse: "Eu sou o filho do homem", Ele quis dizer exatamente isso. Ele encarnou na Terra para sentir o que os homens sentem e vivenciar o que os homens vivem. E você sabe por que Ele fez isso, Rosa? Para mostrar que é possível superar o ego, a tentação e o orgulho.

Rosa olhou para o professor, vagarosamente movendo sua cabeça para trás e para a frente. Ela estava confusa. Embora ela compreendesse o que dizia o professor, reconhecia que aquilo ia contra tudo que lhe ensinaram em sua mais recente vida na Terra. E ela disse isso a ele.

— Jovenzinho, o que você está dizendo vai contra tudo aquilo que aprendi. Mas há uma coisa que tenho que saber. É importante. Jesus nos perdoa? Seu sangue lava nossos pecados?

O professor sorriu e pegou a mão dela, fazendo-lhe uma carícia suave. Ele sabia que a resposta que ia dar ia chocá-la.

— Não há nada para ser perdoado, Rosa.

Sem esperar, o professor começou a explicar exatamente o que ele quis dizer.

— Nenhum de nós foi feito com pecado. Como poderia alguém ser culpado por alguma coisa que nunca fez? A vida não é algo injusto, em que as pessoas têm que começar com vantagens ou desvantagens.

Joe faz breve pausa e volta a discorrer sobre Jesus.

— Ele é um mensageiro do mais alto plano de existência, e Ele veio à Terra sabendo exatamente o que a Terra é: uma escola. Ele veio para nos mostrar como encarar as lições dessa escola. Ele veio para nos lembrar de que todos nós somos filhos de Deus.

Joe larga a mão de Rosa e caminha de volta para seu lugar no meio da classe, de onde ele estava determinado a expor seu argumento.

— De volta à Terra, há muita confusão sobre Jesus. Seu nome, suas palavras e suas mensagens foram usados, modificados e distorcidos pelos homens por séculos. Ele mudou o modo como o homem vê Deus. Até que Jesus encarnasse na Terra, o homem via Deus como distante, frio e impiedoso. Jesus mudou tudo isso. Ele esclareceu que Deus é amor, caridade e está sempre conosco, porque somos criados à Sua imagem e semelhança.

Joe deu as costas para a classe por um instante, para olhar para o oitavo degrau da escada brilhante, e, com nova inspiração, voltou a encarar os alunos.

— Agora, permitam que eu relembre vocês novamente. Ele chamou a si mesmo de filho do homem. Na Terra, Ele era um de nós. Ele estava exposto às tentações, fraquezas, medos e incertezas que todos nós enfrentamos durante nossas encarnações. O espírito que chamamos Jesus sabe como evoluímos e como progredimos. Ele compreende nossos medos, dúvidas e conflitos. Ele é, verdadeiramente, o filho do homem. Ele nos compreende.

Joe fechou os olhos e levou a mão até a testa. Depois de um ou dois segundos, ele abriu os olhos novamente e disse a Rosa que estava pronto para responder à sua pergunta: Jesus nos perdoa?

— Compreensão é perdão, e Jesus perdoa porque Ele compreende. Ele não passou os tais quarenta dias e quarenta noites no deserto à toa — disse, com um sorriso. — Ele esteve lá para sentir o que sentimos e provar, de uma vez por todas, que todos temos dentro de nós o poder de escolher, e através desse poder podemos aprender e crescer.

O professor novamente deu as costas para a classe, a fim de olhar para a escada iluminada. Como um maestro, ele ergueu as mãos no ar, pedindo à classe que desse uma boa olhada naqueles nove degraus.

— Todos eles levam para cima. Não interessa em qual nível você está, aquela escada nos leva de volta para onde nós começamos: para o Criador.

Ainda de costas para eles, ele apontou para o oitavo degrau, o penúltimo. Ele brilhava em dourado.

— Lembram-se do que eu disse sobre a casa de nossos patrocinadores? Aquele é o plano de Jesus. Para alcançar aquele plano, temos que nos tornar, como Ele mesmo disse uma vez, "como as criancinhas", inocentes no ego, sem orgulho ou vaidades. É também a esfera de Buda; ele a chamava de Nirvana. Aquele mestre passou anos meditando dentro de si mesmo, descobrindo o espírito eterno que havia nele. Sua missão foi a mesma de Jesus: mostrar a nós o caminho para casa. O oitavo degrau é o mesmo degrau onde Moisés recebeu seus mandamentos, onde Maomé aprendeu sobre o paraíso.

O professor girou o corpo e encarou a classe novamente, e, quando o fez, viu que Assan tinha os olhos fixos nele. Joe brincou:

— Aposto que você pensou que eu tinha me esquecido de você — disse, lembrando que ele havia falado diretamente com todos os outros, mas não com Assan.

— Você foi enganado por homens que nunca entenderam o caminho de seu profeta. A Guerra Santa que eles pregam não é uma guerra contra os outros, mas sim uma guerra que se trava dentro de nós. É nossa luta pela escolha. É uma batalha pessoal contra a tentação, o ego e o orgulho.

Como fez com Rosa, o professor agora pára bem na frente de Assan, confrontando o adolescente:

— Como pode haver glória ou salvação na morte de outros ou — acrescentando com uma ênfase especial — na nossa morte?

Joe falou a Assan e à classe sobre a verdadeira morte.

— A única glória na morte é como Ghandi um dia falou: "Eu caminho sobre o fio da espada diariamente". Ele falava sobre a luta que travamos dentro de nós mesmos, a batalha para subjugar nossas vontades individuais a um desejo superior. Mas, quando isso é feito, nós renascemos. Quando matamos nossos egos para nos reunir com nosso Criador, atingimos o paraíso. Sem virgens. Sem Guerras Santas. Sem bobagens bíblicas. Apenas um renascimento na eternidade.

E, falando diretamente para o espírito de Assan, ele disse:

— Comece a se separar de seu "eu". Pare de dar *a* si mesmo; comece a dar *de* si mesmo.

A luz dourada caía suavemente do domo sobre a sala de aula, enquanto os alunos pensavam nas palavras ditas pelo professor. Eles nem sequer notaram que Joe havia saído de seu lugar no meio da sala para parar sobre o segundo degrau na escada, sua face iluminada pela intensa luz azul.

— Segundo degrau. Vocês o conhecem bem. É chamado de Terra — relembrou. — Deus nos criou e desejou que este planeta e milhares de outros se espalhassem pelo universo.

— A Terra é nossa escola. Às vezes — ele olhou para Joshua — pensamos nela como um lar: o fim e o começo de tudo. Mas é apenas uma de muitas esferas que existem com um propósito e apenas um propósito: evolução.

Assan, lembrando o que o professor disse sobre os homens que o ensinaram sobre os "sins" e "nãos" de sua religião, interpôs:

— Para aprender o quê? Aprender bondade, quando só existe o ódio? Aprender amor, onde só existe revolta? O que, exatamente, deveríamos aprender?

— *Que garoto! Ele não podia ter me dado uma deixa melhor, nem que eu tivesse escrito uma para ele!* — sussurra o professor para você.

— Devemos aprender uma coisa simples e ao mesmo tempo complicada. Nós encarnamos para aprender quem somos.

Joshua entrou na conversa e disse asperamente:

— Acho que é você quem está complicando as coisas. Esse negócio de lembrar e aprender está me dando dor de cabeça.

Rosa, Assan e até mesmo James concordaram. Todos eles estavam tendo dificuldade em acompanhar o raciocínio do professor.

Joe sabe que eles precisam compreender, antes que ele possa ir adiante.

— *O que estou tentando explicar é a base de nossa existência* — diz ele a você.

— Nós estamos aqui por algo mais do que uma mera conseqüência do amor do Criador. Nós estamos aqui pela necessidade do Criador de criar.

— OK, isso nós entendemos — diz Joshua impacientemente.

Joe procura por uma palavra que ele sabia que existia, uma palavra que iria resumir de uma vez por todas a forma como fomos criados.

Ele faz uma pausa. Ele hesita.

Seus alunos inquietam-se, esperando por suas próximas palavras.

O professor espera por uma inspiração. E ela vem.

A palavra é "cru".

"Isso", diz ele a si mesmo, "essa é a palavra."

— Um espírito é feito simples e ignorante. Em outras palavras: cru.

— Entendemos isso — Joshua intervém, autoproclamando-se porta-voz da turma.

— Nós temos a habilidade de escolher — continua o professor, andando pelo palco até parar em frente a Joshua. — E por meio dessas escolhas adquirimos experiência.

— Continue, estamos com você. — Dessa vez foi Assan, que falou antes de Joshua.

— Não estamos mais "crus". Personalidades se formaram. Podemos, através de nossas escolhas, alimentar o ego, a vaidade e o orgulho dessas personalidades.

O professor deu uma boa olhada em Joshua.

— E nossos egos nos cegam, dificultando-nos ver quem nós, e aqueles ao nosso redor, realmente somos.

Joshua sabia que aquelas palavras tinham sido direcionadas para ele, e decidiu manter a boca calada.

O professor esperou alguns segundos e dirigiu-se a Rosa Maria.

— Podemos escolher nossos próprios caminhos, ou deixar que outros os escolham para nós. Podemos chegar às nossas próprias conclusões ou comprá-las prontas e embrulhadinhas.

Deixando Rosa digerir essas palavras, ele atravessou o palco para parar em frente a Assan.

— Podemos escolher o amor ou o ódio, a revolta ou a compaixão. Você pode ouvir a voz de Deus dentro de você ou pode ouvir as vozes da intolerância ao seu redor.

E então para James:

— A escolha é sua: coragem ou medo; ressentimento ou perdão. Você escolhe.

E agora, de volta ao centro do semicírculo, o professor dramaticamente declara que Deus nos criou "para que possamos ser como Ele".

Rosa está chocada. Dando o habitual puxão em seu *blazer*, ela grita não apenas para o professor mas também para os outros alunos:

— Você está beirando o sacrilégio. Como ousa dizer que somos como Deus?

O professor pacientemente diz a ela e ao grupo que ele não está ensinando nenhum tipo de blasfêmia.

— Estou dizendo a verdade a vocês.

Rosa agora está de pé, tentando arrebanhar os outros para ficarem a seu lado.

— Como podemos nos tornar deuses? — interroga ela. — Há apenas um Deus, todo-poderoso, e não levarás diante d'Ele falsos deuses.

James falou, mas não em apoio a ela.

— Sente-se. Fique quieta. Dê uma chance a ele. Até agora, tudo que ele disse fez sentido, pelo menos para mim.

Rosa corou e olhou para Assan e Joshua. Os dois deram de ombros. Mais uma vez suas fantasias de rebelião se desfizeram, e ela fez a única coisa que podia fazer: recuou e sentou-se.

— Vá em frente, professor, estamos ouvindo — encorajou James, dando a Rosa um olhar de "Mantenha a boca fechada".

— Fomos feitos à Sua imagem e semelhança. Fomos feitos crus. Aprendemos, criamos e adquirimos experiências. Enquanto evoluímos, nós começamos, do nosso próprio modo e tempo, a nos esvaziar dos nossos egos. Até que percebemos que não precisamos mais de nossas personalidades, porque nos lembramos de quem e do que somos. Então, vazios de nós mesmos, nós nos reunimos com o Criador. Nós nos tornamos um com Ele. E — o professor sorri para Rosa —, se somos um com Ele, nos tornamos não Ele, mas como Ele. É isso.

As palavras "Nós nos tornamos não Ele, mas como Ele" percorreram o ser de Rosa Maria e, finalmente, começaram a fazer sentido.

— Foi o que Jesus quis dizer — ela exortou à classe — ao afirmar que o caminho para o Pai é por meio d'Ele. Para chegar a Deus, tenho que ser como Jesus.

Rosa, olhando para a aura dourada do oitavo degrau, sabia que não estava nem perto de se tornar como Ele.

— Eu menti — confessou ela.

— E quem não mentiu? — James disse a ela.

— Tive inveja dos outros — ela admitiu.

— Todos nós já não tivemos? — Joshua replicou.

— Fui intolerante e fanática — refletiu Rosa.

Assan balançou a cabeça e riu, dizendo simplesmente:

— Olhe para mim: passei duas vidas na intolerância e no ódio.

Joe estava em êxtase.

— *Rosa finalmente se abriu, assim como Joshua, Assan e James* — confidencia a você. — *Agora é o momento perfeito para fazer minha declaração final.*

— Não há nada errado com as religiões. Elas estão lá para guiar, confortar e ensinar. Mas, às vezes, a religião se esquece da espiritualidade. Às vezes, a religião não passa de uma tirania organizada.

Ele pede a todos que reflitam sobre Buda, Moisés, Jesus, Maomé e Krishna.

— Todos eles encarnaram com a missão de lembrar a nós mesmos quem somos. Eles vieram para nos dar um impulso no caminho para a reunião com o Criador. O resto — finaliza enfaticamente — é irrelevante.

— *Agora é a hora de mais lembranças* — diz Joe a você.

14

Uma lição da vida: James

Você está na platéia, sem participar dos dramas que se desenrolam no palco da vida.

Você está distante das emoções e paixões. Você vê além delas.

Você está de fora.

Você não está envolvido.

Você assistiu a três encarnações de Assan e viu claramente o "EU" interligando-as.

Você testemunhou uma parte do show de William e Mary e viu as sementes da ambição germinando no espírito que você conhece como Joshua, formando o 'EU' que interligava "minha" fortuna, "meus" direitos, "minha" vida.

Quando você olha para o palco da vida quase pronto para apresentar a história de James, uma suspeita percorre sua mente. Você começa a desconfiar que há uma conexão entre os quatro alunos e que é algo mais forte e mais profundo do que se viu até agora.

O professor observa você, do centro do semicírculo. Ele ergue uma sobrancelha, ostentando um sorriso malicioso.

— *Você está certo. Não é por acaso que esses quatro estão assistindo a suas vidas juntos.* — Continuando a confabular com você, ele diz: — *Todos eles, com exceção de Rosa, conhecem suas vidas passadas mais recentes. Todos os espíritos, ao romper o véu entre a Terra e o espírito, fazem uma retrospectiva da alma, analisando a vida terrestre que deixaram para trás, comparando o que preparamos para fazer e o que realmente foi feito.*

No entanto, o professor explica que o que está acontecendo ali agora é diferente.

— *Assan sabia que era um homem-bomba; mas ele não sabia por que e como se tornou um. O véu que cobria suas outras duas vidas foi retirado. Agora, ele está vendo sua revolta e os fios do "EU". O show de William e Mary não foi a última visita de Joshua à Terra; foi a penúltima. Quem sabe, ele ligue os pontos para encontrar seus próprios fios. James sabe o que ele vai ver. O que ele não sabe é como isso vai levá-lo a fazer uma escolha.*

Você está curioso sobre uma coisa, mas, como sempre, o professor antecipa sua pergunta.

— *Você quer saber por que Rosa não fez uma retrospectiva da alma. Ela não estava pronta. Ela estava muito ocupada procurando Jesus, muito ocupada para entender que Seu espírito iluminado está ao nosso redor. Suas revelações vão surgir ali* — Joe indica o palco da vida com a cabeça —, *porque, como você desconfia, há uma ligação entre todos eles.*

Outra pergunta nasce em sua mente, e o professor ri. Ele está, novamente, um passo à sua frente.

— *Nem pensar! Você vai ter que esperar para descobrir quais são as ligações entre eles.*

Você sabe que não vai conseguir tirar mais nada dele, e, com uma piscadela, Joe diz à classe que está na hora de começar mais um flagrante da vida real no palco da vida, onde a projeção mostra um garoto alto e negro de treze anos de idade.

— Esse é James — revela Joe. — Mas ele não se chama James, ainda. Seu nome é Kuntai.

Kuntai é o filho do chefe de uma tribo e, um dia, esse príncipe será rei.

Na imagem viva, o garoto de treze anos traz um sorriso confiante e cheio de orgulho, rodeado pelos anciãos de sua tribo, depois de conseguir completar os rituais de sua iniciação. Kuntai deixou de ser um menino, para ser um homem. O ano é 1840. O lugar é a África, uma vibração no planeta Terra.

Rápida e imperceptivelmente, a cena muda da ensolarada planície da África para os porões escuros de um navio negreiro deslizando lentamente em algum lugar do Oceano Atlântico.

Estamos agora em 1850.

O garoto é um homem de vinte e três anos. O jovem príncipe foi arrancado de seu lar, arrebanhado, acorrentado e jogado nos fundos de um navio para uma assustadora viagem, da liberdade à escravidão. Trezentas almas aterrorizadas lotam as pequenas jaulas dos porões do navio negreiro. Eles viajam sem contato com a luz do sol e respiram o ar viciado e apodrecido pelo cheiro de seus próprios medos, desespero e angústia.

Dois meses se passam.

Ainda preso aos outros por algemas e correntes, Kuntai chega à América, onde é imediatamente levado para uma praça de leilões.

— Muitos espíritos encarnaram como escravos para aprender sobre a humildade — interrompe o professor, congelando a imagem sobre o palco da vida. — Lembram-se dos soldados arrogantes do Império Romano? Lembram-se dos orgulhosos reis, rainhas e príncipes da Europa medieval? Muitos deles estão no navio com Kuntai. Mas ainda existem outros que foram voluntários como escravos, para que o mundo pudesse aprender como a cobiça de um faz a miséria de outro. Lembrem-se: nada acontece na Terra sem uma razão; nada acontece na Terra sem que haja uma lição para ser aprendida.

Joe decide revelar algo mais a você.

— *Apesar de James não ter sido um soldado, rei ou rainha, sua lição era a mesma que a deles: humildade. A mesma lição, mas por razões diferentes.*

Joe voltou a atenção para a imagem parada de Kuntai na praça de leilões e, imitando um diretor de Hollywood, gritou:

— Ação!

O leiloeiro aponta para o peito forte e bem torneado do negro:

— Muito trabalho pode ser extraído deste crioulo.

Mas havia desafio nos olhos escuros de Kuntai, e foi esse desafio que chamou a atenção de um jovem fazendeiro branco chamado Samuel.

Começaram os lances.

O negro, apesar de algemado e acorrentado, estava em pé, ereto, exibindo seu orgulho, mesmo enquanto era examinado como se fosse um animal. Ele é jovem e viril. O jovem fazendeiro pagou alta soma para levá-lo para casa, mas o novo senhor de Kuntai sabe que vai fazer esse dinheiro valer a pena. Além disso, Samuel queria saborear o prazer de arrancar o olhar desafiador do rosto do negro.

Anos se passaram.

Do nascer do sol até o cair da noite, e de chicotada em chicotada, o jovem foi envelhecendo. Ele já não tem a postura ereta; suas costas estão curvadas, não apenas por colher algodão debaixo do sol do Alabama, mas também pela humilhação e pelo medo.

— Ele não é mais Kuntai, o príncipe africano. Seu senhor lhe deu um novo nome. Eles o tiraram de seu lar. Eles tiraram sua liberdade, seu passado, e agora tiraram seu nome. Ele agora é James, propriedade do senhor Samuel.

James casa-se e tem uma filha, que nunca será uma princesa africana. Ela nasce uma escrava crioula, propriedade do senhor.

Os tambores da guerra chegam à fazenda. Um homem de quem ele nunca ouviu falar declarou que ele e todos os outros escravos estavam livres.

Livre, sem nenhum lugar para ir.

Livre, num país estranho.

Livre, e a única coisa que ele sabe fazer é colher algodão debaixo do sol impiedoso do Alabama.

Então ele permanece com o senhor, que ainda é o dono das terras. Surge um novo estilo de escravos. Eram chamados de meeiros. James alugava um pedaço de terra de Samuel. Ele vende ao senhor o algodão que cultiva, ao preço que o senhor decide. O senhor deduz do pagamento o aluguel das terras e o custo das sementes do algodão. O que quer que restasse, dava apenas para comprar comida no armazém mantido pelo senhor.

James ainda era propriedade do senhor, e Samuel sabia disso.

A amargura reina no sul.

Numa noite estrelada de luar, um Samuel bêbado e seus amigos são tomados pela fúria.

A vítima é James, o ex-escravo, que o exército do Norte declarou ser um cidadão livre e pleno de direitos.

Os alunos vêem Samuel e sua gangue amarrarem o ex-escravo. Eles testemunham o terror nos olhos de James. As faíscas de desafio que ali estavam há muito se transformaram em cinzas. Eles assistem à sua esposa e sua filhinha vendo, sem nada poder fazer, Samuel arrastar James, amarrado a seu cavalo, para a escuridão da floresta no Alabama.

Caído no chão, o sangue escorrendo de incontáveis cortes, o ex-escravo olha, sem ação, enquanto o Samuel e seus amigos fazem seus ajustes finais.

E, de sua cadeira no semicírculo, James silenciosamente assiste aos momentos finais de sua última encarnação, que passam diante de seus olhos.

Duas enormes cruzes são acesas, suas chamas bruxuleantes criando desenhos bizarros e projetando sombras que dançam na noite.

Uma corda com um laço pende de uma árvore.

Um homem com um capuz branco, parado no meio das duas cruzes em chamas, incita o pequeno grupo, dizendo-lhes que "o Sul vai se erguer novamente".

— Essas cruzes são os símbolos de nossa fé cristã e branca — grita ele na escuridão. — Que esses poderosos símbolos enviem o medo ao coração dos crioulos selvagens.

A classe vê a cena que rapidamente se desenrola.

A gangue carrega o negro, que se debate, até a árvore. Eles passam o laço por sua cabeça.

James implora pela vida. Aos gritos, ele clama por sua mulher e sua filha.

Ele é derrubado em direção ao chão.

A corda quebra-lhe o pescoço, interrompendo a passagem do ar que lhe dava vida.

O corpo, em convulsão, balança no galho da árvore, na escura floresta do Alabama. A sombras sinistras que dançavam na noite eram alimentadas pelo brilho macabro das cruzes em chamas.

O corpo se contorce, lutando para voltar a respirar. Seus olhos se arregalam aterrorizados ao perceber que não conseguiria. Um murmúrio profundo e áspero escapa da garganta esmagada.

Repentinamente, o espírito se solta do corpo que sufoca e se contorce.

Confuso, aterrorizado e desnorteado, ele olha para baixo e vê o senhor e seus amigos compartilhando uma garrafa de uísque e celebrando os espasmos mortais do negro balançando na ponta de uma corda.

Ele ouve o senhor gritar para o corpo que se debate:

— Você me pertence. Eu paguei um bom dinheiro por você. Eu o alimentei. Eu o vesti. E agora — ele espeta a carcaça pendurada com um pedaço de pau — você ganhou a liberdade que merece.

James e seus colegas viam o espírito dele sendo elevado do plano terrestre por braços carinhosos. Há um grande número de espíritos a seu lado, cada um se esforçando em tornar mais fácil sua passagem das torturas da Terra para a liberdade.

O espírito está muito entorpecido pelo choque para que sinta os braços que tentam envolvê-lo. Ele está muito absorto ao assistir a seus momentos finais na Terra para notar os muitos espíritos que estão a seu lado tentando confortá-lo.

— Isso aconteceu há mais de cento e cinqüenta anos — narra o professor —, no fim da Guerra Civil Americana.

Joe prossegue e diz que James já viu muitas e muitas vezes sua última vida na Terra e que nada daquilo era novidade para ele.

— Ele sabe quem ele foi. Seu problema é que simplesmente não sabe quem ele quer ser.

Todos os olhos se voltam para o jovem negro, jogado em sua cadeira, com o olhar para o alto, no domo.

Rosa mostra simpatia.

— Aqueles homens não eram cristãos — consola ela. — Pelo menos, não do tipo que eu conheço.

Sentado perto de James, Assan permite-se discordar:

— Conheço alguns como esses.

Mas, antes que Rosa responda ao desafio, Joe ergue a mão:

— Agora, não — repreende-os firmemente.

— Não consigo lidar com as coisas — James confessa. — Quando cheguei aqui, minha guia disse que, quando fosse a hora, eu saberia o que fazer. Ainda estou esperando essa hora chegar.

— Foi para isso que a luz o trouxe até aqui — revela Joe. — Chegou a hora. Logo, você terá a chance de fazer uma escolha. E, como dizem na Terra, vai ser "pegar ou largar". Você decide. Ninguém mais.

Até esse momento, Joshua estava quieto. Quando ele assistiu ao flagrante da vida de James, ele se lembrou do que o professor perguntou a Rosa no primeiro dia de aula: a questão sobre ele e James.

— Por que suas vidas foram tão diferentes, Rosa? Se Deus os ama da mesma maneira, por que um passou a vida construindo um império e o outro rastejou pela sua, mal se sustentando?

A pergunta repetia-se sem parar na mente de Joshua, enquanto ele via a corpo moribundo se debatendo para continuar a viver. O homem de negócios ainda não tinha uma resposta, mas, mesmo assim, chamou James.

— Amigo, você tirou umas cartas bem ruins. Sinto por você. Mas deixe isso para lá. Vá em frente. Apague essa expressão de cão sem dono de sua face. Todos estão com pena de você. Deixe que eu lhe diga uma coisa: pena não leva você a lugar nenhum.

Rosa e Assan ficaram chocados, depois revoltados, com as colocações frias e insensíveis do executivo. Mas foi o que ele disse depois o que provocou a explosão de ambos:

— Você não pode mudar o mundo, rapaz.

Rosa engasgou.

— Como pode ser tão cruel?

Assan sacudiu a cabeça e disparou:

— Você não passa de um almofadinha rico que não se importa com nada além de si mesmo.

Até mesmo você, da platéia, fica espantado com a grosseria do empresário.

Talvez Joshua tenha sido insensível. Talvez tenha sido cruel. Talvez tenha sido grosseiro, mas suas palavras não apenas pairavam pela sala de aula, mas também ecoavam dentro de James.

— Você não pode mudar o mundo, rapaz.

— Você não pode mudar o mundo, rapaz.

As palavras romperam um véu.

O professor sorri quando uma nova imagem aparece no centro do palco da vida. Lá estão dois espíritos. Um é o espírito de um jovem rapaz branco, que, em sua vida que acabava de encerrar, fora um talentoso escritor. O outro é o espírito de uma mulher mais velha.

— É James — esclarece Joe — antes dessa encarnação que vimos. Ele é o espírito à esquerda. A mulher mais velha é sua guia. James, conhecido como Aldo, era um jornalista famoso vivendo na Itália. Sua guia está tentando alertar o espírito sobre seu ego.

A classe, assim como James, presta atenção à conversa entre eles.

— Não há razão para isso — explicava a guia para Aldo. — Não há nenhum carma envolvido, nenhum equilíbrio para ajustar.

Ela o impelia a pensar sobre o que realmente estava por trás de sua escolha.

O jovem colunista, com os olhos cheios de paixão, disse à guia que os espíritos precisam realizar alguma coisa durante suas encarnações.

— Temos que fazer os outros despertar — disse ele. — Temos que abrir suas mentes para as injustiças e o sofrimento no mundo. Apenas assim todos nós vamos progredir. Apenas assim o mundo vai se tornar um lugar melhor.

A guia sorriu pacientemente.

Aldo havia sido um jornalista impetuoso e radical. Seu alvo favorito era a classe dominante do continente, a quem ele chamava de "parasitas decadentes".

— Quero voltar à Terra. Desta vez não quero escrever; quero agir.

O jornalista, antes de sua morte, havia investigado a prática da escravidão nos territórios denominados Novo Mundo.

— Quero ser um escravo. Quero ser um deles. Quero liderá-los numa revolta pela liberdade. Essa é minha missão para mudar o mundo.

A mulher disse que nada poderia impedi-lo, "se essa é a sua escolha".

Mas ela alertou:

— Esteja certo das intenções por trás dessas nobres palavras. E cuidado com missões delegadas a si mesmo.

Joe interrompeu a exibição para explicar o que estava acontecendo.

— James, ou Aldo, se vocês preferirem, tinha permissão para fazer sua escolha. Mas ele aprendeu o que não esperava aprender, porque seu ego, e não seus ideais, é que estava por trás daquela escolha — disse o professor. — O universo deixou-o sentir as conseqüências de seu ego, ao ensinar-lhe uma lição de humildade.

Os alunos desviaram o olhar do palco da vida para encarar James. Assan, em particular, via o colega de classe com outros olhos.

— Nós fazemos nossas escolhas. Um guia simplesmente aconselha. Um espírito pode ouvir ou não — explicou Joe. — Aldo tornou-se Kuntai porque essa foi sua escolha. Não existe carma para impedi-lo, nem razão para que sua escolha lhe seja negada.

— Eu fracassei — murmurou James de sua cadeira, e, olhando para Joshua, admitiu: — Você estava certo. Não se pode mudar o mundo.

O homem de negócios, sentindo-se justificado, sorriu presunçosamente e disse de forma generosa:

— Tudo bem, garoto. Também já passei por maus bocados. É uma selva lá fora; ou você joga pela regras ou não joga. Apenas os fortes sobrevivem.

O professor concordou:

— Ele está certo. Não se pode mudar o mundo.

Rosa e Assan, momentaneamente unidos contra os argumentos de Joshua, ficaram boquiabertos com a concordância do professor.

No entanto, depois de pequena pausa, Joe acrescentou dramaticamente:

— Porque essa não é a sua missão.

O professor andou até a escada, novamente parando sobre o segundo degrau, que ainda brilhava em azul. Ele lembrou os quatro alunos que a Terra, representada por aquele degrau, foi criada por um poder maior que o deles e esse poder nunca fez nada por acaso.

— Deus criou a Terra para ser exatamente o que ela é: uma escola. Nada mais, nada menos. Apenas Ele pode mudá-la, porque Ele é quem está no comando.

Com o degrau-Terra brilhando um azul de *néon* atrás dele, o professor moveu-se pelo palco para parar exatamente diante de James.

— Você pensa que fracassou, mas não fracassou. Você aprendeu as conseqüências do ego, meu amigo, e nenhuma encarnação é um fracasso quando o espírito aprende.

O negro piscou e disse que não realizara o que se havia proposto a fazer. O professor disse a James que ninguém podia realizar o impossível.

— Você queria corrigir injustiças, mas não existem injustiças. Tudo na Terra é do jeito que deveria ser. Como você poderia corrigir o que está certo?

James olhou de volta para o professor, sem acreditar.

— Então qual é a razão disso? Por que nascemos, se não para fazer do mundo um lugar melhor?

O professor não respondeu imediatamente. O que ele queria dizer era simples, mas também muito complicado.

No outro lado do semicírculo, Joshua disfarçou o tédio olhando para suas unhas perfeitamente cortadas e tratadas.

Rosa e Assan esperavam, ansiosos.

Alguns segundos se passaram antes que Joe estivesse pronto para falar.

— Nascemos para que, eventualmente, possamos lembrar o que somos e voltar a ser parte do que éramos. E começamos a nos lembrar do que somos ao começar a esquecer quem somos. Todos vocês ainda estão aprendendo as lições de ser quem são.

— *Agora vem a parte difícil* — o professor lhe dá uma dica. — *Eles vão ter que compreender isso.*

— De uma certa forma, James está certo. Estamos nisso juntos. Somos responsáveis pelo progresso de cada um. Mas, por outro lado, estamos nisso cada um por si.

— *Isto, sim, é que é contradição: estamos todos juntos e cada um por si. Aposto que eles estão com dificuldade de engolir isso* — Joe brinca com você.

— *Não apenas eles* — é sua resposta.

Você também se pergunta aonde o professor quer chegar.

— *Agüente firme. Tudo vai ficar mais claro em um segundo.*

— Às vezes... — começa Joe, mas rapidamente corrige a si mesmo. — *Na maioria das vezes*, as coisas não acontecem da forma como planejamos. Mas, quando olhamos para trás, vemos que elas aconteceram da maneira como deveriam ter acontecido.

— *Mais uma contradição para dar um nó em suas mentes* — diz ele a você.

— *E na minha também* — você responde.

— *Vou começar a desfazer o nó agora* — tranqüiliza o professor, e volta-se para confrontar James sobre Aldo.

— Você foi um jornalista arrogante e intolerante, que pensava ser o dono da verdade. Você agia como se só você soubesse o que era certo ou errado. Quem é você, ou qualquer um de nós, para julgar?

James recuou, mas defendeu a si mesmo e a Aldo.

— Ele queria o melhor. Ele pensou que todo mundo tivesse direito à dignidade.

Assan concordou veementemente.

— Ele queria lutar por aqueles que não tinham vez.

Finalmente, o adolescente compreendeu por que ele, desde o momento em que se encontraram, sentiu que tinha algo em comum com James.

Com um gesto brusco de sua mão, o professor despachou os dois, dizendo que a defesa deles para James ou Aldo era "irrelevante".

— Intenções. Os motivos por trás de nossos atos é o que conta — disse Joe. — Ensinei a vocês que o poder de criar está em cada um de nós, e que ficamos com as conseqüências do que criamos, ou seja, são nossas as conseqüências de nossas intenções. Isso se chama carma, ou, citando um provérbio terrestre, "aqui se faz, aqui se paga".

O professor compartilha um pensamento com você:

— *Nenhum deles ainda compreendeu que o progresso e a evolução não vêm quando impomos nossa vontade aos outros; eles vêm quando impomos nossa vontade sobre nós mesmos.*

Joe avisa os alunos que as palavras de Aldo serão reproduzidas novamente no palco da vida, e pede a eles que prestem atenção ao que motivava Aldo.

— Quero liderá-los numa revolta pela liberdade. Essa é minha missão para mudar o mundo.

— *Melhor do que* replay *tira-teima* — brinca Joe com você.

— A única preocupação dele é com ele mesmo — observou Rosa secamente.

O professor faz a ela um sinal de positivo e mostra de forma irreverente como as intenções por trás da encarnação não foram tão nobres quanto anunciadas:

— Eu... Eu... Eu sou o líder, eu vou liderar — dizia Joe à classe, mostrando que a intenção do espírito era a de se tornar um salvador, um líder. — Ele queria ser o centro das atenções. Como jornalista, ele se fez juiz e júri daqueles sobre quem escrevia. Ele pouco ou nada ligava para as injustiças ao seu redor. Ele as usava em seu espetáculo.

— *Como Assan* — você pensou, para o professor.

— *Você entendeu* — confidencia ele a você.

— Eu fracassei por minha arrogância — murmurou James, deixando a cabeça cair e fitando o chão.

— Errado — responde o professor enfaticamente. — Nenhuma vida é um fracasso. Aldo passou a ser James com um ego do tamanho de uma cidade. Acho que diminuiu pelo menos até o tamanho de um quarteirão — divertiu-se o professor, conseguindo arrancar um fraco sorriso de James.

E, com essa frase, Joe inicia um breve interrogatório com James.

— Você compreende que ninguém pode mudar o mundo? Que o mundo é como é porque uma força superior quer que ele seja dessa maneira?

O aluno concorda, obediente.

— Você compreende que o que quis fazer, embora nobre, desde o começo estava comprometido por suas intenções manchadas pelo orgulho, ego e arrogância?

O aluno assente com um sorriso tímido.

O professor dá uma piscadela e pede a James que se prepare para as próximas perguntas.

— Vamos para a rodada de fogo — brinca. — Você percebe que é você, e não o mundo, que mudou? Consegue ver que você não é mais o Aldo arrogante, egocêntrico e egoísta?

Um sorriso maior e mais confiante preenche o rosto do negro.

— Então, como pode dizer que sua encarnação foi um fracasso? — diz o professor num sussurro.

Não havia necessidade de uma resposta.

— James, você é quem vai explicar o "Estamos nisso juntos, mas cada um por si". Acho que já está pronto.

O aluno olha ao seu redor na sala. Primeiro, para Assan, à sua direita, depois para o outro lado da classe, para Rosa e Joshua. Ele não está procurando ajuda, apenas procura as palavras certas para explicar o que havia aprendido.

Seus olhos voltam para o professor e encontram um gesto encorajador.

— Estamos nisso juntos — ele começa, hesitante, tomando fôlego. — Nós todos temos dentro de nós a mesma divina chama de nosso Criador. Viemos da mesma matéria e encarnamos para aprender uns com os outros.

— *Até aqui, tudo bem.*

Joe fala secretamente com você, mas para James ele ergue as sobrancelhas, sinalizando que está esperando mais.

O aluno agora lida com a segunda parte da contradição. Outra vez, respira fundo.

— Primeiro, a parte de nós mesmos: não podemos mudar os

outros. O melhor que podemos fazer talvez seja mudar o ponto de vista de outro espírito, dessa forma ele pode mudar seus valores e começar a mudar a si mesmo. Somos responsáveis por nosso próprio desenvolvimento, e cada um de nós precisa lembrar o que somos esquecendo quem somos.

Rosa, Joshua e Assan olham para o professor. Ele está certo ou errado? A classe espera.

Eles vão ter que esperar um pouco mais. Joe quer ter certeza de que eles entenderam completamente as implicações do "Estamos nisso juntos, cada um por si".

— Em outras palavras — sugere Joe a James —, estamos unidos uns aos outros porque fomos criado à Sua imagem e semelhança. E encarnamos para aprender, evoluir e nos reunir ao Criador.

— É, é isso — concorda James.

— Mas o caminho para casa é uma viagem particular. Ninguém pode fazê-la por nós. Cada espírito tem que achar seu próprio caminho.

— Parece certo para mim — responde o negro, aliviado por descobrir que compreendeu a contradição.

— Mas há mais — intervém o professor.

— O que foi apenas um, somente poderá voltar a ser um se todo o grupo voltar ao lar. Isso significa todo e qualquer espírito que já foi criado. Estamos nisso juntos, somos responsáveis por nós e por todos os outros, mas a forma como encontramos o caminho de volta depende apenas de nós.

James assente.

— Foi o que eu disse.

Assan diz que compreendeu.

Rosa olha para o teto. Ela ainda está lidando com os conflitos que se reviram dentro dela, tentando conciliar suas crenças com o que está aprendendo naquela escola.

— Estou ouvindo — é tudo que ela diz.

E Joshua, que sem querer pôs a bola em jogo, relaxado em sua cadeira, boceja e diz:

— Vou pensar no assunto.

— A propósito — diz Joe, numa idéia de última hora —, há alguém a quem você deve agradecer, James.

O aluno encolhe os ombros.

— Alguém que o ajudou a achar seu caminho — provocou o professor.

— Está falando de você?

O professor sacode a cabeça negativamente.

James arriscou mais um nome: Joshua.

O negro recebe um sorriso e mais uma negativa do professor.

— Não tenho idéia — admite James.

— O homem que o ensinou sobre humildade — cutuca Joe.

— O homem que... — James murmura, procurando pela resposta. De repente, ela ficou clara para ele. Seus olhos se arregalam.

— O senhor Samuel, aquele bastardo que me comprou, acorrentou, açoitou e me matou? É a ele que se refere? — grita o ex-escravo. — Você deve estar brincando!

O professor calma e deliberadamente responde:

— Não estou, não. Ele o ajudou bastante. Lembre-se do que eu disse: na maioria das vezes, as coisas não acontecem como planejamos. Mas, quando olhamos para trás, vemos que aconteceram da forma como deveriam ter acontecido.

James olha para Assan: nenhum dos dois acredita no que está ouvindo, mas o pensamento rápido de Assan vê uma chance de provocar Joe.

— Ora, professor, você sabe que aquele senhor de escravos não queria ajudar. Pensei que tivesse dito que a intenção é o que contava!

Assan exibia um sorriso triunfante que não iria durar além de alguns segundos.

O professor admite que Assan tem razão: a intenção por trás da ação é o que realmente conta.

— Mas por que James deveria se importar com as intenções de seu senhor? Ele aprendeu uma dura lição: o que significa a escola Terra. Ele deu um importante passo no aprendizado para subjugar seu ego. Ele deveria ser grato a seu senhor, e não odiá-lo.

James olha para o domo, tentando imaginar o que o professor quer.

— Isso vai além do perdão — diz James em voz alta. — Você está me pedindo para ser grato a ele.

— Não. Estou pedindo que não julgue. Estou pedindo que seja como Jesus — sugere Joe, lembrando a James e à classe sua última aula. — Estou pedindo que saiba o que significa a Terra. Estou pedindo para ser como Buda: olhe dentro de si mesmo e veja quanto você mudou.

A classe fica em silêncio enquanto James, Assan, Rosa e até mesmo Joshua refletem sobre as palavras do professor.

Joe queria ir em frente e começar a segunda parte do show de William e Mary. Mas, dando mais uma olhada para Joshua e Rosa, ele muda de idéia e anuncia:

— A seguir, uma palavrinha de nossos patrocinadores.

15

Uma lição de Joe: o elevador e uma visita ao inferno

Joshua, como sempre, estava impaciente.

Ele tinha certeza de que o professor ia apresentar a próxima parte do show de William e Mary. Joshua achava que, assim que sua vida tivesse sido apresentada, ele estaria livre para ir embora. Vendo como Aldo foi autorizado a reencarnar, mesmo contra os conselhos de sua guia, Joshua havia chegado a uma decisão: ele iria voltar à Terra e continuar de onde parou: na corrida pelo dinheiro, poder e *status*.

Mas ele estava intrigado com a forma com que a última aula acabara. E ele ainda não entendia por que o professor continuava se referindo aos flagrantes de sua vida como o "show de William e Mary". Ele sabia que havia sido William, mas que negócio era aquele de Mary, afinal?

Joshua, assim como os colegas de classe, admitiria prontamente que não concordava com tudo que o professor dissera. Porém admitiriam que, durante as aulas, participaram de alguns momentos espetaculares e até estimulantes: uma amostra da Criação, um rápido e poderoso vislumbre de Deus e os fascinantes flagrantes da vida real. A lembrança desses eventos deixou-os imaginando o que seria a tal "palavrinha de nosso patrocinador".

Joe também sabia que os alunos não podiam compreender ou aceitar tudo que ele ensinava. Isso seria impossível.

— *Cada um de nós evolui à sua própria maneira. Aprendemos quando estamos prontos; vemos apenas o que somos capazes de ver* — reflete ele com você.

Uma nova lição logo ia começar, e o palco foi cuidadosamente preparado. A primeira coisa que os alunos notaram foi a escada larga e colorida: ela estava novamente toda iluminada. Os nove degraus brilhavam e piscavam, cada um irradiando sua própria e especial tonalidade e vibração, formando uma exuberante harmonia de cores.

Joshua maravilhou-se com o jeito que a escada iluminava a sala de aula:

— É melhor que Las Vegas.

Joe, em pé no meio de seus quatro alunos, mostrou-lhes um largo sorriso.

— Eu sei que vocês provavelmente já cansaram de ouvir o que vou dizer agora: fomos feitos com o poder de criar, que nos dá o poder de escolher. Quero que vocês percebam que suas ações, palavras e até mesmo pensamentos têm conseqüências, porque com o poder vem a responsabilidade.

Rosa bufou e, como sempre, antes de fazer suas considerações ou um anúncio importante, arrumou seu *blazer* e aprumou-se em sua cadeira.

— *Essa mulher deve ter usado espartilho quando estava viva. Ela é tão aprumada!* — observa Joe.

— Como boa cristã, sei da importância de uma mente limpa e de uma boca pura. Pensamentos impuros são as tentações do próprio Satã — discursou ela. — E, Deus é minha testemunha, nenhuma palavra profana jamais passou por estes lábios.

A atitude da mulher surpreende você. No final da última aula, você estava convencido de que Rosa finalmente havia aberto sua mente. Ainda estava viva em sua memória a confissão de que ela não estava nem perto de ser como Jesus. Mas lá estava ela, de volta à velha forma.

— *Ela está dando uma de tartaruga. É normal* — o professor brinca com você. — *Ela esticou a cabeça para fora do casco, mas não está completamente segura, então voltou para dentro. Vai levar algum tempo. Ela não está habituada a pensar por si mesma.*

Mas o resto da classe não é tão paciente ou compreensivo quanto o professor.

Assan revirou os olhos. Ele não sabia por quanto tempo iria suportar aqueles sermões da velhota.

— Essa mulher está me dando nos nervos — murmura ele em voz alta.

James lança um sorriso emblemático para Rosa Maria, e Joshua, novamente assumindo sua postura de homem de negócios impaciente e entediado, finge não ouvir nenhuma palavra que ela diz.

Joe ignora tudo isso.

— *Hora de ir em frente* — diz a você, ao deixar o semicírculo em direção à escada, parando sobre o primeiro degrau.

— Degrau 1: Deus nos cria.

Subindo um patamar, ele relembra aos alunos:

— Degrau 2. Ele enseja um plano terrestre e os milhares de outros mundos onde espíritos encarnam para aprender e crescer. Mas... e esses outros sete degraus? Quem os fez?

A pergunta flutua pela sala.

O professor acena para James, esperando uma resposta.

James procura ajuda. Vendo que ninguém partiria em seu auxílio, ele arriscou timidamente:

— Deus. Meio óbvio, não é?

— Você está certo e errado — sorriu Joe, e com um ar de mistério acrescentou: — Não é tão óbvio quanto você pensa.

Ainda do alto do segundo degrau, Joe agora se vira para Joshua, que responde:

— Não dá para saber, a menos que você explique o que são os outros degraus.

— Boa resposta — admite o professor, e para você ele confidencia: — *Esse cara não teria construído um império se fosse bobo. Ao menos está prestando atenção.*

Rosa e Assan estavam prestando atenção não apenas no professor, mas também um no outro. A momentânea aliança contra a insensibilidade de Joshua já se havia dissolvido e uma inexplicável inimizade tomou seu lugar.

— Bem, estou esperando — diz o professor a eles. — Quem fez os degraus restantes?

Rosa, olhando cautelosamente para Assan, responde primeiro.

— Eu diria que, depois de criar o homem e a Terra, Deus criou o céu e o inferno. São quatro. Sobram cinco, e eu... — Ela emite um suspiro, enquanto sua voz cai no silêncio da incerteza.

Assan segue no vácuo criado pela dúvida de Rosa.

— Ele nos fez, e então fez a Terra. Dois degraus. Os outros são degraus para o paraíso — declara ele, em tom triunfante.

— Bingo! — exclama Joe. — Agora, a pergunta principal: Assan, o que cada um desses sete degraus representa?

Um sorriso explode no rosto do adolescente.

— Sei lá! Foi só um palpite.

Até Rosa cai na risada. Joe diz:

— É, foi um bom palpite. E, já que está fazendo um bom trabalho, arrisque um chute sobre quem os fez.

Assan girou os olhos e balançou a cabeça.

— Você disse que James estava apenas metade certo, ao dizer Deus. Não tenho nem idéia de qual é a outra metade.

O professor disse que ia explicar tudo fazendo algumas perguntas a Rosa. Ninguém se surpreendeu: Joe adorava usar Rosa para formular seus argumentos.

Ela se apruma com firmeza. Não seria a primeira vez que aceitava um desafio do professor.

— Por que você não encontrou o paraíso que procurava? — questiona Joe. — Dica: talvez seja porque o paraíso que você quer não existe ou porque você não está pronta para ele. Qual das opções?

Rosa estava perplexa. A única coisa que conseguiu responder, com um sorriso retorcido, foi:

— Já estou feliz de não ter encontrado o inferno.

A piadinha de Rosa dá a Joe uma idéia.

— *Acho que descobri um jeito de fazê-los sentir o que estou ensinando* — murmura ele, dividindo sua empolgação com você. — *Prepare-se. Você também está nessa.*

— Quero que todos vocês façam de conta. Vamos imaginar que estamos dentro de um elevador de carga.

Joshua, com uma das mãos cobrindo a boca, sussurra para Rosa:

— De Las Vegas para um armazém. Onde é que isto vai parar?

Rosa abafou uma risada, tentando prestar atenção ao professor.

— Estamos indo ao subsolo — olhando intencionalmente para Joshua — do armazém. Devo avisá-los, porém, que este elevador está com excesso de peso.

O clima na classe mudou quando os alunos viram o olhar sério e solene no rosto do professor ao dar um vagaroso e deliberado passo para o terceiro degrau.

Os raios dourados suaves que caíam do domo se apagaram. Todas as cores pulsantes da escada se apagaram, com exceção do terceiro degrau, cujo violeta iluminava sombriamente a sala de aula.

— Aqui está o inferno, Rosa — declara o professor. — E, acredite, nosso Deus não fez isso.

Ele conta a ela e aos outros que aquele não era exatamente o inferno descrito pelos cristãos.

— Não fomos feitos para sermos condenados. Fomos feitos para aprender e evoluir. Prefiro chamar este degrau de "O Abismo".

Um chiado assustador ecoa pela sala, seguido do ranger de engrenagens de metal.

Um ruído surdo sacode a classe.

Um solavanco rápido e inesperado faz com que você perca o fôlego.

Um forte puxão faz sua cabeça cair para trás.

Um mergulho. Rápido. Queda livre, cada vez mais rápida. O vento golpeia seu rosto.

Uma parada barulhenta. Um tranco repentino interrompe a queda.

— O andar mais baixo de todos. O Abismo. O mal que ferve aqui se alimenta dos pensamentos e escolhas dos espíritos que vivem neste plano — anuncia o professor.

Sem nenhum aviso, o chão literalmente desaparece. O palco vibra e se escancara. A classe se equilibra na beirada de um abismo negro. O lamento de um vento forte e ensurdecedor ecoa pelas paredes da classe.

— É como o rugido de cem furacões — Joshua se lembraria mais tarde.

Uma névoa pesada e escura faz com que os alunos tenham arrepios pelo corpo.

De seu lugar na platéia, você os vê agrupados na beirada de um buraco de onde uma umidade podre emana para a sala.

O rosto do professor reflete o brilho macabro do violeta-escuro e sua voz, carregada pelo vento ameaçador, preenche o ambiente.

— Todo espírito cria, por pensamentos e ações, sua própria vibração. Elas podem ser pesadas e escuras ou podem ser leves e iluminadas. Iguais atraem iguais. Uma vibração densa atrai vibrações densas, quer seja no mundo astral, quer seja na Terra.

Outros sons competem com a voz do professor. Eles tentam atrair a atenção dos alunos.

A princípio, nada mais são do que sussurros abafados.

Lentamente, eles crescem em força e intensidade, transformando-se numa muralha sonora sobrecarregada de uma poderosa fúria, em meio à ventania.

Lamentos de suplício e gemidos de sofrimento emergem do Abismo e penetram os sentidos dos alunos, ecoando com as enormes sombras violeta que tingem as paredes da sala.

A voz de Joe soa como uma espada iluminada cortando o desagradável som da revolta.

— Aqui é onde se pode encontrar o pior do pior: assassinos que matam por prazer, estupradores que estupram por poder e mercadores de ódio que espalham seu veneno porque esqueceram o que é ser eterno e o que é ser divino. Eles fizeram desse lugar seu lar, porque se sentem confortáveis uns nas vibrações dos outros. Espíritos carregados com a escuridão formam mais escuridão, e a escuridão forma o Abismo.

Rosa Maria, com os olhos totalmente fechados, rezava em voz alta pela proteção de Jesus.

— Livrai-nos do mal, Senhor — repetia sem parar.

Ironicamente, foi preciso esse espetáculo de escuridão para abalar a confiança de Joshua em seu mundo material. Ele está agora obrigado a aceitar que há algo além de sua adoração pelo poder, dinheiro e glória.

— *Espíritos diferentes têm reações diferentes* — diz o professor a você. — *A beleza e harmonia das vibrações mais elevadas são muito sutis para Joshua. O Abismo é tudo, menos sutil. Mas o engraçado é que isso foi o que lhe despertou o desejo de aprender mais.*

James, com um tremor na voz, cautelosamente faz uma pergunta. E está com medo da resposta.

— Esses espíritos encarnam na Terra?

Joe assente, lembrando que a Terra nada mais é do que uma escola aberta a todas as vibrações.

— E esses espíritos ainda podem, daqui, influenciar vidas na Terra.

Assan está aterrorizado com o pesadelo vivo ao seu redor, mas o rapaz reúne coragem para esticar o pescoço e espiar dentro do Abismo. Depois de uma rápida olhada, o adolescente cai de volta em sua cadeira, enojado.

— São como vermes luminosos — diz, quase sem fôlego. — Eu os vi, serpenteando e deslizando em meio a uma lama negra e grossa. Eles estavam uns sobre os outros, como se estivessem se alimentando de si mesmos.

A lamentação transforma-se em canto. A horda de vozes intensifica-se, cada voz sobrepondo-se à outra, até que um balbucio de linguagem se ouve. Milhares de dialetos diferentes preenchem o ar com uma mensagem constante carregada pelas vibrações do ódio, desespero, intolerância e vingança.

— Nós mandamos, nós ordenamos, nós dominamos. Nossa vontade é mais forte, nosso poder é maior.

Elas chamam Assan:

— Você sabe que estamos certos. Junte-se a nós. Sinta o poder em sua alma outra vez.

Elas começam a provocar Joshua:

— Tudo que quiser... Tudo que você sempre sonhou está aqui.

Elas falam de modo sedutor a James:

— Você nunca mais terá medo. O poder está aqui.

E tentam Rosa Maria:

— Seu Jesus é uma farsa, seu Deus abandonou você. Venha a nós, mulher, e comece a viver.

As vozes também roncam em seus ouvidos.

— Seu professor mente. Não há nada além de nós. Somos fortes. Estamos aqui desde o início dos tempos, derrotando os fracos e os tolos. Nada mais importa.

As vozes não chegam até o professor. Ele silenciosamente observa a reação de seus alunos. Joe está satisfeito em ver que nenhum deles fraquejou, deixou-se abalar ou flertou com as vozes da tentação.

Exceto Assan. O professor viu em seu espírito uma pequena faísca de afinidade com as vibrações de revolta.

— Hora de ir — anuncia o professor, e uma onda de alívio preenche a sala.

Mas a sensação de alívio dura pouco. O professor lembra a todos que o elevador está sobrecarregado. Cada um deles vai ter que se livrar de algum peso extra.

— Vamos aliviar a carga, para que possamos subir — diz, apressando-os a deixar algo de si no Abismo.

— Você primeiro, Rosa. Livre-se de alguma coisa. Deixe aqui para sempre.

A mulher, sentindo uma dor horrível na cabeça e tremendo de frio, olha para o professor, em busca de orientação. Ele balança a cabeça:

— Tem que fazer isso sozinha.

A mulher não está acostumada a tomar suas próprias decisões.

Ela sempre deixou que alguém o fizesse por ela, entregando-se a uma religião que já vinha com respostas prontas, regras bem definidas e crenças simples.

Ela se demora. Ela pensa. Pondera. E, finalmente, decide.

— Fraqueza. Eu dependo de outros. Tenho medo de pensar ou agir por conta própria.

Joe acena a ela, solenemente.

— *Deve ter sido a primeira vez que esse espírito parou para olhar para si mesmo* — explica o professor a você. — *Na verdade, nenhum deles vai deixar nada para trás aqui. Apenas por meio das lições da vida é que eles podem purificar seus espíritos. Isto é um mero exercício. Quero que eles compreendam que, para crescer, precisam deixar algumas coisas para trás e quero que eles, por si mesmos, descubram o que deixar. Esta escola é para isso.*

Ele aponta para James, que, sem nenhuma hesitação oferece seu medo.

— Ele me paralisa e me controla. Não deixa que eu tome decisões.

O professor faz um sinal a Joshua. O homem de negócios é direto e enérgico:

— Orgulho. É hora de desistir, antes que ele passe a me controlar totalmente.

Assan sabe que é sua vez. Ele nem sequer espera pelo chamado do professor.

"Quanto mais rápido eu lhe disser o que jogar fora, mais rápido saímos daqui", pensa.

O adolescente oferece a revolta.

— Ela me controla e consome. Que ela apodreça aqui, neste Abismo.

Fraqueza, revolta, medo e orgulho.

Mal sabiam eles que há muito tempo tiveram a chance de lidar com essas emoções.

Um estalo.

Um solavanco.

Ruído de cabos e engrenagens. O elevador, com um pouco

menos de carga, lentamente começa a subir, fazendo as vozes do Abismo começarem a sumir.

O chão da sala vagarosamente foi se fechando e os raios dourados suaves que vêm do domo novamente iluminam a classe. Joe, ainda parado no terceiro degrau, ostenta um sorriso orgulhoso para os alunos, agradecidos por estarem de volta ao ambiente familiar e seguro.

— Até eles — disse, referindo-se aos espíritos que ficaram no Abismo — vão retornar ao todo. Eles vêm do mesmo lugar que nós. A porta nunca se fecha. Não há — falando diretamente a Rosa — danação eterna.

Joshua vagarosamente ergueu a mão.

— Se isso é um degrau, todos nós temos que usá-lo? Quero dizer, se esse degrau está no caminho lá para cima — diz, apontando para o alto da escada —, todos temos que passar por ele?

O professor ficou satisfeito por ter sido Joshua quem fez a pergunta. Isso demonstrava que ele já não era mais o executivo entediado e desinteressado.

Enquanto os alunos esperavam pela resposta, Joe desceu da escada, voltando a seu ponto de sempre no meio do semicírculo.

— Ao passar pela vida, aprendemos sobre o ódio. Podemos escolher entre ignorá-lo e abraçá-lo. O mesmo se dá com o amor: podemos aceitá-lo ou rejeitá-lo. A escolha é nossa e apenas nossa. Vibrações iguais atraem vibrações iguais. Só podemos ir até onde — ele aponta para a escada — nossa vibração nos permite. Aqueles espíritos no Abismo estão lá pelas escolhas que fizeram, mas nem todos os espíritos fazem aquelas escolhas.

Assan, que viu as vibrações densas e úmidas, imaginava como aqueles espíritos um dia sairiam de lá.

— Afinal, parece bem óbvio para mim que eles já fizeram sua escolha.

— À medida que o tempo passar, esses nossos amigos — Joe aponta para baixo — vão ficar cansados de seu ciclo interminável de revolta que leva ao ódio, de ódio que leva à vingança e de vingança que leva de volta ao ódio.

Ele lembrou a Assan o que aconteceu quando ele fez a passagem como André:

— Lembra-se de como você, depois de passar um tempo na vibração de violência, quis seguir em frente?

Por um instante, o professor voltou sua atenção para Joshua, dando a ele uma piscadela de cumplicidade.

— Assim como ocorreu com André, alguns deles vão começar a desejar algo melhor. E, quando isso acontecer, guias e mentores espirituais vão estar lá para ajudá-los a sair da lama e seguir para a luz.

Joe andou devagar até Assan e, parando exatamente em frente a ele, declarou:

— Você pode ter ajudado alguns deles, hoje.

O adolescente quis ter certeza do que estava ouvindo.

— Você quer dizer eu? — perguntou, incrédulo.

— É — riu o professor. — Quero dizer você. Você se recusou a ouvir. Foi tudo que fez. As vibrações mais baixas são como sanguessugas: precisam ser alimentadas com alguma coisa. Você os calou e talvez, apenas talvez, alguns deles tenham entendido a mensagem.

Joe disse aos alunos que suas atitudes tinham sido exemplos de como "estamos nisso juntos, mas cada um por si".

— Vocês os calaram, bateram a porta e a trancaram na cara deles. Vocês lhes deram uma chance de aprender. A escolha, entretanto, é deles.

Rosa, recuperada de sua visita ao inferno, entrou na conversa e observou:

— Como fez Jesus no deserto. Ele resistiu à tentação, subjugando o próprio Satã.

— O Mestre encarnou para mostrar, Ele mesmo, que isso pode ser feito — concordou Joe, dando a ela um sorriso.

— Hoje vocês seguiram o exemplo d'Ele. Cada vez que o mal é rejeitado, a corrente se enfraquece. Quando a revolta é respondida com compaixão, as vibrações mais escuras desaparecem.

James queria saber mais. Ele queria saber como o Abismo e os espíritos que viviam naquele mundo podiam influenciar a vida na Terra.

Um ruído calmo e suave foi ouvido na sala, seguido de um solavanco que provocou certo desconforto entre os alunos.

— Não se preocupem. Desta vez vamos para cima, não para baixo — assegurou Joe, dizendo a James que seria lá que sua pergunta seria respondida.

16

Uma lição de Joe: escada acima

Imediatamente após dizer à classe que iriam "para cima, não para baixo", o professor começou a subir a escada, lembrando-lhes o significado de cada degrau.

— Degrau 1: fomos criados com livre-arbítrio. Acho que vocês já entenderam isso agora — brincou ele.

O professor sabia que estava sendo repetitivo, mas ele tinha que ter certeza de que sua mensagem estava sendo captada.

Então, rapidamente subindo para o segundo degrau, ele disse aos alunos:

— Degrau 2: a escola Terra. Usamos nosso livre-arbítrio para escolher. Aprendemos por meio das emoções e paixões. Nossas escolhas criam carma e relacionamentos uns com os outros.

Parando sobre o terceiro degrau, de cor violeta, Joe relembrou a recente descida do grupo ao Abismo.

— Vocês sentiram a vibração criada pelas ações e pensamentos dos espíritos. Mal intenso, revolta e ódio se espalharam por aqui, atraindo espíritos que nadam e chafurdam no ódio, na revolta e na inveja. Não é um lugar muito agradável — diz, com um suspiro.

Joe sorri. Ele está feliz em ir adiante, e num pequeno salto chega ao próximo patamar.

— Degrau 4. Vamos chamá-lo de Primeiro Plano Astral.

Rosa ri abafado e sussurra para Joshua que o professor, ao subir a escada, a fez lembrar de um homem que dançava ao subir as escadas em musicais da Metro que ela adorava ver. O executivo não se contém e gargalha ao pensar em Fred Astaire dançando pela escada em caracol.

— Talvez eu devesse estar usando fraque e cartola — diz Joe, ao escutar o gracejo. Depois, reassumindo o tom sério, alerta: — Subimos a um degrau nos planos astrais, mas deixem-me esclarecer uma coisa.

Ele está preocupado com a possibilidade de os alunos, como fazem todos os alunos, entenderem as palavras ao pé-da-letra.

— *Não quero criar mais nenhum fundamentalista* — brinca o professor com você.

— Lembram-se do que eu disse sobre vibrações? Bom, entre o Abismo e o Degrau 4 existe um número infinito delas. Elas não têm fronteiras organizadas, onde um agente da imigração checa seu passaporte. Um espírito pode evoluir rápida ou lentamente. Não há regras. Ele pode se mover lentamente entre um degrau e outro, pode pular um degrau ou pode ficar por centenas de anos terrestres em uma vibração.

Ele continua a explicação:

— No entanto, os espíritos que vivem nos vários níveis entre o Abismo e o Primeiro Plano Astral estão presos pelo orgulho e egoísmo. Eles sofrem em sua inveja e se acomodam em seus egos. Eles estão acorrentados a suas paixões. São prisioneiros de si mesmos.

Um terreno árido apareceu no palco da vida. Está vazio e sujo. Apenas algumas plantas em pontos espalhados sobrevivem bravamente ao solo arenoso. O céu está azul, mas, entre ele e o solo, uma neblina pesada e densa serpenteia. Algumas casas simples e mal-acabadas, separadas por quilômetros, aparecem como pontos na paisagem deserta.

— Depois do Abismo, este é o mais baixo nível no mundo astral. É por isso que o chamamos de Primeiro Plano Astral. É um nível solitário e escuro, também criado pelos pensamentos e vibrações dos espíritos que vivem aqui. Uma mente escura cria vibrações escuras; uma mente brilhante cria vibrações brilhantes. Simples.

James lembra ao professor sobre sua pergunta feita no Abismo: esses espíritos também encarnam na Terra? E o professor lhe deu a mesma resposta:

— Sim, porque a Terra é aberta a todas as vibrações. Só dessa forma é que ela pode ser uma escola.

Joe ensinou à classe como reconhecer esses espíritos na Terra.

— Eles vivem na hipocrisia, cobiça e trapaça. Alguns são extremamente espertos e inteligentes. Nunca confundam o mal com burrice. Esses espíritos são mestres no disfarce, enfeitando a si mesmos com palavras bonitas e frases bem-feitas. A Bíblia — disse, dirigindo-se a Rosa — os chama de falsos profetas. Quando a religião ensina os homens a odiar, você sabe o que está por trás dessa doutrina. Quando os tais "homens santos" pregam a violência, não importa como eles escolhem suas palavras, você sabe o que está por trás dessa pregação. Deus não nos ensina a odiar; Deus nos convida a lembrar quem e o que somos.

Assan viu velhos homens em vestes pretas e brancas, ensinando a ele e seus jovens amigos como "apenas sua fé era santa, apenas suas almas seriam salvas".

Rosa ouviu um pregador jovem impecavelmente bem vestido gritando sobre o som de várias vozes a respeito dos "verdadeiros cristãos e as santas cruzadas para converter os condenados".

James lembrou-se de uma noite entre as árvores no Alabama, onde ele foi pendurado numa corda com "o símbolo do cristianismo branco" queimando ao fundo.

Joe perguntou se eles queriam repetir o exercício que fizeram no Abismo, quando cada um deles deixou algo para trás "para aliviar a carga".

Joshua foi o primeiro voluntário.

— Em minha última vida, só fiz o que era bom para mim. Meu mundo girava ao redor de meus desejos, vontades e sonhos.

Joshua decidiu deixar seu egoísmo no Primeiro Plano Astral.

Assan foi o próximo.

— Já abri mão de minha revolta. Agora, abandono o ódio, essa porcaria que alimenta a revolta. Se não tenho revolta, não preciso do ódio.

— *Nosso Assan está se transformando num belo filósofo* — comenta o professor com você.

James respirou fundo e disse:

— Falsa humildade.

Todos, incluindo o professor, olharam para ele, esperando uma explicação.

— Eu dava uma de humilde para não ser surrado. Estou cansado disso tudo. Quero ser eu mesmo.

O negro olhou com profundidade para o professor e anunciou:

— Quero ser o que você disse que sou: uma parte da Criação.

O professor olha para você e sorri.

— *Alguém está começando a se lembrar. Quando for a hora de tomar decisões, vamos ver se ele realmente se lembrou.*

Rosa hesita. Ela observa a paisagem deserta e pergunta ao professor se pode ir em frente sem ter que deixar alguma coisa para trás.

— Há mais coisas em que eu gostaria de pensar — confessa ela. — Acho que minha vida é como aquilo — diz, apontando para a desolação à sua frente. — E quero entender por quê.

De seu lugar na escada, Joe está radiante. Seus alunos realmente estavam progredindo.

— É hora de mostrar a vocês como os espíritos que vivem aqui — o braço de Joe fez um gesto largo indicando o espaço entre o Abismo e o Primeiro Plano Astral — influenciam a Terra. Às vezes, eles fazem isso reencarnando com o exato propósito de fazer o mal. Eles são autorizados a fazer isso porque nós podemos aprender com o mal. Mas, outras vezes, eles influenciam espíritos encarnados daqui e podem fazer isso porque, como eu disse antes, a Terra é um lugar para se fazer escolhas. Nada mais, nada menos.

— *Chegou a hora de mostrar-lhes os espelhos* — esclarece Joe a você. — *E, também, como esses espelhos nos iludem.*

17

Uma lição de Joe: os espelhos

Joe está satisfeito com o andamento das coisas. Ele diz a você que, apesar de ainda haver muito trabalho pela frente, já se andou um bom pedaço de chão.

— *Eles estão começando a ver que somos partes da Criação e estamos unidos por ela. Quando um espírito vê as ligações entre nós, ele começa a ver além das ilusões que nos dividem. Quando um espírito entende que somos todos vindos do mesmo lugar e estamos destinados a retornar para lá, ele lentamente se afasta do "eu", começando a perceber que há um "nós". Então, e só então, seu comportamento começa a mudar.*

Você diz ao professor que você também começa a entender, mas admite:

— *Não é tão fácil desistir do "eu", afinal é a única coisa que conheço.*

O professor faz uma pausa e respira fundo.

— *Não é só você. Não é só Assan, Joshua, James ou Rosa. Sou eu também. Todos nós que ainda não chegamos ao último degrau.*

Joe olhou para o alto, onde estava o nono degrau. Depois de alguns momentos fitando sua cor branca intensa e brilhante, os olhos dele encontram os seus.

— *Eu nunca disse que seria fácil. Não é por meio de orações que evoluímos até aquele plano; temos que chegar lá por nossa própria conta. Existe ajuda a cada degrau do caminho, mas, como venho dizendo, estamos nisso juntos e cada um por si.*

O professor, percebendo que a classe já estava descansada, encerrou a conversa particular que estava tendo com você:

— *Eu os levei ao inferno e os trouxe de volta* — finaliza —, *e agora é hora de mostrar-lhes algumas coisas que estão no caminho.*

Ele chamou a atenção da classe ao perguntar se alguém ali já havia olhado para um espelho. O professor sabia que era uma pergunta boba, mas logo iria ficar claro que não era tão boba quanto parecia.

— *É hora de falar a eles sobre os espelhos e mostrar como eles influenciam a vida.*

Os alunos já estavam acostumados às perguntas aparentemente bobas. Eles sabiam que essa, como outras, iria trazer respostas que nem imaginavam. Então, com uma seriedade forçada, eles fizeram que sim com a cabeça, enquanto recitavam em uma só voz:

— Sim, já olhamos num espelho.

Assan ainda acrescentou uma careta sarcástica. Sorrindo para Assan, o professor apontou para os degraus. Mais e mais, a escada brilhante estava assumindo um papel importante e central em suas aulas.

— Dêem uma olhada — instruiu ele. — Ela está cheia de espelhos.

Os alunos fizeram o que ele pediu, mas não conseguiam ver nenhum espelho na escada. Eles já a conheciam de cor: cada um dos nove degraus, irradiando sua própria cor, estava brilhando ali quase desde o início das aulas. Havia degraus e cores, mas, definitivamente, não havia nenhum espelho.

Eles pacientemente esperaram até que o professor lhes desse uma pista, como ele sempre fazia. E, dessa vez, não foi exceção.

— Os degraus são espelhos — ele disparou.

Novamente, todos olharam para a escada.

Assan balançou a cabeça. Ele não viu nenhum espelho.

Nem James. Nem Joshua.

Mas Rosa Maria achou que tinha visto alguma coisa no brilho que emanava dos degraus. Ela lentamente se levantou da cadeira, caminhou hesitante até a escada e examinou-a de perto, como uma criança olhando para as peças de um enorme quebra-cabeças. Os brilhantes tons multicoloridos dançavam em seu rosto, e, depois de ponderar sobre alguma coisa, ela fez um sinal afirmativo com a cabeça e voltou-se para o professor e para a classe.

— Espelhos são opostos — arriscou, com cautela.

Em pé, com as mãos pendendo junto ao corpo, ela ergueu as sobrancelhas, em expectativa, aguardando pela reação do professor. Ela silenciosamente se amaldiçoava por ter aberto a boca. O espírito já estava cansado de se confrontar com Joe e esperava não ter iniciado mais uma batalha.

— Está dizendo que cada degrau — a mão de Joe indicou a escada — tem seu oposto?

Rosa corou, mas tinha a sensação de que estava certa e, então, enquanto fazia o percurso de volta para sua cadeira, fez que sim com a cabeça.

— Você ganhou o grande prêmio — disse o professor, com entusiasmo. — Tudo naquela escada tem seu espelho: em outras palavras, um oposto. É assim que o universo foi planejado.

Um sorriso se abriu no rosto de Rosa. Ela estava orgulhosa por finalmente acertar uma resposta, apesar de não ter a menor idéia do que o professor estava falando. Mas ela estava aliviada em ver que, também, nenhum de seus colegas tinha entendido.

O professor riu e balançou a cabeça, dizendo ao grupo que eles não estavam vendo o óbvio.

— Está bem diante de seus olhos — insistiu, vagamente. — Estamos falando sobre isso desde o primeiro dia.

Joe sabia que eles ainda não haviam entendido. Nem mesmo Rosa, que saboreava seu sucesso recente, tinha a menor idéia.

— Escolhas... escolhas... escolhas... — repetiu professor — Tudo tem a ver com as escolhas. Cada plano, ou degrau, é um reflexo do outro. O plano terrestre, por ser uma escola, é o foco desses reflexos.

Ele chamou Assan e perguntou-lhe como uma pessoa faz suas escolhas. A princípio, o adolescente fez uma careta, mas, depois de alguns segundos pensando, as rugas em seu rosto deram espaço para um sorriso.

— Entendi — disse, estalando os dedos.

— Então nos conte.

— É simples. Para fazer uma escolha, optamos: sim ou não. Esquerda ou direita. Branco ou preto. Nós escolhemos entre opostos.

James fez um sinal de positivo: ele também compreendia, agora.

Joshua friamente acenou com a cabeça: ele também captou a idéia.

E Rosa Maria, olhando direto nos olhos de Assan, sinalizou concordando.

O professor sorriu.

— *A classe está tinindo!*

— Aqueles degraus, ou planos de existência — Joe apontou para a escada —, refletem na Terra, porque a Terra é uma escola que ensina por escolhas. Aprendemos vivenciando os opostos.

O professor passeou de volta até a escada e parou no primeiro degrau.

— Já notaram como o primeiro e o último degraus brilham na mesma cor: branca? Já se perguntaram por que esses dois, nas pontas opostas da escada, são iguais?

James adiantou-se.

— Nós sabíamos que havia uma conexão. — E, encolhendo os ombros, acrescentou: — Nós também sabíamos que, quando chegasse a hora, você nos falaria qual era a conexão.

Os outros três espíritos exprimiram sua concordância.

O professor, com o pé firmemente plantado no primeiro degrau, agitou a mão direita. Num piscar de olhos, os degraus do meio ficaram escuros, deixando apenas o branco do primeiro e do nono degraus iluminando o palco.

— Efeitos especiais ordinários mas bem eficientes — observa Joe com uma careta, e então decide falar sobre a conexão: — Esses degraus são seus próprios espelhos: opostos, mas iguais. O primeiro é o começo; Deus nos criou simples e ignorantes. O último é a evolução: todos os espíritos se reúnem a Deus, simples, mas não mais ignorantes. Aprendemos com os egos que escolhemos pelo caminho e depois deixamos esses egos para trás. Aprendemos com as personalidades que criamos, e depois deixamos essas personalidades para trás. Somos simples novamente; livres de apegos, mas não ignorantes, porque aprendemos. Em outras palavras, estamos vazios de nós mesmos, porque não precisamos mais de nós mesmos.

Joe bateu palmas e riu:

— Mais efeitos especiais de segunda categoria.

Novamente, todos os degraus estavam acesos.

— Evolução lembra o modo como se anunciavam o embarque e desembarque de trens no passado — disse Joe e, imitando um maquinista, brincou: — "De Nova York a Chicago, com todas as paradas no caminho!" Espíritos caminham de Deus até Deus, passando pelas paradas, ou degraus, no caminho.

Os alunos começavam a compreender e agora estavam prontos para ver o próximo conjunto de espelhos. Com um grito de "abracadabra" digno de qualquer mágico, Joe estalou os dedos.

Agora, brilham apenas o violeta profundo do Abismo e os serenos raios dourados do oitavo degrau.

— Estivemos no Abismo — o professor indica com a cabeça a luz violeta —, o nível mais baixo de todos. Vocês viram, ouviram e sentiram as vibrações pesadas e escuras de ódio, revolta e inveja.

Assan fechou os olhos e suspirou. A imagem das criaturas distorcidas e repugnantes alimentando-se umas das outras ainda estava viva em sua memória.

— Mas não podemos ir ao Degrau 8 — alertou Joe. — Nenhum de nós, nem mesmo eu. Nossas vibrações não nos levam até lá. Para simplificar, nós não nos encaixamos lá.

Joshua exprimiu com amargor o que todos estavam pensando:

— Você quer dizer que podemos visitar o inferno — disse, indicando o pulsante degrau roxo —, mas não somos bem-vindos lá? — acenando indignadamente para o oitavo degrau — Por que isso?

— *Vou ter que explicar isso direito* — diz Joe a você. — *Não quero deixá-los desmotivados*.

— Um espírito pode viajar para qualquer lugar que sua vibração permita. Por exemplo, espíritos da mais alta vibração, como Jesus, Buda ou — olhando para Assan — Maomé, visitaram a Terra. Um espírito do abismo também pode visitá-la. Como já expliquei, a Terra é aberta a todas as vibrações.

Ele perguntou aos alunos se o estavam acompanhando.

Todos disseram que sim, exceto James. Desde que o professor dissera que a Terra era o foco dos espelhos, ele permanecia com os olhos fixos no degrau sem luz chamado de Terra.

Joe viu que James tentava chegar sozinho a uma conclusão sobre alguma coisa. O professor sabia, como explicou a você, que "*todos encontramos nossas próprias respostas, da nossa própria maneira e no nosso próprio tempo*". Assim, ele decidiu deixar James descobrir sua própria inspiração e continuou falando com a classe sobre vibrações.

— Os de cima podem descer — demonstrou o professor, erguendo seu braço direito e depois deixando que flutuasse a seu lado. — Uma vibração superior pode ir para uma inferior. Mas — e agora a mesma mão agia como uma barreira que impedia a mão esquerda de se erguer — os de baixo não podem subir, a menos que estejam prontos. As vibrações densas e pesadas que vocês sentiram no Abismo simplesmente não se enredam com as vibrações de outras esferas.

Rosa fez uma pergunta, mas tinha medo da resposta.

— Quer dizer que somos todos espíritos vindos do inferno?

O professor respondeu a ela com uma risada e um rolar de olhos:

— Claro que não! — E, sem lhe dar chance de replicar, acrescentou: — Nem mesmo Assan, o homem-bomba.

Assan não estava prestando muita atenção à disputa entre Rosa e Joe (ele e o resto da classe já estavam habituados a isso). Sua atenção estava centrada no oitavo degrau.

— Se aquele degrau é o oposto do Abismo, ele é o céu?

— Existem muitos céus — respondeu o professor, lembrando a

todos o que Jesus disse: — Na casa de meu Pai há muitas moradas. Jesus estava falando sobre os diferentes níveis de vibração. Nosso destino final é o último degrau, o nono — disse, respondendo à pergunta de Assan. — Aquele degrau significa a reunião com o Criador. Mas vocês ficarão felizes em saber — apontando para o oitavo degrau — que ali é onde está Jesus. Em alguns lugares chamam aquele degrau de faixa crística — mas, antes que Rosa pudesse começar com suas hosanas, ele logo acrescentou: — Também é a faixa de Buda, de Maomé e de Moisés. Eles são os mestres de luz para a esfera terrestre. Por meio deles, vocês encontrarão o caminho de casa. Por meio deles, vocês podem se lembrar de quem e do que são. Por meio deles, os portões do céu, do Nirvana, da salvação, ou como quer que chamem, estarão abertos.

Joe afirmou que cada um daqueles mestres de luz trouxe uma mensagem para a Terra, adaptada ao tempo, povo e cultura onde encarnaram.

— Cada um começou onde o outro parou. Esses mestres não vieram para destruir ou competir um com o outro. Eles vieram para mostrar os muitos caminhos levando ao mesmo degrau.

Um único raio de luz dourada, sólido e puro, surgiu atrás do professor.

— Quando Jesus disse "Ninguém vai ao Pai senão por Mim", ele quis dizer que o plano em que ele estava era a etapa final. A união com o Criador só se dá depois que nos despojamos de nossas personalidades e estamos prontos para desistir do resto de nossa individualidade para obedecer ao que disse Cristo: "Vinde a Mim".

O professor olhou para Rosa e confessou que, por vezes, pareceu que ele a estava provocando.

— Mas, acredite, eu não estava. Estava tentando ajudá-la a entender que não são nem a fé nem as palavras que vão levá-la até Jesus: são suas ações e escolhas.

Rosa deu-lhe um raro sorriso, admitindo que estava começando a compreender.

Uma forte luz brilhou atrás de Joe, e a classe viu o feixe dourado se dividir, formando dois feixes igualmente dourados e brilhantes.

— Quando Moisés carregou as tábuas de pedra com os Dez Mandamentos, o Senhor ensinou ao povo como subir os degraus. "Não mentir, não enganar, não roubar nem matar." Quando esses mandamentos se tornam parte do espírito da mesma forma a respiração é parte do corpo físico, estamos no caminho de nossa reunião com Deus.

Mais uma explosão luminosa, e outro feixe dourado toma seu lugar ao lado dos outros dois.

— O profeta Maomé ensinou: "Se você não é capaz de ajudar seu irmão, não lhe faça mal; e, se não puder dar a ele, não tire dele". Em outras palavras, ele falou de uma regra que é repetida em todas as mensagens por milênios e que vem da faixa crística: "Ama o teu próximo como a ti mesmo".

O professor olha para Assan.

— Nem Jesus nem Maomé nos disse para explodirmos a nós mesmos e aos outros. Nem Jesus nem Maomé ordenou que matássemos em seus nomes. São seus opostos que o disseram.

Os três raios de luz dourada agora se transformaram em quatro, separados mas iguais, todos brilhando com a mesma luz.

— Buda ensinou que o caminho para o Nirvana é através do despojamento. Precisamos nos aliviar de nós mesmos na bagagem que trazemos durante nossa jornada espiritual, de simples e ignorantes para simples novamente.

Uma voz tranqüila e pensativa interrompeu o discurso do professor.

— É por isso que é desse jeito.

A voz pertencia a James.

Rosa irritou-se com a intervenção. Juntou os lábios e deixou escapar um chiado repreensivo.

No lado esquerdo, Joshua também estava incomodado. O executivo balançou a cabeça e ralhou com James:

— Fique quieto!

Assan estava prestes a perguntar a seu amigo o que ele quis dizer, quando, pelo canto do olho, viu o professor se aproximando.

— Por que é desse jeito? — o professor, parando diante de James, apropriou-se da pergunta de Assan.

O negro sorriu e murmurou uma única palavra: Terra. Mas, antes que Joe pudesse manifestar qualquer comentário, James disse que precisava fazer uma pergunta.

— Esses espíritos — indicou os degraus mais baixos — sabem que podem progredir? Eles sabem o que você nos ensinou, que, mais cedo ou mais tarde, todos os espíritos vão retornar ao Criador?

O professor reprimiu um sorriso. Ele tinha uma idéia de onde James queria chegar, e não podia estar mais feliz com isso.

— Absolutamente não — disse Joe, categoricamente. — Eles não chegaram ao estágio onde podem começar a entender que há algo melhor. Eles pensam que sua vibração escura e pegajosa é tudo e só o que existe.

James pensou por uns segundos antes de lançar a próxima pergunta:

— Mas os espíritos nas vibrações superiores sabem que nós todos, de uma forma ou de outra, vamos para casa, não sabem?

Joe respondeu apontando a escada. Imediatamente, o sexto degrau acendeu-se em intensa luz verde-esmeralda.

— Esse é o lugar que chamamos de Summerland. É onde estamos agora. A Terra é um reflexo pálido deste plano. Notaram como a grama aqui é mais verde, as flores mais coloridas e o céu mais profundo?

Todos os quatro assentiram, com Joshua observando:

— Sem vento, sem chuva, sem frio, nem neve. Tudo está sempre perfeito aqui.

— É por isso que recebe o nome de Summerland, a terra do verão.

Mas Joe acrescentou que havia mais nesse nome do que o tempo:

— A consciência floresce nesse degrau. Os espíritos começam a ver que há alguma coisa melhor.

Rosa estava impaciente. Ela queria saber o que aquilo tudo tinha a ver com os espelhos.

— Não vou responder à sua pergunta, Rosa. Vou deixar que James responda. Ele sabe a resposta.

Um James bastante surpreso olha para o professor, e depois para Rosa. Ele olha para o alto, para o domo de cristal, em busca de inspiração. Respira fundo e começa a dizer o que lhe veio à cabeça depois que ele viu os raios dourados formando-se atrás do professor.

— Aqueles espíritos — disse, indicando os degraus mais altos da escada — sabem que cada um de nós um dia vai alcançar o estágio da união com Deus. — Ele fez uma pausa e indicou com o olhar os degraus mais baixos: — Mas aqueles ali não sabem. E, se a Terra é o foco daqueles espelhos ou opostos — ergueu o braço, acompanhando o arco da escada —, então a Terra, para as vibrações inferiores, é um campo de batalha. Eles não conhecem nada melhor. Eles pensam que a Terra é tudo e só o que existe, e eles querem controlá-la.

James olhou para Joe para ter certeza de que estava na direção certa. Ele recebeu um sorriso e uma piscadela.

— Como eu dizia, os espíritos dos degraus mais baixos não conhecem nada melhor, mas os dos degraus superiores conhecem. As vibrações superiores estão ao nosso redor, esperando que as alcancemos quando estivermos prontos. Mas as inferiores tentam nos influenciar. É por isso que a Terra parece estar cheia de ódio, revolta e inveja. Não é porque as vibrações inferiores são mais fortes; elas simplesmente são mais visíveis.

James recebe de Joe, que ainda estava parado diante dele, um firme e forte aperto de mão. O professor, orgulhoso e feliz, pede a James que vá em frente:

— Você está fazendo um ótimo trabalho.

— As vibrações mais leves — prosseguiu James, cheio de confiança — compreendem que temos que progredir por nossa própria conta; elas não estão por aí nos oferecendo nada. Mas as inferiores estão tentando nos atrair a cada instante de nossas vidas terrestres, porque não sabem que até mesmo elas, um dia, vão se tornar parte da unidade de Deus.

— Assim como os vendedores de carros usados e os corretores de imóveis — brincou Joshua.

A classe toda riu e, quando as gargalhadas silenciaram, Joe anunciou o fim da aula.

— E é por isso que a Terra é como é — concluiu o professor. — Amanhã, um flagrante da vida real sobre os espelhos.

18

Uma lição da vida: aprisionado pelos espelhos

O professor se senta, os pés balançando a alguns metros do chão, na beirada do palco da vida. Ele está mais do que feliz com seus alunos: eles estão fazendo perguntas, participando e, mais do que tudo, estão começando a pensar.

— *Quem poderia pedir mais do que isso?* — diz Joe a você.

Dirigindo-se aos alunos, ele relembra que está na hora de mais um flagrante da vida real.

— Mas este é diferente. Ele não pertence a nenhum de vocês.

De seu assento na platéia, você ouve Joe adiantar o que será esse flagrante.

— Vamos ver histórias de dois espíritos que, até poucos anos atrás, viviam na Terra. Nenhum deles era mau ou tinha más intenções. É por isso que escolhi essas histórias. A maioria dos espíritos na Terra não é má, e a maioria das pessoas que vive lá não traz o mal em seus corações.

Essa foi a maneira como Joe explicou aos alunos. Mas, com você, ele vai além:

— *Há outras razões para eu ter escolhido essa história. Quero preparar Rosa para a segunda parte do show de William e Mary. E Assan tem que estar pronto para sua escolha.*

Você fica imaginando o que está por vir.

O que o show de William e Mary tinha a ver com Rosa? Até agora, tinha sido sobre Joshua. E para o que Assan tinha que estar preparado?

Você não tinha a menor pista sobre isso, e a única opção era mesmo ficar por ali. Você estava certo de que as respostas iam acabar aparecendo.

— A história que vocês vão ver é verdadeira — anunciou o professor dramaticamente. — Ela começa há mais de vinte anos, na esfera terrestre.

— *Parece até o início de programa policial, não parece?* — brinca Joe com você. — *É porque é mesmo uma história policial.*

Sempre que um flagrante da vida real estava para começar, a atmosfera da sala de aula se modificava, e esta vez não foi uma exceção. A luz que vinha do domo de cristal lentamente se apagou, deixando um feixe solitário de luz branca sobre o palco da vida.

Mas alguma coisa está diferente. Há uma tranqüilidade no ar e total silêncio na sala.

Joe, como sempre, ouviu seus pensamentos.

— *Fique frio. Tudo está sob controle.*

Atrás do professor, que ainda está na beirada do palco da vida, um minuto se passa até que se forme completamente, sob a luz incessante do holofote, a imagem de um homem. Ele tem quarenta e poucos anos, um metro e oitenta de altura, cabelos começando a rarear e um rosto dos mais comuns. Ele é simples, um tipo sem nada de mais, que passaria despercebido por qualquer lugar.

Quando a imagem está completamente formada, suas suspeitas se confirmam: alguma coisa está mesmo diferente. Até agora, Joe havia sido o narrador dos flagrantes da vida real, mas agora esse espírito, falando com uma voz suave, quase frágil, é quem apresenta a si mesmo.

— Eu era conhecido como pastor Bill Hall. Faleci há mais ou menos doze anos.

O espírito hesita por um instante e, com uma melancolia carregada na voz, reflete:

— Parece que foi ontem.

Joe interrompe para informar a classe que aquele espírito teve uma passagem relativamente fácil.

— Ele sabia que ia morrer, porque a morte era parte de seu plano. — E, depois de dar uma piscadela de cumplicidade para Rosa e Assan, o professor comentou: — Mas, como muitos outros, o pastor Hall não encontrou o que esperava.

À esquerda do espírito, um quarto todo de azulejos brancos apareceu. Está totalmente limpo e vazio, exceto por uma maca com lençóis brancos, com suportes especiais para os braços. Os alunos presumiram tratar-se do pronto-socorro de um hospital.

— Esse cara deve ter morrido ali — sussurrou Assan para James, que concordou com um aceno de cabeça.

— Ele morreu — confirmou Joe —, mas esse não é um pronto-socorro.

Nenhum dos alunos tinha a mais remota idéia do que estava vendo. O quarto, com as paredes brancas, piso branco e a maca pareciam ser de um hospital.

— É onde morri, com certeza — disse o pastor —, mas aquilo não é um hospital. É uma sala de execuções. Fui julgado culpado de assassinato e, em alguns minutos, vou ser executado.

Um mal-estar tomou conta da classe. Todos os olhos estão voltados para o palco da vida, onde o espírito, sem nenhuma emoção, declara:

— Eles vão injetar três compostos químicos em minhas veias. O primeiro põe você para dormir, o segundo faz com que os pulmões entrem em colapso e o terceiro faz seu coração parar. Em uns quatro minutos, tudo está acabado.

A classe toda está hipnotizada pelo drama mortal que acontece diante deles, e, embora ainda não saibam, dois deles serão particularmente tocados pela história.

A imagem no palco da vida lentamente se abre, dando à classe uma visão mais ampla do quarto de azulejos brancos.

O pastor conta que viu essa parte de sua última vida muitas e muitas vezes.

— Não liguem para mim. Isso já não me aborrece mais. Prestem atenção no que está acontecendo.

Quando a imagem pára de abrir, a classe pode ver a sala de execuções através de duas janelas de vidros temperados bem grossos separadas entre si por uma parede de concreto pintada de branco.

— No lado esquerdo da parede estão os parentes e amigos do condenado e, à direita, os amigos e parentes da vítima — aponta o professor.

As duas salas estão lotadas.

— Deve ter sido a primeira vez — observa Hall, ironicamente — que os dois lados quiseram ver o prisioneiro ser executado.

O professor adicionou uma explicação à frase de Hall:

— Mas por razões diferentes.

Dentro da câmara da morte, há um burburinho de movimento. A porta de aço se abre. Um paramédico, vestido num uniforme branco, entra por ela.

— Ele está ali para testar o equipamento — reporta Hall secamente. — Não se pode cometer nenhum erro. A morte é um negócio sério.

Alguns minutos se passam.

Orações ecoam no lado esquerdo da parede divisora. Mas não são orações de tristeza ou pesar. Estranhamente, elas soam como orações de alegria e agradecimento.

— Não falei que eles me queriam morto? — interpõe o pastor.

Mais movimentos na câmara.

Um oficial sombrio, num terno preto, anda pela sala e faz uma inspeção visual. Ele dá um aceno rápido e satisfeito ao paramédico. O homem do terno preto assume sua posição na entrada da sala de execuções.

— Aquele é o diretor da prisão. Ele está esperando por mim. Ele sabe que isso não vai ser como nos filmes. Nenhuma ligação telefônica do governador no último minuto, nenhum cancelamento.

As orações transformam-se em hinos, quando Hall, com a cabeça desafiadoramente erguida, é escoltado para dentro da câmara. Os guardas, rápida e eficientemente, acomodam-no na maca, e, antes que qualquer um possa notar, Hall já está devidamente amarrado.

— Eles são muito bem treinados — comenta o espírito. — Não há lugar para emoções. Tudo rápido e impessoal.

Hall pensa sobre o que acabou de dizer e, depois de uma pequena pausa, ele repete as palavras com um sorriso amargo:

— Rápido e impessoal, da mesma forma como matei.

Sem avisos, a cena no palco da vida pára, suspendendo os "atores" no tempo.

A classe vê o pastor Hall preso à maca, olhos voltados para o céu, um sorriso consciente e confiante aberto em seu rosto. Ele está pronto para morrer. Isso é o que ele quer.

— Pensei que estava morrendo por Cristo.

— Enganamos você, não foi? — uma voz invisível ecoou pela classe, respondendo a Hall.

Ao escutar isso, Assan dá um pulo em sua cadeira. Ele já ouviu aquela voz antes, mas não consegue se lembrar de onde foi.

De volta ao centro do palco, o diretor da prisão também está com sua imagem congelada, como numa foto, checando seu relógio de pulso, certificando-se de que tudo está dentro do horário.

— Eu não estava com medo. Deus estava comigo, pensei, e logo eu estaria com ele — contou Hall à classe.

— Aposto que ficou decepcionado — zombou a voz.

Assan e seus colegas de classe procuraram pela sala com os olhos, tentando ver de onde vinha aquela voz.

No palco da vida, os guardas da câmara da morte também estavam aprisionados no tempo: suas faces estão voltadas para o vazio, esperando o veneno fluir para que o turno da noite chegue logo ao fim.

— Eu queria a morte, porque eu sabia que Jesus me encontraria no outro lado. Eu teria minha justa recompensa — recordou o espírito.

— Justa recompensa... justa recompensa... — repetia voz invisível em falsete, como se fosse um papagaio.

Os olhos de Assan arregalam-se de medo e incredulidade. Ele finalmente sabe onde ouviu aquela voz, no passado.

— Vem lá do Abismo — grita. — A voz vem lá de baixo.

O professor sorri e acalma os alunos com um gesto das mãos, pedindo-lhes que não se preocupem.

— Há muito o que aprender. Podemos aprender com o mal. É por isso que ele existe e por isso que o abismo tem permissão para se manifestar. Aquela voz pode ensinar-lhes mais sobre espelhos e opostos do que eu mesmo poderia.

O drama mortal congelado sobre o palco da vida se desfaz no vazio, e uma cena nova e mais alegre toma seu lugar.

Um Hall mais novo, bronzeado e cheio de vida, ri e corre com a esposa e os filhos numa praia ensolarada.

O espírito assiste àquelas imagens do passado e reflete sobre elas.

— Esse foi o dia em que tomei minha decisão, enquanto brincava na praia com meus filhos.

— Éramos nós que estávamos sussurrando em seu ouvido aquele dia — revela a voz do Abismo. — Estivemos falando à sua volta por um longo tempo, desde que você começou a pensar que apenas você tinha as respostas, que você era o dono da verdade. Foi fácil.

O dia ensolarado da praia foi substituído no palco pelas sombras de um anoitecer chuvoso.

Hall está sozinho, num quarto barato de motel, curvado sobre uma frágil mesa, lendo a Bíblia.

— Eu queria ficar sozinho para falar com Deus. Eu estava certo de que Ele me revelaria Sua vontade. Eu havia tomado minha decisão. Estava confiante. Estava aliviado. Em Aos Romanos, 14:23, lê-se: "...e tudo que não é de fé é pecado". Minha decisão veio, pensei, da fé. Estava certo de que não era pecado. Deus seria o pai de minha família. Ele tomaria conta deles, porque o Senhor estava me usando para ajudar seus filhos ainda não nascidos.

— Nós usamos sua fé — proclamou a voz. — Nós falamos ao seu ego. Você achava que tinha todas as respostas. Você achava que seu caminho era o único caminho. Foi fácil.

O professor interrompeu:

— Anjos, demônios e todas as entidades intermediárias fazem sentir sua presença na Terra. O pastor Hall procurava pela luz de Deus, mas sua arrogância e intolerância o deixaram aberto para o outro lado da luz.

O quarto de motel desaparece, enquanto a noite dá lugar à manhã.

Um prédio baixo e rosado aparece. Uma placa na porta diz "Clínica Feminina".

— O Senhor ordenou: "Não matarás". Nós tentamos alertá-lo, mas ele não ouviu.

O pastor Hall balança a cabeça, fecha os olhos, pensativo, e lamenta:

— Nunca me passou pela cabeça que o 'Não matarás' também valia para mim.

Um homem e seu motorista param o carro no estacionamento da clínica.

Os alunos vêem Hall atravessando a rua às pressas. Ele tem um revólver escondido sob a camisa.

Disparos. Sangue escorrendo. Dois corpos jazem encolhidos no pátio. Com a arma ainda nas mãos, sentado próximo aos corpos ensangüentados, o pastor Hall espera pela polícia.

— Eu obedecia à Sua palavra — explicou o espírito. — Achava que Jesus tinha falado comigo, não havia mais volta. Eu tinha que obedecer.

— Você podia ter dito "não" — disse voz, tentando segurar o riso —, mas nós sabíamos que não diria.

— Hall fez o que achou que Jesus queria que ele fizesse — explicou Joe. — Ele moldou, adaptou e usou as palavras de Jesus para que encaixassem em seu próprio modo de pensar. O espírito esqueceu que o Caminho de Luz não traz escuridão e que o Caminho de Luz nunca passa por intolerância, ódio e violência.

Sirenes. Luzes vermelhas e brancas girando. Policiais vestidos em uniformes cinza.

— Eu fiz isso — confessa o pregador enquanto é algemado.

— Nosso Deus é um Deus poderoso. Ele realmente é! — grita, enquanto é empurrado para dentro da viatura.

— Nosso Deus é um Deus poderoso — comenta o professor — porque ele nos permite aprender, refletir e progredir. É um Deus poderoso que sabe que um dia todos os seus filhos retornarão a Ele.

Algumas rápidas mudanças de cena ocorrem no palco da vida.

O pastor é levado para a cadeia.

O julgamento.

Os anos numa cela solitária, esperando pela morte.

E, finalmente, a câmara da morte.

Os compostos químicos haviam terminado seu trabalho.

O pastor Bill Hall repousa sobre a maca, um sorriso nos lábios, morto.

A sala das testemunhas, onde familiares da vítima assistiram à rápida e limpa execução, agora está vazia.

A outra sala, separada pela parede branca de blocos de cimento, ainda lotada de amigos do executado, ferve com orações e hosanas.

— Ele morreu como um mártir de Deus — iria declarar um dos amigos de Hall para uma câmera de TV que aguardava do lado de fora da prisão. — Ele morreu executando uma missão do Senhor.

Enquanto a classe olhava para o corpo morto de Hall sendo levado da câmara de execuções, o espírito lhes confessou:

— Eu matei um médico que fazia abortos, que usava seu dom de curar para matar inocentes que nem sequer haviam nascido.

Um silêncio apreensivo preencheu a sala de aula. Mas o silêncio logo foi rompido por um choro abafado e delicado. Era Rosa.

Assan não tinha a menor idéia do motivo do choro. Poderia ser por ela descobrir que um venerado "homem de Deus" nada mais era do que um assassino, como ele mesmo foi?

James estava certo de que ela estava impressionada com a tragédia que haviam acabado de assistir: primeiro, o frio assassinato do médico e, depois, a execução de seu assassino.

Mas tanto Assan quanto James estavam errados.

Apenas Joe e Joshua, curvando-se na cadeira para segurar a mão de Rosa, sabiam o porquê daquelas lágrimas.

— Agora não. Não é o momento — disse o professor a Joshua, que balançou a cabeça compreensivamente.

Um véu havia sido retirado, mas a classe não teve tempo de ponderar sobre o motivo das lágrimas de sua colega. A atenção de todos foi chamada novamente para o palco da vida, por uma voz grossa e vibrante.

— Eu sou o sujeito que ele assassinou. Sou o médico que ele baleou no estacionamento, há mais de quinze anos.

As palavras vêm de um homem alto e magro, de cinqüenta e poucos anos. O espírito tinha um rosto comprido e enrugado, coberto por fartos cabelos castanhos, salpicados de fios grisalhos.

Joe havia deixado seu lugar na borda do palco da vida para parar entre os dois espíritos. De lá, ele apresentou o Dr. Jim Bowman, ex-proprietário da Clínica Feminina.

— Os dois espíritos se encontraram do lado de cá muitas vezes antes — revelou. — O Dr. Bowman até já encontrou o pastor Hall depois que Hall chegou aqui.

O médico complementou as palavras do professor, dizendo que fazia muito tempo que se desfizera do ódio que sentira por seu assassino.

— Aqui você acaba tendo uma visão diferente da vida — afirmou o médico, com um sorriso. — As coisas que eram importantes para mim na Terra importam muito pouco aqui, e coisas em que nunca pensei agora me fascinam. Acho que tem algo a ver com a paisagem — disse, rindo. — Fica mais claro quando você entende os espelhos.

Bowman deu à classe uma pequena amostra do que fora seu passado.

— Meu pai era um motorista de ônibus que criou cinco filhos da melhor maneira que pôde. Eu sempre quis ser um médico. Mas eu queria ser um tipo diferente de médico. Não queria apenas curar o corpo; queria ser um médico que pudesse reconstruir vidas.

Hall interpôs:

-- Eu também, desde criança, quis ser um ministro de Deus. Queria mostrar às pessoas o caminho da salvação.

O professor, olhando para os dois espíritos em pé ao lado dele, lembrou à classe como ele apresentara aquele flagrante da vida real.

— Como eu disse, nenhum dos dois é mau e nenhum deles tinha más intenções. Cada um começou com o que podemos chamar de "os mais nobres ideais". No entanto, os ideais de ambos os levaram a escolhas desastrosas.

O professor acenou para Bowman, solicitando que ele continuasse com sua história.

O médico explicou como, depois de ganhar várias bolsas de estudo, conseguir empréstimos e aceitar os mais disparatados empregos, ele finalmente conseguiu se formar na faculdade de medicina e começou a praticar num dos hospitais de periferia da cidade de Nova York.

— Vi as chagas da humanidade passarem por aquelas portas. Viciados em drogas, crianças mutiladas moribundas, idosos morrendo por falta de cuidados. Eu vi tudo isso.

— Ele teve a oportunidade de praticar a compaixão — comentou Joe.

— E eu estava feliz. Foi para aquilo que eu havia trabalhado, estudado e me sacrificado tanto — confirmou o espírito.

Ele havia encarnado, como assinalou Joe, para aprender sobre empatia e compaixão. Ele nasceu numa família pobre para que pudesse compreender as dificuldades. Com seu próprio suor e trabalho, ele superou os obstáculos e se tornou um médico.

— Finalmente — resumiu o professor —, ele poderia praticar a compaixão a qual nascera para aprender.

Bowman concordou plenamente com tudo que disse o professor. Mas a amargura podia ser sentida em sua voz quando ele recordou a noite em que se tornou um médico de abortos.

— Uma menina de quinze anos de idade chegou às pressas no pronto-socorro. Ela estava com hemorragia e eu imediatamente soube por quê: um aborto malfeito. Tinha quinze anos, havia feito sexo com um garoto desconhecido e não queria uma criança para compartilhar sua vida miserável. O aborto era ilegal naquela época, então ela foi em algum charlatão de fundo de quintal, que enfiou um cabide em seu útero. Ela estava sobre a maca, morrendo porque a sociedade era muito hipócrita para encarar os fatos da vida.

Daquele momento em diante, relatou o médico, ele se uniu à batalha pela legalização do aborto em seu país e, quando isso foi conseguido, ele abriu uma clínica de abortos.

— Era onde eu podia tratar o corpo e a pessoa.

— Um evento se impôs em seu caminho — observou o professor —, e o espírito fez uma escolha.

— Os médicos pensam que são deuses — gargalhou a voz, que os alunos erradamente achavam que tinha ido embora. — Ele foi quase tão fácil quanto o reverendo.

— Hoje eu sei que estava errado — admitiu o médico.

— Assim como eu — incluiu-se o pastor.

— Os dois espíritos, à sua própria maneira, foram pretensiosos e bancaram deuses. Eles julgaram, decidiram e agiram — apontou Joe.

— E nós fomos atraídos por seus egos — disse a voz. — Suas vibrações se afinaram com as nossas.

— Ei, espere um minuto! Há uma coisa errada aqui...

Era Assan. Ele via o mundo de maneira simples, preto no branco.

— Como podem os dois estar errados? Vocês são opostos; um tem que estar certo.

O médico sorriu.

O pastor encolheu os ombros.

Eles deixaram que o professor desse a resposta que eles tinham aprendido havia muito tempo.

— Os dois foram pegos pelos espelhos da escolha. Por um lado, você tem um espírito — o professor volta-se para Hall e então olha para Rosa — que viveu tentando servir seu Senhor, Jesus Cristo.

O pastor respirou fundo.

— Eu queria ser um cristão perfeito. Eu lia a Bíblia e vivia estritamente sob o que eu pensava que ela dizia. O único problema foi que me tornei um péssimo ser humano. Eu acreditava que apenas aqueles que pensavam como eu estavam certos e só aqueles que agiam como eu é que eram santos. Passei a crer que eu era um instrumento da justiça de Deus — disse, balançando a cabeça, resignado. — Como fui tolo, pomposo e arrogante!

Rosa Maria, já sem lágrimas nos olhos, sorriu para o pastor e fez-lhe uma reverência, compreensiva.

— E de outro lado — o professor, com um gesto, indicou o médico — temos um espírito que desejava servir à humanidade.

— Eu também achava que estava certo e que todo mundo estava errado. Eu também acreditava que tinha o monopólio da virtude, compaixão e retidão — afirmou Bowman.

— Os dois — resumiu o professor — foram pegos pelos espelhos. Somente na Terra o amor de Deus pode levar ao assassinato. Só mesmo na Terra a compaixão pode trazer a morte.

James ergueu a mão. Ele não via o que os "planos de espelhos" da existência tinham a ver com aquilo. Mas foi Hall, e não o professor, que respondeu à pergunta.

— É bem simples. Assim que fiz minha passagem, comecei a ver que havia mais na vida do que eu imaginava.

— Amém! — concordou o médico, rindo.

Hall olhou pela sala, para os alunos. Ele estava buscando as palavras no fundo de sua alma, para conseguir responder às dúvidas da classe.

— Achei que estava numa missão de Deus. Eu queria levar as pessoas a uma vida mais religiosa e espiritual. Mas — o pastor agora fazia uma pergunta à classe — quem somos nós para querer que os outros façam qualquer coisa?

Hall deixou a pergunta flutuando no ar por alguns instantes, antes de respondê-la.

— Eu me deixei ser influenciado pelos opostos, ou, como diz seu professor, pelos espelhos da religião e da espiritualidade. Eu me tornei um ser humano intolerante, fanático e inflexível, que considerava malignos todos aqueles que não acreditavam no mesmo que eu. Matei em nome de Deus, e que eu seja perdoado por tamanha arrogância.

— Não falei que nós o sugamos pelo seu orgulho e ego? Esse cara pensava que sabia o que era melhor para todo mundo — gritou a voz.

Bowman, que ouviu cuidadosamente a explicação do pastor, admitiu que nunca se ligou muito em religião e nunca sequer pensou na morte.

— Eu imaginava que teria que lidar com o inevitável quando o inevitável viesse, já que não haveria muito o que fazer. Eu queria aliviar o sofrimento, mas usei minhas habilidades para abortar vidas humanas. Eu não tinha idéia das conseqüências de minhas ações e, para ser honesto, eu nem ligava, porque nunca me preocupei com nada além de mim mesmo e do mundo em que eu vivia.

— Pegamos os dois do mesmo jeito. O outro pensava que era um instrumento de Deus; este aqui pensava que era Deus — zombou a voz, acrescentando: — O orgulho sempre terá esse tipo de resultado.

O professor sabia que estava na hora de apresentar as conclusões daquela aula.

— Amor e compaixão são opostos. Um desses espíritos queria desesperadamente pregar as palavras do amor. Mas essas palavras se transformaram em ódio. São os espelhos em ação: um plano enviando vibrações de amor, o outro de ódio.

O pastor Hall, parado ao lado de Joe, declarou que o professor estava absolutamente certo.

— Deus nunca falou comigo, porque Deus jamais ordenaria a violência. Qualquer um que pregue o ódio em nome de Deus é um impostor e vai ter que enfrentar as conseqüências de suas mentiras.

Com um aceno de cabeça, Rosa e Assan denotaram concordância, e, quando eles se viraram para o pastor, havia mais do que compaixão em seus olhos; havia compreensão.

— O outro espírito tornou-se um médico para "curar não apenas o corpo, mas vidas". E acabou não fazendo nem uma coisa nem outra — concluiu o professor.

Mas Assan não estava satisfeito e insistiu na resposta à sua pergunta: como é que os dois podiam estar errados?

Joe afastou-se dos dois espíritos sobre o palco da vida e andou até seu lugar no meio do semicírculo.

— Vou começar com Bowman. O médico abortava vidas. Ele interferiu com o carma. Vocês viram como, espiritualmente, escolhemos nossos pais, nossas famílias e nosso passado antes de nascermos. A vida na Terra é uma oportunidade para aprender; é para isso que a Terra existe. O médico estava bloqueando o caminho para essa oportunidade. Ele interferiu na chance que um espírito teria de aprender.

O professor olhou para o pastor Hall e disse para Assan:

— E o pastor estava errado não apenas por ter tirado uma vida, mas também por querer impor suas crenças a outras pessoas. Além disso, ele quis acabar com as escolhas. Nem mesmo Deus faz isso. Ele permite a escolha porque é com ela que aprendemos. Ele até deixa que o mal exista, porque o mal é uma escolha.

Rosa absorvia cada palavra do professor. Essa aula, mais do que qualquer outra, não apenas atraiu seu interesse, mas também a tocou no fundo da alma.

Joe relembrou à classe que havia muitos na Terra que não viam nada de mais no aborto.

— Para eles, é simplesmente uma questão de escolha. Eles precisam reconhecer, por si mesmos, as conseqüências de seus atos. Isso significa evoluir.

James levantou uma questão que estava em sua cabeça desde que a classe ouviu pela primeira vez a voz vinda do Abismo.

— Como apenas a voz do Abismo está aqui? Onde está seu espelho? Por que não está por aqui também?

Joe nem se incomodou em responder. Ele deixou que outra voz falasse por ele.

— Estamos aqui. Estamos sempre por perto. Tudo que você tem que fazer é procurar por nós. Não gritamos nem tentamos mudar suas decisões. Isso não é certo. Sabemos que você tem que fazer tudo por sua própria conta. Estamos aqui para inspirar e guiar. Somos o suave sussurro da luz, não o estrondo dos tambores em seus ouvidos.

Todos na sala, incluindo o médico e o pastor, fecharam os olhos, pensativos. Todos, exceto Rosa. Ela simplesmente ficou sentada em sua cadeira, olhando para o palco da vida.

— *Chegou a vez dela. Seus véus foram erguidos* — sussurra o professor em seu ouvido.

19

Uma lição da vida: o show de William e Mary – Parte 2

As imagens do Dr. Bowman e do pastor Hall mal tinham desaparecido quando uma nova se materializou no palco da vida. Era Joshua como William, trabalhando na sala de expedição das Indústrias Eaton.

— A última vez que vimos William foi no escritório de seu tio. Ele conseguiu um emprego e o que pode ser chamado de seis meses de período de experiência — recapitulou Joe, marcando o início da prometida segunda parte do show de William e Mary.

— *Rosa está pronta. Joshua está pronto. Estamos chegando ao clímax da história* — avisa-lhe o professor.

— É, eu me lembro — disse Assan. — O velho meteu a mão na herança, pôs o cara para trabalhar num serviço qualquer, disse a ele que ficasse de boca fechada e em seis meses eles voltariam a conversar, se William provasse — e, imitando o sotaque britânico de Sir Walter — ser um legítimo Eaton.

A classe riu. Até Joshua, que esteve emburrado em sua cadeira durante toda a primeira parte do show de William e Mary, divertiu-se com a imitação da afetação de seu tio. Mas Joshua sabia que haveria mais amargura e sofrimento pela frente.

No palco da vida, a classe assistia ao jovem William trabalhar zelosamente na tecelagem, tentando ansiosamente provar que era um "legítimo Eaton" e desejando desesperamente poder adentrar o seleto círculo de riqueza, prestígio e poder que parecia tão perto e tão longe dele ao mesmo tempo.

— Eu me matei de tanto trabalhar — recordou Joshua. — Dei sugestões ao meu supervisor sobre como fazer as coisas funcionarem melhor. Aquilo era uma bagunça. Algumas de minhas idéias economizaram uma fortuna para meu tio.

O professor informou que Sir Walter ficou de olho no progresso do sobrinho, acompanhando de perto seu comportamento, sua conduta e suas atitudes.

— Todos os relatórios foram positivos e, quase no fim do prazo de seis meses, Sir Walter estava pronto para estender, ao menos parcialmente, a mão que havia negado quando William veio bater à sua porta.

Joshua resmungou.

— Mas — relatou o professor — havia uma coisa que nunca foi incluída nos relatórios semanais sobre William. Apesar de seus guardas, supervisores, espiões, detetives e até os serviços particulares da polícia local, Sir Walter não sabia que William havia arrumado uma namorada.

Seu nome era Mary. Ela era uma garota do interior, que trabalhava de faxineira no complexo industrial Eaton.

Eles se conheceram na pensão onde ela e William moravam. Quando Mary perdeu os pais, um ano antes, ela deixou a pequena cidade e também os rapazes do interior que ela imaginava que estavam destinados a ser seu futuro. O destino levou-a às Indústrias Eaton, onde ela era uma jovem solitária e um tanto assustada, tentando encontrar seu lugar num mundo que ela mal conhecia.

Mas, assim como William, Mary tinha sonhos.

A menina simples queria um lar, uma família e um marido com um emprego estável. Ela achava que o rapaz que ela conhecia como William Peyton era o começo da realização desse sonho. Ela se apaixonou.

As ambições de William, porém, eram alimentadas pela mansão por trás dos portões de ferro: riqueza, posição social, privilégios e poder. Mas William estava sozinho, um estrangeiro numa terra desconhecida. Ele encontrou conforto e companheirismo em Mary. Ele se apaixonou por ela. Lutou contra seus sentimentos, contra aquele amor: ela não era a mulher sensual, sofisticada e maravilhosa com que ele sempre sonhara.

Mas, naquele momento, seus sonhos estavam aprisionados por cercas de aço, e suas ambições confinadas numa monótona sala de expedição.

O inevitável aconteceu. Mary deixou-se levar por seus sonhos e William deixou-se levar por seu coração.

Um romance secreto florescia tarde da noite nos limites da pensão. Eles descobriram um ao outro em meio à própria solidão. Eles se ajudaram e se confortaram um ao outro no ambiente hostil em que viviam. A garota que queria a simplicidade da rotina diária e o rapaz que ansiava por mais, juntos, preenchiam o vazio um do outro.

O inevitável aconteceu.

O palco da vida levou a classe de volta ao escritório particular de Sir Walter Eaton. Novamente, eles vêem William sentado nervosamente na sala de espera, de frente para o rosto severo e sem emoções da secretária do tio.

— Os seis meses se passaram — explicou Joshua. — Como prometido, ele mandou me chamar. Cumpri minha parte do acordo: trabalhei duro, fiquei fora de encrencas, nunca revelei minha identidade para ninguém. — E, olhando em volta pela sala, acrescentou: — Nem mesmo para Mary.

— E agora — observa o professor — você está de volta aonde esteve seis meses antes. Esperando sua "justa recompensa". Você se senta esperando que as chaves do império Eaton sejam colocadas em suas mãos: as chaves da riqueza, da posição social, do poder.

— Pode apostar — retorquiu Joshua. — Era tudo meu, para começar. Meu pai era um Eaton assim como ele. Sir Walter tinha passado a perna nele e agora tentava fazer a mesma coisa comigo.

A classe concordou silenciosamente. Entretanto, Assan, que não sabia se conter, foi além em seus pensamentos:

— Aposto que aprendeu a ser um executivo sangue-frio com esse seu tio. Vocês dois têm muito em comum.

O executivo ficou perplexo com a afirmação, mas sabia que Assan estava certo. Ele percebeu, assistindo àquele flagrante de uma de suas muitas encarnações, que ele secretamente respeitava o tio e copiou muitos dos gestos e maneirismos de Sir Walter em sua última encarnação.

— Acho que sim — foi sua resposta curta e grossa, ao que Assan replicou com uma piscadela.

Joe não queria que aquele flagrante da vida real se transformasse numa discussão sobre o relacionamento entre Sir Walter, William e o pai de William.

— *Isso é carma familiar e um dia, mais cedo ou mais tarde, vai se ajustar* — disse o professor a você. — *Há outra lição aqui. Tem a ver com o propósito desta escola: aprender para desaprender. Assan está certo: Joshua aprendeu com Sir Walter a ser um espírito centrado em si mesmo e egoísta. E essa é uma coisa que Joshua vai ter que desaprender se quiser evoluir. Essa é uma das razões pela qual ele está aqui.*

— Mas, sentado numa poltrona de couro, aquecido por uma lareira, você não reconheceu o inevitável, nem mesmo depois que o inevitável aconteceu, não foi? — perguntou o professor, desviando a atenção de Joshua e Sir Walter para onde ele queria.

Joshua balançou a cabeça:

— Não, ainda.

Suave e timidamente, como se tivesse medo de ser ouvido, um sussurro flutuou pela sala, pousando com a força de uma bomba atômica.

— Nem eu.

Assan e James ficaram de boca aberta: eles estavam chocados.

O explosivo sussurro veio de Rosa. Ao contrário de Joshua e Joe, os outros dois não tinham a menor idéia de que a puritana e empertigada Rosa havia sido Mary.

Joshua e Rosa tinham sido amantes.

— A coisa está ficando complicada — riu Assan, depois de se recuperar da surpresa.

James, olhando para Joshua, que segurava a mão de Rosa, só pôde girar os olhos nas órbitas e balançar a cabeça.

— Nenhum de vocês está aqui por acaso. Há muito mais para ser revelado — comentou o professor.

Mas, antes que a classe tivesse ao menos a chance de refletir nas palavras de Joe, eles ouviram a secretária anunciar:

— Sir Walter o espera em sua sala agora.

A porta escura de mogno que dava para o escritório de Sir Walter abriu-se.

— Meu coração batia mais depressa a cada passo que eu dava. Eu não sabia o que esperar. Talvez ele fosse me pegar pelas orelhas e me jogar para fora de lá, me expulsar de volta para a França — narrou Joshua, enquanto a classe via William andando para o meio da enorme sala onde Sir Walter esperava atrás de sua mesa.

Sem erguer os olhos de um amontoado de papéis que lia sobre sua escrivaninha, o tio gesticulou para que o sobrinho se sentasse.

Havia um silêncio desconfortável, enquanto Sir Walter continuava folheando os papéis em sua mesa.

— Estava na cara que o velho já tinha lido e relido aquelas páginas. Eram sobre mim. Ele estava fazendo cena. Minha única preocupação era se ele sabia sobre Mary — recordou Joshua.

Sir Walter limpou a garganta e pela primeira vez olhou para William, o olhar passando por cima de seus óculos de leitura em meia-lua.

— Nem imaginava o que ele estava pensando. Não dava para adivinhar nada pelo jeito que ele me encarava — lembrou Joshua.

O tio colocou de lado o bloco de papéis. Ele estava pronto para começar. O que parecia ser início de um sorriso se formou nos lábios de Sir Walter.

— Devo admitir — começou com certa má vontade — que estou surpreso. Não esperava por isso.

O velho Eaton confessou que não ficara impressionado com William em seu primeiro encontro com o sobrinho.

— Não achei, da primeira vez que o vi, que era realmente um de nós. Seu pai, afinal, foi um artista meio maluco. Ele nunca deu a mínima para a família ou para os negócios.

Mas o relatório que estava em frente a ele dizia que William era, na verdade, feito na mesma fôrma que Sir Walter.

— Você trabalhou duro. Você se aplicou. Meu pessoal me falou — o tio limpou a garganta, como se estivesse tendo problemas para fazer as palavras saírem — que você faz bem mais do que exige sua função. Você fez algumas mudanças no modo como trabalhamos. Aqui diz — bateu de leve sobre o relatório — que você nos economizou tempo e dinheiro com suas idéias.

William endireitou-se na cadeira e conteve um sorriso. Seu rosto não demonstrava nenhuma emoção. Ele estava aprendendo.

O tio ergueu uma sobrancelha e sua mão buscou uma gaveta de sua escrivaninha, de onde retirou um pequeno envelope branco.

— Uma amostra de nossa gratidão — murmurou Sir Walter, empurrando o pequeno pacote sobre a mesa, na direção de William.

— Eu me lembro de apanhar o envelope e ficar imaginando o que era aquilo: um pequeno bônus para comprar um sobrinho indesejado — comentou Joshua.

William começou a se levantar, mas Sir Walter impacientemente gesticulou para que voltasse a sentar-se.

— Há mais uma coisa.

— Pronto! De volta para a França — Joshua lembrou de ter pensado.

— Está na hora de conhecer seus primos. Falei de você para eles, eles sabem quem você é. Eu, isto é, a família gostaria de ter você para o jantar, em casa, na sexta à noite. Esteja lá às oito.

O tio levantou-se e estendeu pela primeira vez a mão para o filho de seu irmão. William ergueu-se e apertou firmemente a mão que lhe fora oferecida.

— A propósito — disse Sir Walter —, continue a usar a identidade de Peyton, pelo menos até sexta-feira.

— Pelo menos até sexta-feira — Joshua, mais de cem anos depois, repetiu as palavras de Sir Walter. — Sexta-feira seria o dia do exame final.

William saiu da sala de Sir Walter como se estivesse flutuando. Em seu posto, na sala de expedição, ele nem conseguia se lembrar de como chegara ali. O jovem estava eufórico. O sonho estava perto de se realizar, os portões da mansão de tijolos vermelhos estavam se abrindo.

— É, bom para ele — considerou James. — Mas, e quanto a Mary?

O professor apontou para o palco, onde a cena mudava de William para Mary.

A jovem de dezenove anos estava em sua cama, na pensão. Ela tinha saído mais cedo do trabalho, dizendo a seu supervisor que se sentia um pouco indisposta.

Sua menstruação estava quinze dias atrasada e ela estava tendo enjôos terríveis. Naquela manhã, teve problemas em manter o café dentro do estômago.

— Ela está grávida, não está? — perguntou Assan, já sabendo qual seria a resposta.

Mas não foi o professor nem Joshua quem confirmou seu palpite.

— Sim, eu estava. Eu não tinha certeza naquele momento, mas já tinha minhas suspeitas — declarou Rosa. — Porém eu me lembro de estar feliz. Era o filho de William. Era o começo da realização de meu sonho.

— Dois sonhos que começavam a se realizar naquele dia — resumiu o professor. — O de Mary e o de William.

O palco da vida voltou a mostrar William, trabalhando até mais tarde na sala de expedição.

— Minha cabeça estava a mil. "Pelo menos até sexta-feira" era uma frase que se repetia em minha mente. Sexta-feira eu iria encontrar a família. Se tudo desse certo, eu poderia ser parte dela já no sábado — contou Joshua à classe.

Os dias, de segunda a sexta-feira, desfilaram diante dos olhos de William. Ele saiu da fábrica tarde, naquela noite, sabendo que

Mary, que levantava cedo pela manhã para seu trabalho de faxineira, estaria dormindo. Ele tinha que pensar no que fazer com ela. Ele sabia que ela não combinaria com a nova vida que ele estava planejando para seu futuro.

— Pensei que, quando me tornasse oficialmente um Eaton, eu poderia dispensá-la, dar-lhe algum dinheiro e pedir-lhe que deixasse a cidade. Era a coisa mais decente a fazer — admitiu Joshua. — Ela nunca se adaptaria. Ela nunca seria aceita.

— Você vai fazer com ela o que pensou que seu tio ia fazer com você: livrar-se do incômodo — provocou Assan. — Você aprende rápido.

— Correto — suspirou Joshua. — E o pior de tudo é que eu sabia que a amava.

— Mas você não sabia que ela estava grávida de um filho seu — atenuou James.

Joshua balançou a cabeça.

— Ainda não.

— Teria feito alguma diferença? — cutucou Assan.

Antes que Joshua pudesse responder, o professor veio em seu socorro, pedindo à classe que deixasse a história falar por si mesma.

O palco da vida agora mostrava duas imagens. Uma de Mary e outra de William.

Finalmente, chegou sexta-feira.

William aparece mais uma vez tocando a campainha na frente dos portões de ferro do Solar Eaton. Parte do dinheiro que recebera do tio ele gastou num terno novo, além de uma camisa e sapatos.

Mary estava sozinha em seu quarto. Uma amiga enfermeira havia confirmado suas suspeitas: ela estava grávida.

Os portões da mansão Eaton abriram-se para William. O mesmo empregado que o dispensou rudemente seis meses antes providenciou uma carruagem para levá-lo até as portas da mansão de tijolos vermelhos.

Em seu pequeno e abafado quarto na pensão, Mary lia e relia o recado que William deixara para ela:

Desculpe-me não poder ter ido vê-la esta semana. Estive muito ocupado no trabalho e hoje à noite tenho um compromisso muito importante. A gente se vê amanhã.

Quando a carruagem chega, outro servo abre as portas da mansão. William entra. Era ainda mais luxuosa do que em seus sonhos. Tapetes persas, sofás e poltronas de couro, pisos e colunas de mármore, brilhantes candelabros de cristal, lampiões de gás iluminando e aquecendo a noite. Ele descobriria mais tarde que aquilo era só o saguão. Aquele ambiente era a entrada de ainda mais grandiosidade e opulência além de suas portas.

De volta à pensão, Mary lê e relê o recado seco e lacônico de William. A chama no lampião de querosene fraqueja, assim como seus sonhos de uma vida com William.

— Ele tem outra — a garota insegura não pára de repetir. — Mas ele vai ter que casar comigo — diz ela a si mesma. — Estou carregando um filho dele.

Um mordomo uniformizado acompanha William do saguão até a biblioteca. Sentados entre estantes repletas de livros do chão até o teto, estavam os Eatons. Sir Walter, mão estendida, andou até ele e pegou-o pelo braço para apresentá-lo a cada um da família.

Mary mal sabe ler e escrever. Seu vocabulário é limitado. Curvada sobre uma frágil escrivaninha de madeira gasta e arranhada, ela se esforça para escrever uma carta para William.

— Vou enfiá-la por baixo da porta de seu quarto esta noite. Ele vai vê-la assim que chegar.

William encontra os primos, os dois jovens que ele viu passando de carruagem pelos portões do Solar Eaton seis meses antes.

Alfred, alto, de cabelos negros, tinha vinte anos de idade e o mesmo nome que o avô. O aperto de mão é firme, mas seus olhos são cautelosos. Alfred especula se o primo pode ser um rival nos negócios que ele estava destinado a comandar.

Em seguida, William é apresentado a Walter Junior, uma versão mais baixa de Alfred, de dezenove anos. Ele também avalia o recém-descoberto primo, tentando imaginar como esse estranho iria se encaixar na hierarquia Eaton.

Finalmente, William é apresentado à esposa de Sir Walter: Helena, uma mulher deselegante, desesperadamente tentando esconder o rosto inchado e envelhecido sob inúmeras camadas de maquiagem.

— Que família! — resmungou Assan. — Mais parece um ninho de cobras.

Querido Billy — a caligrafia de Mary na carta que escrevia parecia-se com os garranchos de uma criança nos primeiros dias da escola. — *Eu o amo muito. Você tem que acreditar em mim.*

William é convidado a sentar-se. Helena, a esposa, começa um interrogatório, querendo saber sobre sua família. William decide não desmerecer o pai. Afinal, ele também era um Eaton.

— Meu pai era um artista. Suas paixões eram a poesia e a pintura. Ele não tinha nenhuma ambição além disso. Ele me disse que, como nunca se importou com os negócios da família, seria uma desonra pegar qualquer centavo do dinheiro de seu pai.

William notou um retrato em tamanho natural de seu avô Alfred Eaton pendurado numa das paredes da biblioteca. Aquilo o inspirou. Enquanto olhava para o retrato, ele finalizou sua resposta com um floreado:

— Meu pai sempre me dizia: "A honra é tudo para um Eaton".

William estava mentindo descaradamente. Seu pai nunca lhe disse nada parecido com aquilo. Mas a lorota obteve o efeito desejado: Sir Walter solenemente curvou a cabeça, concordando.

— O que meu pai realmente me disse foi que a família era um bando de corsários que só pensavam em dinheiro e que ele nunca quis nada com eles — relembrou Joshua.

De volta à pensão, o palco da vida tornou a mostrar Mary, lidando com sua carta para William.

> *Sei que você me ama* — emoções inocentes fluíam do lápis de Mary. — *Sinto isso em seu toque e vejo em seus olhos. Fomos feitos um para o outro. Você veio da França para me encontrar aqui.*

Rosa conteve o choro ao mesmo tempo em que apertava ainda

mais a mão de Joshua. Todas as lembranças daquela encarnação começaram a voltar. Ela sabia como aquilo ia acabar.

Enquanto Mary lutava com suas emoções em seu minúsculo quarto, o interrogatório de William continuava agora sob a luz trêmula dos candelabros da enorme sala de jantar dos Eatons. A conversa decorria de forma correta e educada, mas o objetivo era descobrir com exatidão o que queria aquele estranho que tinha o mesmo sobrenome que a rica família. Sir Walter estava calado, deixando que as perguntas fossem feitas pela mulher e pelos filhos. Ocasionalmente, ele podia erguer uma sobrancelha ou fazer um comentário, mas na maior parte do tempo ele se recostava na cadeira e observava as reações do sobrinho.

— Eu sabia o que eles estavam fazendo, e eu estava preparado para aquilo. Meu pai me contara como a fortuna da família tinha sido construída com trapaças, mentiras e vigarices. Ele me disse que seu pai, Alfred, enganou seu melhor amigo num negócio que mais tarde viria a se tornar as Indústrias Eaton. Então, eu entrei no jogo deles: menti e sorri como um deles — confessou Joshua. — Foi até divertido.

— E por que você veio para cá? — a pergunta era de seu primo Alfred.

William deu a resposta que havia ensaiado diversas vezes em frente ao espelho de seu quarto na pensão.

— Eu não dava a mínima para as artes, como meu pai. Não consigo desenhar uma linha reta nem usando régua! — brincou, mas ninguém na sala de jantar riu.

Sem pestanejar, William prosseguiu. Ele sabia que aquilo não seria fácil.

— Durante a infância e a adolescência, eu nunca ouvi falar das Indústrias Eaton e do império construído pela família. Meu pai raramente falava de vocês. Apenas a poucos dias de sua morte ele começou a contar de seu lar aqui na Inglaterra.

O silêncio continuava. Todos os ouvidos estavam sintonizados em cada uma das palavras de William.

— Para ser honesto, eu queria conhecê-los. Nunca fui muito

ligado a meu pai. Ele era um bom homem, mas nós nunca tivemos muito em comum. Foi por isso que vim. Eu queria uma chance de aprender e me colocar à prova. Acho que tenho mais em comum com este lado da família.

Mary continuava a colocar seus sentimentos por William no papel em frente a ela.

> *Nós dois temos nossos sonhos. Você é parte do meu, Billy. E agora tenho certeza de que fomos feitos um para o outro. Estou grávida. Vamos ter um bebê. Não é maravilhoso?*

Rosa desviou o rosto do palco da vida e olhou para Joshua.

— Eu realmente achava aquilo maravilhoso — confessou.

Ele não lhe retornou o olhar, apenas suspirou e olhou para o professor. Não havia nada a ser dito.

O jantar estava terminando. A Sra. Eaton, que havia bebido uns copos de vinho a mais, pediu licença e saiu da mesa, deixando ali apenas os homens, que foram para a biblioteca.

— Era lá que meu destino seria decidido — explicou Joshua com mais do que um simples toque de sarcasmo. — A biblioteca era o santuário onde os Eatons tomavam suas grandes decisões.

> *Eu sei que seremos felizes juntos* — proclamavam os garranchos de Mary —, *você, eu e o bebê. É tudo que eu mais quero desde que encontrei você. Você se preocupa demais com dinheiro. Não precisa. Podemos ser felizes em qualquer lugar.*

Os homens da família Eaton agruparam-se ao redor do calor das labaredas da chama que crepitava na lareira de mármore.

Sir Walter tinha afrouxado a gravata e tirado o paletó. Assim também fizeram seus dois filhos. Os três Eatons sentaram-se juntos num enorme sofá. William, que ainda não era bem um Eaton, sentou exatamente em frente a eles, sozinho em outro sofá tão grande quanto o primeiro. Ele decidiu não afrouxar a gravata nem tirar o paletó.

— William — começou o mais velho dos Eatons —, você impressionou muito meu gerente geral e a mim mesmo.

Os dois irmãos concordaram, com um aceno de cabeça. Apesar de não estarem muito contentes de ter mais um Eaton na fábrica, os dois tinham lido os relatórios. Eles deixariam para lidar com essa rivalidade em potencial mais tarde. Agora, eles ficariam do lado do pai. Os dois irmãos aprenderam, há muito tempo, que essa era sempre a melhor política.

— Em duas semanas, vamos dar uma festa aqui no solar. Você está convidado. Vamos apresentá-lo a nossos amigos — declarou o tio —, não como William Peyton, mas como William Eaton, o filho de meu irmão.

— Eu estava dentro! Consegui! — Joshua relatou aos colegas de classe.

Sir Walter falava devagar e calmamente sobre como essa seria uma data importante na vida de William. Ele seria apresentado à sociedade.

— Quase como uma debutante — chacoteou Walter, seu primo mais novo.

O tio disse a William que ele se mudaria para um dos muitos quartos de hóspedes da mansão na terça-feira.

— Até lá, terá alguns dias para acertar sua vida e um tempo para se preparar para o grande dia. Alfred vai cuidar para que você tenha roupas e tudo o mais. Ele vai deixar você por dentro de quem é quem na festa. Mas fique fora de encrencas, mantenha-se na linha. Esta família tem uma posição proeminente nesta comunidade. Somos muito respeitados. Nem a sombra de um escândalo jamais manchou nosso nome.

William assentiu. Ele faria o melhor possível para honrar a imagem dos Eatons.

Em frente à luz fraca do lampião cheirando a querosene, Mary terminava sua carta para William.

Estou tão feliz, Billy, por me tornar sua esposa. Prometo fazê-lo feliz por todos os dias de sua vida.

Com amor,

Mary

A viagem de William de volta para a cidade, numa carruagem dos Eatons, era como se ele estivesse sobre um tapete voador. Tudo era mágico, tudo era perfeito.

Ele subiu aos saltos os degraus mal conservados da escada que levava à pensão.

— Enfim vou sair deste pulgueiro — cantarolou em voz alta enquanto girava a chave da porta da frente.

Uma vez lá dentro, ele teve que se controlar enquanto subia as escadas estreitas até seu quarto.

— Eu não queria acordar ninguém, muito menos Mary — observou Joshua. — Eu tinha muita coisa para pensar.

— É, rapaz, você não tinha nem idéia de quanto ia ter para pensar — gracejou Assan.

Joshua respondeu ao sorriso do adolescente com um silêncio tumular.

O quarto de William ficava um andar acima do de Mary. Eles tinham combinado um sinal. Se ela pendurasse uma toalha na maçaneta de sua porta, era como um convite para que ele entrasse.

Ele viu a toalha na porta e ignorou-a, subindo na ponta dos pés mais um lance de escadas, deixando Mary cada vez mais longe.

— Achei melhor falar com ela mais tarde. Eu precisava de tempo para imaginar o que iria lhe dizer.

Chegando a seu quarto, ao girar a chave e abrir a fechadura frouxa da porta, William notou um envelope branco e comprido introduzido entre a porta e o batente. O envelope caiu no chão quando a porta se abriu, obrigando William a curvar-se e recolhê-lo.

Não havia nenhum nome no envelope, mas ele sabia que era para ele.

E ele sabia de quem era.

Quando ele chegou na parte em que dizia

> *P.S.: Esqueci de mandar abraços e beijos. Durma bem, sonhe comigo. Eu o amo muito.*

suas mãos estavam tremendo.

William deixou a carta escorregar das mãos. Ela caiu, flutuando levemente até o solo. O quarto parecia ter encolhido, sua respiração ficou difícil e pesada. Ele viu os portões do Solar Eaton fechando-se em sua cara, seu tio e primos rindo do lado de dentro.

Ele se esforçava para respirar. O quarto frio e apertado parecia sufocá-lo.

Sua cabeça girava, o quarto também.

Ele se viu levando uma vida miserável, trabalhando numa fábrica sem cor, voltando para casa numa rotina sem cor, numa vida miserável.

Ele estava encurralado. Não havia saída.

Sua cabeça girava. Ele tinha que achar uma saída.

Ele teve uma amostra do mundo dos Eatons. Ele não ia desistir de tudo aquilo.

— Tem que haver uma maneira — repetia ele sem parar, falando sozinho. — Tem que haver uma maneira.

20

Uma lição da vida: o show de William e Mary – Parte 3

A classe assistia a William debater-se no pequeno quarto da pensão.

Os olhos dele corriam febrilmente de uma parede para outra, como um coelho aprisionado procurando, desesperadamente, um jeito de escapar.

Sua mente cambaleava como se ele estivesse no meio de uma luta de boxe, com imagens dando golpes contra sua consciência.

O mundo dos Eatons: onde um dia ele poderia ser um príncipe.

O mundo de Mary: onde ele jamais seria nada além de um operário velho e cansado.

O mundo dos Eatons: promessa de *glamour*, respeito, dinheiro e privilégios.

O mundo de Mary: condenação à pobreza, ao trabalho penoso e ao fracasso.

Ele lia e relia a carta dela.

> *Sei que você me ama. Sinto isso em seu toque e vejo em seus olhos. Fomos feitos um para o outro. Você veio da França para me encontrar aqui.*

— Eu a amava — confessou Joshua a Rosa. — Eu a amava de verdade.

— Eu a amo — dizia William em voz alta, no palco da vida —, mas a família nunca vai aceitá-la. E, se você não for aceita, eu também não serei.

Rosa enxugou uma lágrima que lhe escorria dos olhos e mordeu os lábios. Tudo que Joshua podia fazer era apertar ainda mais a mão de Rosa na dele, enquanto suas vidas anteriores desfilavam em frente a eles.

Antes de levantar-se às quatro da manhã para começar seu turno na limpeza dos escritórios Eaton, Mary ouviu William subir as escadas passando por seu quarto. Ela ficou tentada a ir bater na porta do quarto dele, mas tinha certeza de que ele desceria até seu quarto depois que lesse a carta e bateria à sua porta.

Mas não houve nenhuma batida na porta.

De volta ao pequeno quarto no andar de cima, William continuou dizendo a si mesmo que tinha que haver uma saída e, nas primeiras horas da manhã, procurava desesperadamente por ela.

— Não posso me casar com Mary — ele falava para as paredes. — Isso seria o fim de tudo. E também não quero nenhuma criança chorona. Muito menos agora.

William procurou uma resposta, mas não encontrou nenhuma.

William procurou inspiração, e foi o que ele recebeu.

— Calma, garoto — disse a si mesmo. — Acalme-se e pense como Sir Walter. Seja um Eaton; está no seu sangue. Seja um crápula igual a ele.

Ele respirou fundo. Sabia que a saída era acalmar-se e pensar como um Eaton.

— O que Sir Walter faria em meu lugar? — repetia continuamente, como uma espécie de mantra.

Joshua, assistindo a tudo pelas lentes do tempo, suspirou. Com Rosa a seu lado, ele estava envergonhado e queria que William nunca tivesse sido parte dele.

O professor repreendeu-o severamente.

— Tudo que você foi ou fez é o que o trouxe até onde você está hoje. Tudo que se chama de bom ou de mau nada mais é do que um passo para levá-lo aonde tem que ir.

Joshua sacudiu a cabeça bruscamente.

— Eu sei o que vai acontecer. Eu sei pelo que fui responsável.

— Bom. Se você sabe pelo que foi responsável, já é um começo, não é? — replicou Joe.

De volta ao palco da vida, a classe testemunhava uma transformação. O olhar febril de um animal encarcerado já não estava mais nos olhos de William. Seus olhos já não varriam as paredes do quarto procurando um meio de escapar dali; eles estavam calmos e centrados. Ele já não se debatia no pequeno quarto, mas contemplava e analisava suas opções, calmamente deitado em sua cama.

"Não quero me casar com ela, isso é certo", sua mente lhe dizia.

"Não quero nenhuma droga de filho", veio mais da mesma mente.

"Quero o que é meu", sua mente exigiu.

"E é isso que vou ter", respondeu William quando começou a pensar como seu tio.

Ele daria a ela algum dinheiro, disse a si mesmo. Ele a mandaria para longe e cuidaria para que ela e o fedelho tivessem como viver. Mas William sabia que ele não tinha escolha, pelo menos naquele momento.

"Comece pelo começo, Billy, meu rapaz", disse-lhe sua mente. "O bebê, ele é o xis da questão."

É, pensou William. Tinha que descobrir se aquilo tudo era verdade, se não era invenção de Mary. Mas, tão depressa quanto essa idéia veio à sua cabeça, ela foi embora.

"Mary não mentiria", ponderou. "Ela não conseguiria, ainda mais sobre uma coisa dessas. Ela é boa demais para isso."

Ele suspirou.

Ele sabia que Mary seria uma boa esposa. William sabia que eles combinavam perfeitamente. Mas não agora e não dessa maneira. Simplesmente não era possível.

O bebê. O bebê. Se houvesse uma maneira de ficar livre do bebê, ele com certeza poderia ajeitar as coisas com Mary.

William nasceu e cresceu na França, não na puritana Inglaterra. Ele sabia que havia um jeito. Ele tinha um amigo que engravidou uma garota e tinha "dado um jeito na situação".

Mas, e Mary? Com certeza ela queria aquele filho. William foi até o armário onde guardava suas roupas e abriu a gaveta do meio. Preso no fundo dela estava o envelope onde ele guardava seu dinheiro.

Somando o que ele havia economizado de seu salário mais o bônus que seu tio lhe dera, ele tinha certeza de que havia o suficiente para as despesas do que pensava em fazer.

"Afinal", disse a si mesmo, "daqui a uma semana, dinheiro não vai ser problema."

O que faltava resolver era o *quem*, o *onde* e, claro, Mary. O dinheiro resolveria os primeiros itens e ele tinha certeza de que conseguiria dar conta de Mary.

"Ela é uma menina simples. Está empolgada com o bebê, porque pensa que pode ficar comigo", confidenciou consigo mesmo.

"Tenho que convencê-la de que pode ficar comigo, mesmo sem o bebê. Filhos podem vir mais tarde. Teremos uma porção de crianças", ele se ouvia dizendo a ela. "Mas precisamos de algum tempo para nós, só para nós dois, meu amor. Vamos começar a vida."

— Você foi frio e insensível — disse Rosa a Joshua, puxando sua mão para longe da dele. — Como um assassino.

Joshua não disse nenhuma palavra, mesmo porque não havia nada que pudesse dizer. Ela estava certa.

21

Uma lição da vida: o show de William e Mary – Parte 4

Foi de repente que a idéia surgiu para ele.

William já sabia como resolver o problema do *quem*, e esse *quem* o levaria ao *onde*. A resposta estava a apenas duas portas de distância, no mesmo corredor de seu quarto. A resposta se chamava Benny.

Benny era um hóspede antigo da pensão, um homem que vivia no sombrio submundo da pequena cidade. Benny tinha contatos: mulheres, bebidas, drogas e jogatina. Benny era o sujeito certo para se procurar quando se tinha um problema.

Às oito da manhã de sábado, William tomou sua decisão. Ele bateu na porta de Benny.

— Desculpe se o acordei — retratou-se com o homem irritado e de ressaca que atendeu à porta —, mas preciso de sua ajuda.

Benny era baixinho, barrigudo e careca. Quando seu rosto estampava um raro sorriso, ele exibia uma coleção de dentes podres e cariados. Ele parecia mais velho do que seus quarenta anos. Boatos corriam de que ele tinha milhares de libras escondidas em algum lugar, mas que vivia na pensão para não chamar a atenção para sua riqueza.

Mas a realidade era bem diferente desses boatos. Benny estava na miséria e quase todo o seu dinheiro era usado para sustentar seu vício em heroína.

Apesar da ressaca e do horário, Benny deixou William entrar em seu quarto, curioso sobre o favor que aquele jovem de cabelos negros iria lhe pedir. Benny considerava-se um bom observador da natureza humana e, desde a primeira vez que viu aquele rapazote bonitão, tinha suspeitas de que ele não era o que aparentava ser.

"Esse rapaz está escondendo alguma coisa", Benny lembrou-se de ter pensado.

O delinqüente quarentão sentou-se atrás de uma mesinha e fez sinal para que William se sentasse na cadeira em frente a ele.

"Quase igual ao escritório de Sir Walter", brincou William consigo mesmo.

Benny colocou uma garrafa de gim sobre a mesa e ofereceu um copo mal lavado para o visitante, que prontamente recusou a oferta:

— Não bebo.

Benny deu de ombros, encheu seu próprio copo, recostou-se na cadeira e esperou que William começasse a falar.

— Bom... Tenho um amigo com um problema — iniciou William relutantemente.

Benny, que já tinha ouvido esse tipo de história um milhão de vezes, não acreditou nem um segundo nesse tal "amigo", e foi logo dizendo isso a William.

— Pode parar — disse, interrompendo a conversa ensaiada do rapaz. — Se for um amigo, eu falo com ele. Se for você, eu falo com você.

Tamborilando os dedos sobre a mesa de madeira, ele esperou uma resposta.

— Está certo, sou eu. Engravidei uma garota e não quero o bebê. Pode me ajudar? — disparou William, aliviado por ter dito tudo logo de uma vez.

Benny sorriu antes de dar mais uma golada em seu gim.

— Sem problema. O que você quer? Um aborto? Ou mamãe e filhinho desaparecendo para sempre? Você decide. — E acrescentou:

— O dinheiro é seu. Seja lá o que for, vai custar uma grana. — E, com uma piscadela maliciosa, o homem lançou-lhe um olhar carregado de maldade: — Andou transando com a faxineirinha lá de baixo, não é? Eu sabia!

William sentiu-se desprotegido. Como aquele malandro sabia sobre ele e Mary? Eles nunca saíam juntos da pensão e ele sempre se certificava de que suas visitas noturnas passassem despercebidas.

— Eu percebo tudo — disse Benny sorridente, mostrando os vazios entre os dentes. — É assim que levo a vida.

— Quanto? — perguntou William, desajeitadamente.

— Depende. Vai ser aborto ou mamãe sumindo?

William estava com nojo do homem sentado à sua frente.

— Não sou um assassino — respondeu com altivez.

Bennie encolheu os ombros e informou-lhe o preço.

William concordou, com um aceno de cabeça, e o delinqüente passou-lhe um papel com um nome, um endereço e um horário.

— Coisa de rotina — disse Benny, com irreverência. — Acontece todo dia.

Assim que William se levantou e se preparou para sair, Benny lançou-lhe uma última pergunta:

— Ela sabe? Está de acordo?

William não respondeu. Quando já estava abrindo a porta, Benny suspirou e ofereceu:

— Talvez seja melhor considerar o sumiço da mamãe. São só cenzinho a mais. Ninguém vai ficar sabendo.

William fingiu não ter escutado.

Ele voltou para seu quarto e olhou para o relógio. Mary, em poucas horas, estaria encerrando seu expediente na fábrica. Ele decidiu deixar um bilhete por baixo de sua porta, assim ela o leria logo que chegasse à pensão.

Minha querida,

estou muito entusiasmado com as novidades. Não vou trabalhar hoje. Tire um cochilo, e então poderemos falar sobre nossas vidas. Baterei em sua porta logo após o jantar.

Fiquei acordado a noite toda, de tão emocionado!
Com amor,

Billy

Depois de deixar o bilhete, William voltou a seu quarto e adormeceu.

"No final, tudo vai dar certo", disse a si mesmo antes de cair no sono.

22

Uma lição da vida: William, Mary e o festival de mentiras

Joshua disse à classe que sua decisão estava tomada.

— Eu estava pronto para iniciar o festival de mentiras — disse, depois de admitir que "o sumiço da mamãe" chegou a passar por sua cabeça. — Teria sido bem mais fácil — refletiu.

Ele se virou para Rosa. Ela mal podia conter as lágrimas que brotavam em seus olhos enquanto ouvia a confissão de Joshua.

— Lamento. Muito mesmo. Mas as mentiras precisam parar, não apenas para meu próprio bem, mas também por você — disse Joshua, em sua débil tentativa de confortá-la.

— *Vou deixar Joshua e Rosa acabarem de contar a história do jeito deles* — Joe avisa você, de seu lugar de sempre, no meio do semicírculo. — *Esta última parte do show de William e Mary é o começo de uma grande revelação. Logo, Joshua, Rosa, Assan e James vão ver os fios que interligam suas vidas, e também vão ver que não podem romper esses fios. Os quatro têm muito em comum. Os fios da vida ligam uns aos outros.*

De volta ao palco da vida, William, ao ver Mary chegando à pensão, colocava seu plano em ação.

— Eu queria recebê-la com um enorme sorriso. Era importante que ela pensasse que eu estava feliz em vê-la — relembrou Joshua, mas acrescentou: — Essa foi a mentira número um. Eu estava nervoso e com medo dela.

O rapaz de dezenove anos desceu as escadas e ficou parado em frente à porta de Mary, ostentando, como dissera, um grande sorriso no rosto.

— Eu tinha me preparado. Ia ser fácil — relatou Joshua aos colegas. — Eu sabia que ela ia cair na minha conversa e fazer o que quer que eu quisesse. Afinal, ela estava apaixonada por mim.

— Eu a amo tanto — sussurrou William, enquanto envolvia Mary em seus braços.

— Acho que essa foi, provavelmente, a única verdade que eu disse naquele dia — admitiu Joshua, e diretamente para Rosa: — Eu a amava de verdade, você sabe.

— Mas você amava mais a si mesmo — respondeu Rosa tristemente.

Joshua, vendo William e Mary abraçados um ao outro sobre o palco da vida, disse pensativamente:

— E quem não ama?

Os amantes logo deixaram o corredor para entrar no quarto de Mary, fechando e trancando a porta atrás deles. Ela se livrou de seu casaco e rapidamente começou a desabotoar a camisa de William.

— Ela podia ser uma menina simples, do interior, mas entre quatro paredes Mary era uma selvagem — recordou Joshua ao mesmo tempo em que Rosa corava, desviando rapidamente o olhar do palco da vida.

— Mary, por favor — argumentou William, quando ela correu as mãos por seu peito nu —, precisamos conversar.

— Mais tarde, Billy. Temos nossas vidas inteiras para conversar — disse ela, quase sem fôlego, explorando a ponta da orelha dele com sua língua.

— Jamais consegui resistir a ela — suspirou Joshua.

Rosa, mesmo embaraçada e revoltada, mal pôde conter um sorriso.

Mary rapidamente desabotoou sua própria blusa e agora era

William que usava a língua, suave e ternamente roçando-a em seus mamilos túmidos.

— Um pensamento passou pela minha cabeça: dane-se o mundo, fique com ela — rememorou Joshua. — Quando nos tocávamos, arrepios e tremores percorriam todo o meu corpo. Éramos tão sintonizados um no outro... Eu sabia que nunca mais me sentiria assim com qualquer outra pessoa.

— *Ele estava certo* — confidenciou Joe a você. — *Aquela não era a primeira vez que esses dois espíritos se encontravam. Que bobagem pensar que o universo, e nossas vidas, não passa de uma grande roleta cósmica. Nada acontece por acaso.*

Os amantes se entregaram completamente um ao outro. O cheiro e o suor dos dois se misturavam. Eles se abraçaram em beijos longos e apaixonados, e seus dedos exploravam livremente os corpos um do outro, não em uma paixão sôfrega, mas em uma ternura compartilhada, até que William e Mary já não eram mais dois. Eles se tornaram apenas um; separados e diferentes, mas unidos num todo.

James foi o primeiro a perceber.

— Ei, olhem só para isso — sussurrou, admirado.

Assan, sem tirar os olhos de William e Mary, pensou que James se referia à atuação do casal.

— É, parece até um daqueles filmes franceses — piscou.

Mas James deu-lhe um cutucão nas costelas:

— Não lá... ali — disse, apontando para o outro lado da classe, para Joshua e Rosa.

Joshua não era mais Joshua. O homem de negócios possessivo e arrogante se fora.

Rosa não era mais Rosa. A mulher intolerante e esnobe se fora.

No lugar deles, estavam duas silhuetas fluorescentes, com uma luz pulsante. Seus braços estavam erguidos, suas mãos esticadas, e, quando seus dedos se tocavam, faziam crescer ainda mais a intensidade e o brilho da luz ao redor deles.

— São seus perispíritos — disse Joe a James e Assan, que não sabiam para onde olhar: se para a metamorfose que acontecia diante deles ou para o filme erótico produzido mais de duzentos anos atrás.

— Todos nós temos um perispírito — continuou o professor. — É uma espécie de blindagem que contorna nosso espírito.

— O que está acontecendo? — quis saber James.

— Os véus estão sendo retirados. Eles estão se lembrando de quem são. Não precisam mais das imagens que faziam de si mesmos, porque as mentiras, os fingimentos e as máscaras estão se desintegrando. Rosa e Joshua estão retornando ao que sempre foram: espíritos eternos.

Pela primeira vez desde que se encontraram na escola de Summerland, Joshua e Rosa finalmente começavam a ver os fios que interligavam suas vidas.

— Temos uma longa história juntos, mas nunca fomos capazes de fazer isso dar certo — disse o espírito chamado Joshua.

— É verdade. Alguma coisa sempre estava em nosso caminho — completou o espírito sensível e aflito chamado Rosa.

Os dois espíritos se abraçaram. Suas vibrações se misturavam harmoniosamente uma à outra. O mesmo pulsar, as mesmas luzes e cores... Os dois se mesclavam em perfeita simetria.

Diante deles espocaram rápidos flashes de algumas das muitas vidas em que passaram juntos:

Rosa como Gianna, uma linda e sensual jovem de uma das melhores famílias da Itália.

Joshua como Pietro, um estudante pobre e esforçado.

Eles estavam apaixonados, mas o dinheiro e a posição social os mantinham afastados. A família de Gianna não queria nada com Pietro; o pai dela ofereceu a ele uma boa quantia em dinheiro para que ele saísse da cidade e "deixasse minha filha em paz, para que ela possa se casar com alguém de seu próprio nível".

Pietro se foi.

O professor demonstrou como aquela encarnação afetou o espírito de Joshua.

— As sementes de uma amarga ambição foram plantadas. O dinheiro faz de você um deles, o dinheiro faz você ser alguém, o dinheiro lhe dá poder — apontou Joe. — Não há nada de errado com a ambição. Ela pode ajudar um espírito a progredir, mas também pode transformar um espírito num prisioneiro. E isso foi exatamente o que aconteceu com Joshua: ele se tornou prisioneiro de si mesmo.

Outra vida apareceu. Os dois espíritos eram amantes, separados por um trono, na Inglaterra medieval.

Joshua era um príncipe, forçado a se casar com a filha de uma família rival para o bem de seu reino. Mas ele amava outra mulher, que era Rosa. E ele morreu levando consigo para o túmulo essa paixão secreta e nunca realizada.

— Joshua teve oportunidades de aprender como o dinheiro e o poder podem fazer um espírito prisioneiro, do mesmo modo que a pobreza e a privação podem algemar um espírito à miséria — informou o professor, explicando como às vezes a riqueza e a pobreza ensinam a mesma lição. — Você pode se tornar um prisioneiro de suas ambições, escravizando-se cegamente para realizá-las. Ou pode ser um prisioneiro de seu sofrimento, sempre jogando a culpa de seu fracasso na pobreza. Joshua — Joe indicou-o com a cabeça — nunca entendeu que ele próprio, e não as circunstâncias de suas vidas, é que o mantinha longe de Rosa.

Rosa e Joshua abraçavam-se. Suas vibrações, que combinavam perfeitamente, os envolviam como um envelope iluminado.

Assan e James, testemunhando a perfeição daquela harmonia, sabiam instintivamente que Rosa e Joshua, deste lado do véu, eram feitos um para o outro, mas, quando encarnados, a Terra os mantinha separados.

— Esses espíritos são o que podemos chamar de almas gêmeas — disse o professor. — Suas vibrações se sintonizam e combinam perfeitamente.

O professor tristemente balançou a cabeça.

— A história deles mostra que o amor não é capaz de conquistar tudo, pois nenhum dos dois conseguiu conquistar a si mesmo — concluiu Joe.

— Alguma coisa sempre nos atrapalhou — disse Rosa.

O professor definiu as "algumas coisas" que sempre os atrapalharam:

— Ela deixou a família decidir por ela, deixou seu amante decidir por ela e deixou a religião decidir por ela. E ele deixou que o dinheiro, o poder e a ambição ficassem em seu caminho.

— Nós éramos nossos próprios obstáculos — lamentou Joshua.

— É, mas o que aconteceu? — quis saber Assan.

Foi Joshua quem falou, achando que responderia à pergunta do adolescente.

— Algumas vezes foi o ego; outras, o orgulho. Mas na maioria das vezes foi o medo de perder o que pensávamos ter. Deixamos que as circunstâncias nos mantivessem separados.

— Isso tudo nós já sabemos. Quero saber o que aconteceu ali — Assan apontava para o palco da vida. — O que aconteceu com William e Mary?

James, sentado perto de Assan, balançou a cabeça vigorosamente.

— Não pode nos deixar sem saber o fim da história.

As imagens dos dois amantes, nus e apaixonadamente unidos um ao outro com fervor, na cama do quarto de Mary na pensão, desapareceram. Outra transformação aconteceu, desta vez não no palco, mas sim no semicírculo.

Lentamente, o perispírito que tinha projetado o espírito conhecido como Joshua agora refletia a imagem de William e, no lugar de Rosa, quem estava sentada era Mary.

— Os véus se foram. Eles deixaram a dor no passado — informou Joe. — Eles já não têm nada a esconder, assim como não têm mais nenhum segredo.

Agora, terminar de contar a história era uma missão que cabia a William e Mary. William, que era Joshua, disse que, depois que fizeram amor, os dois ficaram silenciosamente abraçados um ao outro.

— Eu me lembro de ficar ouvindo a respiração profunda de Mary. Eu sentia seu coração batendo com o meu — suspirou — como se fossem um só.

— Foi maravilhoso — interpôs Mary. — Eu e William, a sós e juntos. Não dizíamos nem uma palavra um ao outro, porque não era necessário.

William-Joshua olhou demoradamente para Mary-Rosa com uma expressão de remorso. E confessou:

— Mas eu sabia que precisava continuar meu plano. Disse a Mary que haviam me oferecido um trabalho melhor em Londres. Era um emprego de balconista. Uma mentira, claro.

— Fiquei paralisada. Londres. Aquilo era emocionante — relembrou Mary.

— Nós nos mudaremos para lá e prometo que nos casaremos e daremos início a nossas vidas juntos.

— Era ainda melhor do que em meus sonhos. William seria meu e nós três, eu, William e o bebê, viveríamos em Londres — disse Mary, atravessando a névoa que encobria suas memórias.

Assan e James olharam um para o outro e então para William. James falou pelos dois:

— Era o que nós queríamos saber: sobre o bebê.

William franziu a testa.

— Continuei jogando meu jogo. Primeiro, eu a deixei empolgada com Londres e nosso casamento. Então, eu disse a ela que ainda não estava preparado para ter um filho. Minhas palavras exatas foram: "Teremos muito tempo para isso, anos e anos pela nossa frente".

Esfregando nervosamente as palmas das mãos uma contra a outra, William disse que foi insistente:

— Eu disse a ela, sem rodeios, que eu não queria um bebê.

Assan e James voltaram a atenção para Mary.

— Eu chorei. Argumentei. Implorei. Então chorei ainda mais. Tentei convencê-lo, mas não consegui. Então, como sempre fiz, desisti — suspirou Mary. — Sempre deixei que outros tomassem decisões por mim. Nem sabia o que era um aborto, mas concordei em fazer um, porque ele queria e eu o amava.

— *Lembra-se do que Rosa fez no elevador? Ela deixou sua fraqueza para trás. Ela sempre deixou que outros decidissem por ela* — recordoulhe o professor. — *Esse espírito está começando a ver dentro de si mesmo. Lembre-se do que um filósofo na Terra disse uma vez: "Conhece a ti mesmo". Conhecer a si mesmo é o início de qualquer progresso.*

William revelou a Assan e James mais detalhes de seu plano.

— Depois que ela fizesse o aborto, eu a mandaria a Londres com algum dinheiro, "para procurar um lugar para a gente". Disse que me juntaria a ela em "alguns dias". Claro que eu não tinha a intenção de vê-la nunca mais. Eu queria buscar meu lugar entre os Eatons. Ali era o meu lugar.

Do outro lado da classe, James gritou:

— Quer dizer que você a convenceu a fazer um aborto e ainda disse a ela que lhe daria algum dinheiro para que ela se mudasse para longe, prometendo que estaria com ela em alguns dias? E esperava que ela acreditasse nisso?

— O pior disso tudo é que eu acreditei — respondeu Mary.

Assan entrou na discussão.

— E, quando você não aparecesse, o que esperava que ela fizesse?

— Que me esquecesse. Ela veria que canalha eu fui. Eu esperava que ela me esquecesse e me deixasse em paz.

— E ela fez isso? — inquiriu James.

O jovem lentamente balançou a cabeça, seus cabelos agitando-se de um lado para o outro.

— Estamos nos adiantando demais na história.

— E por que não nos conta toda a história de uma vez? — Havia mais do que uma ponta de hostilidade na voz de Assan, quando disse isso. — Quero dizer, deixe-nos saber quanto você foi sacana.

"Mais do que você pensa", pensou William, enquanto relatava a Assan e James o que aconteceu na noite em que levou Mary para fazer um aborto.

— O tal médico morava na pior parte da cidade. Nós dois estávamos apavorados, quando batemos na porta do endereço que Benny havia me dado.

Quem atendeu à porta foi uma velha, que, depois de olhar

apressadamente para os dois lados da rua, colocou-os para dentro de uma sala de espera.

— Fiquem aqui — ordenou — até que eu venha chamá-los.

Mary lembrou-se de que não conseguia parar de chorar.

— Eu podia não saber o que era um aborto, mas sabia que depois daquela noite eu não estaria mais grávida. No entanto, eu amava William e estava disposta a fazer qualquer coisa por ele. Confiava nele e estava certa de que esse seria o começo de nossa nova vida juntos.

— Durante a caminhada da pensão até aquele lugar — declarou William —, eu tinha minhas dúvidas, mas sabia que aquela era a única saída. Não havia nenhum meio de Sir Walter me aceitar com uma faxineira grávida em minhas mãos. Tinha que ser assim.

Os minutos naquela suja sala de espera transformaram-se em uma hora. Os dois amantes quase não se falaram; apenas trocavam sorrisos que serviam para mantê-los com coragem de prosseguir no que estavam fazendo.

— É a coisa certa a se fazer — repetia William de tempos em tempos, em estado hipnótico.

Um velho gordo e careca usando um avental todo sujo apareceu na sala. Ele tinha um leve mas perceptível hálito de uísque. Depois de acenar para Mary, foi logo pedindo seu pagamento.

— É comum pagar adiantado.

— Assim que entreguei o dinheiro ao gordo, a velha estava de volta. Ela levou Mary para outra sala. Mal tivemos a chance de nos despedir. O sujeito careca me assegurou que tudo iria correr bem, que ele havia feito isso "mais vezes do que eu podia imaginar", e eu deveria voltar de manhã para levar Mary para casa. "Deixe que ela passe a noite aqui", ele me ofereceu. Mas decidi ficar. Eu dormiria numa das cadeiras da sala de espera — disse William. — Era o mínimo que eu podia fazer.

— É, era o mínimo que ele podia fazer — repetiu Assan para James, imitando o modo como William falava.

William decidiu não responder. Afinal, o que poderia dizer?

O homem com seu avental sujo saiu da sala, trancando a porta por onde passou.

Mais uma vez os minutos se arrastaram.

— Eu me lembro de rezar por ela e — William falava sem levantar os olhos do chão — rezar para que ninguém soubesse o que estava acontecendo naquela noite.

— Eles me trataram educadamente — disse Mary. — A velha, que era uma espécie de enfermeira, pediu-me que tirasse minhas roupas. Ela me deu uma camisola. Depois que me deitei na mesa, ela colocou um pedaço dobrado de gaze sobre meu rosto e me pediu para respirar fundo. Tinha um cheiro adocicado. Tanto que até fiquei com ânsia de vômito. Mas continuei aspirando aquilo. Foi aí que eu apaguei.

William recordou que a porta trancada se abriu. Era a velha.

— Tivemos um problema — ela falou depressa, mal olhando para William enquanto corria para fora dali, lançando-se noite adentro.

— Corri para a outra sala, onde vi Mary deitada sobre a mesa, coberta de sangue.

— Ela teve uma hemorragia — gaguejou o careca, seu avental todo manchado de vermelho.

O velho apontou para o chão, onde uma pequena e vermelha bola de carne jazia numa poça de sangue.

— Removi o feto e então ela começou a sangrar. Não há nada que eu possa fazer.

— Fui até a mesa onde Mary estava. Apresentava uma palidez acinzentada, o corpo ressequido e esgotado. Estava morta.

Soluços profundos pareciam estar sendo arrancados do fundo da alma de Mary-Rosa.

Ela se contorcia, tremia e chorava em agonia.

Os véus foram retirados e ela revivia a encarnação.

Ela reviveu seu amor por William.

Ela reviveu as mentiras dele.

Ela reviveu seus sonhos de ter uma família.

Ela reviveu a forma como ele a traiu.

Ela reviveu sua morte.

E, num redemoinho de luz, ela se foi. Mary-Rosa já não estava ali na sala de aula. Sua cadeira estava vazia no semicírculo.

William-Joshua, James e Assan, boquiabertos, olhavam para o professor, buscando uma explicação. Mas a explicação não veio dele e sim de uma voz que eles imediatamente reconheceram.

— Vou ajudá-la. Agora tenho minha oportunidade de tratar não apenas do corpo e da mente, mas também de tratar do espírito. — Era o Dr. Bowman. — Ela vai ficar bem — garantiu a voz.

E então outra voz ecoou na sala de aula.

— Também estou com ela. Vou ajudá-la a entender. Vou ajudá-la a perdoar-se. Vou ensiná-la o que esqueci: somos responsáveis por nossas próprias vidas. Vou explicar o que não entendi: Jesus, o Mestre, desceu à Terra não para julgar, mas para compreender.

A segunda voz pertencia ao pastor Hall.

— Quero ficar com ela — pediu William-Joshua, calmamente. — Não posso abandoná-la mais uma vez. Quero que isso acabe de uma vez por todas.

— Agora, não — protestou o professor. — Você tem mais alguns véus para serem retirados. Há mais fios que precisa ver, e, se você realmente quer ajudar, fique por aqui e veja aonde esses fios vão levá-lo. Afinal — sorriu Joe — sou capaz de apostar que vocês ainda terão mais algumas vidas juntos pela frente.

Relutantemente, William-Joshua decidiu ficar.

Assan e James, aliviados por Mary-Rosa estar sendo bem cuidada, insistiram em saber como a história terminava.

— A velha saiu correndo para buscar ajuda — contou William a eles —, mas não ajuda médica. Ela voltou com Benny.

Como duas crianças ouvindo uma história de ninar, Assan e James devoravam cada palavra.

— Depois, o que aconteceu? — provocou Assan.

— Quando ele viu aquela cena horrível, fez uma piadinha insensível: "No fim das contas foi o sumiço da mamãe, não foi?" Ele então pediu por uma "verba extra" para dar um jeito naquela encrenca.

William deu a Benny o dinheiro que estava separado para dar a Mary. As palavras finais de Benny ficaram guardadas em sua memória:

— Garoto, você é do tipo que vai depressa demais aonde quer chegar. E acho que você está escondendo alguma coisa. O tio Benny vai resolver este problema aqui, mas vai ficar de olho em você.

— Senti calafrios correndo pela espinha quando aquele bandido me disse isso — admitiu William.

— Então... e depois? — pressionou James.

— Benny livrou-se do corpo. Eu voltei para a pensão e depois me mudei para a mansão Eaton.

— E daí você viveu feliz para sempre, não foi? — Assan estava indignado.

— Algumas semanas depois, fui apresentado à sociedade como um sobrinho sumido de Walter Eaton. Saiu até no jornal local.

— Como uma debutante — ironizou Assan.

William ignorou Assan, dizendo que Benny leu sobre o novo sobrinho Eaton, fez algumas investigações, somou dois com dois e logo estava entrando em contato com ele.

— Ele queria dinheiro para ficar de boca fechada sobre Mary e o aborto. Ele sabia que a menor sombra de um escândalo faria Sir Walter ficar furioso.

— Você deu dinheiro a ele? — interrompeu James.

— Não. Para começar, Sir Walter me mantinha em rédeas curtas. Trabalhei como escravo e ele me pagava a mesma coisa que pagava a seus próprios filhos: uma pequena mesada, e era só. Depois, eu achava que podia enganar Benny. Afinal eu era um Eaton; nós tínhamos o poder, nós comandávamos a cidade.

— E então? — quis saber Assan

— Benny percebeu o que eu queria fazer. Ele foi falar com Sir Walter. Os dois se conheciam muito bem; eles tiveram alguns negócios juntos, com benefícios mútuos. Eram parceiros no crime.

— E...? — pressionou James.

— Meu tio me mandou embora da cidade. Disse-me que eu era igual ao meu pai, que se casou com uma cantora de cabaré de Paris.

Deu-me algumas centenas de libras e uma passagem de volta para a França. Disse que, se eu um dia voltasse a pisar na Inglaterra, ele mandaria me prender. "Eu posso fazer isso", ele vociferou. "Meu título de Sir foi concedido pelo próprio rei."

— Ele fez com você o que você ia fazer com Mary — apontou Assan.

William não respondeu, apenas fez um aceno com a cabeça.

Agora, cabia ao professor terminar a história.

— William voltou para a França. Os jornais ingleses informaram que ele saiu da cidade para abrir um escritório das Indústrias Eaton nas colônias da América. Na França, ele comprou um pequeno bar com o dinheiro que seu tio lhe dera. Morreu dez anos depois, de embriaguez, solidão e amargura.

O professor notou que James e Assan estavam sorrindo. Eles achavam que William ganhara o que merecia.

— Não julguem — alertou Joe. — Nenhum de nós é inocente. E como poderíamos ser, se todos já vivemos antes? E — acrescentou — há muito mais nessa história do que pode ser visto a olho nu.

Joe atravessou o semicírculo e parou atrás de Assan e James. Deixou pousar um braço no ombro de cada aluno.

— Os véus estão caindo, as escolhas estão vindo. Estejam prontos, meninos, para o que vem pela frente.

23

Transformações

O tempo finalmente começa a não significar nada para você.

"Afinal", você diz a si mesmo, "o que significa o tempo quando você começa a descobrir quem você realmente é?"

Você está sentado na platéia e olha para o semicírculo. Assan, James e Joshua estão em seus assentos de sempre. Você está feliz em ver que Rosa está de volta, sentada ao lado de Joshua. E, claro, o professor também está lá, preparando-se para começar mais uma aula.

Você está sentado na platéia, pensando. Está ansioso para descobrir quais serão as escolhas de que o professor vem falando.

Você está sentado na platéia e espera pelos fios que ele disse que ainda serão revelados. Quais são as ligações que unem os quatro alunos? Você já viu as de Joshua e Rosa. Mas e Assan e James? E como é que os quatro estarão ligados entre si?

Você está sentado na platéia e olha para o palco da vida. Você conhece cada um desses espíritos intimamente e passou a gostar deles como se fossem seus irmãos.

Você está sentado na platéia, notando as transformações.

A indiferença e o ar aborrecido de Joshua se foram, e em seu lugar está a consciência de como esse espírito veio a ser o que é hoje em dia.

— *Ele sempre escolheu o caminho mais fácil, o caminho egoísta.* — Joe interrompe seus pensamentos. — *Ele terá a chance de romper seu "eu".*

Assan ainda é o adolescente convencido e indelicado, e, apesar de tudo por que já passou, a amargura e a revolta ainda fervem dentro de seu espírito. Mas Assan agora sabe aonde a amargura e a revolta o conduziram. Esse espírito quer mudar, mas não sabe como.

— *Ele também terá sua chance. Vai ser uma chance para que ele aprenda a se dar* — sussurrou Joe.

James está em silêncio em seu lugar. Ele está confiante e relaxado, pacientemente esperando o que vem a seguir. Está escrito em seu rosto que ele está pronto para romper a cerca do medo que o paralisou por mais de duzentos anos terrestres.

— *Sua escolha será ajudar outro e ajudar a si mesmo* — declarou o professor.

Faltava só Rosa. Na última aula, ela fora arrebatada num ataque de histeria, incapaz de encarar uma decisão anteriormente feita. Ela está de volta e, aparentemente, parece pronta para as escolhas e decisões que vêm pela frente.

Os alunos são os mesmos, mas estão mudados. Seus espíritos passaram por uma transformação durante este, na falta de palavra melhor, ano letivo, que foi maior do que você podia imaginar.

Você também mudou.

Você vê como, ainda encarnado na Terra, começou a viver sua vida. Você começou a compreender como tudo que você faz, diz, pensa e sente gera reações, que se transformam em laços, que produzem o carma. Você começa a ver como o carma forma os fios que envolvem sua vida e como só você pode se libertar desses fios.

Muito aconteceu sob o domo de cristal, e você imagina o que vem a seguir.

Você vê o professor. O menino de doze anos lhe dá um sorriso e, citando um famoso apresentador, lhe diz:

— Você ainda não viu nada!

24

Uma lição de Joe: os alunos estão prontos para escolher

Joe concorda com você. Ele vê as mudanças que você viu.

— *Mas* eles *precisam saber que não são mais os mesmos. Meus alunos têm que perceber que seu futuro depende deles e só deles.*

Os raios dourados que vêm do domo aquecem a sala de aula com uma nova intensidade, convidando a classe a esquecer o passado e começar a moldar o futuro.

Joe, aproveitando a deixa da luz, chama a atenção dos alunos.

— Vocês percorreram um longo caminho. — E, enquanto passeia pelo semicírculo, diz a eles: — É hora de acertar todas as coisas. Isso — fez uma pausa, com efeito dramático — se estiverem prontos.

O professor decidiu começar com Joshua, e seus passos lentos o levaram para o lado do executivo. Joe colocou uma mão no ombro dele para fazer uma pergunta simples.

— Você acha que está diferente, de alguma forma, do que quando chegou aqui?

Joshua assentiu e sorriu. Ele pede por alguns segundos para pensar no que vai responder.

— Há muito a ser dito — ele admite.

Enquanto Joshua pensava numa resposta, seus colegas de classe fizeram o mesmo. Eles sabiam que a mesma pergunta logo seria feita a eles.

Assan ergueu uma sobrancelha. Ele sabia que estava chegando a hora de libertar-se de si mesmo.

James sorriu. Tudo que ele queria dizer ao professor era como ele finalmente estava pronto e empolgado para prosseguir com sua vida.

— Para mim, foi uma mudança infernal — disse o negro a si mesmo.

E Rosa, de volta do hospital de Summerland, silenciosamente moveu a cabeça em afirmação, enquanto um sorriso confiante nascia em seus lábios. O espírito passou longo tempo sob os cuidados do Dr. Bowman e do pastor Hall, fazendo uma análise crítica de si mesmo. Agora, tudo que ela queria era um novo começo.

Cada aluno deixou-se levar por seus pensamentos, e, sem saber disso, os pensamentos de Joshua transformaram-se em imagens que se projetavam no palco da vida. E aquelas imagens se transformaram na resposta à pergunta do professor.

— *Bom sinal* — observou Joe secretamente para você. — *Joshua está começando a ver que ele não precisa de palavras; seus pensamentos podem criar.*

A classe viu um espírito desesperado, quase obcecado, incapaz de enxergar além de si mesmo. Uma aura vermelha de egoísmo e orgulho serpenteava ao seu redor.

— Eu era assim, e de certa forma ainda sou — admitiu Joshua. — Um maníaco dominado pelo ego, vivendo dentro de minhas ilusões, preso dentro de mim.

Ele se virou para Rosa. Era óbvio que ele queria perguntar alguma coisa para ela, mas ele estava com medo da resposta. No entanto, também era óbvio que suas próximas palavras não eram endereçadas apenas ao professor, mas a ela, também.

— Eu não ligava para ninguém além de mim. Eu queria poder. Queria dinheiro. Minha ambição não tinha limites.

Lentamente, no palco da vida, uma nova imagem começou a se formar, os tons vermelhos quentes sendo substituídos por um azul tranqüilo.

— É assim que eu gostaria de ser — confessou Joshua, olhando para o palco da vida. — E estou consciente de que tenho um longo caminho a percorrer. Apenas comecei a ver que há mais para nós além das nossas vontades e desejos; há muita estrada pela frente, antes que eu ao menos comece a agir como um espírito que sabe que é parte de algo maior do que nós mesmos. Mas — ele suspirou — é nessa direção que quero ir.

Novamente ele olhou para Rosa. Ele titubeou. As palavras formavam-se em sua mente e ele lutava com seus pensamentos para conseguir proferi-las.

— Você vai se juntar a mim? Tenho muito o que compensar a você — ele finalmente vomitou as palavras, mantendo a cabeça baixa e evitando o olhar dela.

Rosa sorriu, esticou a mão e levantou o rosto de Joshua, para que pudessem olhar-se nos olhos.

— Nós dois fizemos escolhas. Talvez tenhamos aprendido com elas — respondeu ela sem responder, acariciando o rosto dele antes de deixar que suas mãos se encontrassem.

As imagens no palco da vida desapareceram e Joshua, olhando o professor bem nos olhos, perguntou:

— Respondi à sua pergunta?

Joe retornou o olhar firme de seu aluno com um sorriso descomprometido. E voltou as costas para ele por um instante, para se dirigir a Assan.

— Sua vez — disparou.

O adolescente árabe encolheu os ombros e viu um redemoinho de cores violentas e conflitantes formar-se à sua frente.

— Esse sou eu — disse Assan asperamente. — E estou cansado de ser eu mesmo. Quero mudar. — E, depois de uma curta pausa, ele acrescentou com humildade: — Você me ajuda?

O professor deu um tapinha no ombro de Assan e atravessou o semicírculo novamente, dessa vez parando em frente a Rosa.

— Fico feliz em tê-la de volta.

— Nunca pensei que eu diria isso — respondeu o espírito —, mas também estou feliz em voltar. Sei mais sobre o que eu sou. Sei

— disse, olhando para Joshua — que eu é que tenho que fazer minhas escolhas. Ninguém é responsável por mim, a não ser eu mesma.

Ela sorriu e, apertando suavemente a mão de Joshua, adiantou-se em dizer ao professor e à classe o que ela tinha aprendido sobre si mesma.

— Deixei que amantes, amigos, pais e maridos decidissem por mim. Até escolhi uma religião que me dizia como me vestir, o que falar e como pensar. Agora acabaram-se as desculpas. É hora de encontrar meu próprio caminho, não importa aonde ele vai me levar.

Ela disse ao professor que não estava preocupada, porque sabia que não há certos e errados; o que existem são simplesmente escolhas.

Sem dizer uma palavra, o professor passeou até James.

— Estou pronto para ir em frente.

O negro sorriu e encolheu os ombros, dando a entender ao professor que não sentia que fosse necessário dizer mais nada. O "estou pronto para ir em frente" era suficiente.

Joe viu Rosa erguer a mão, soltando a de Joshua, para chamar sua atenção.

— Há uma coisa que eu queria dizer.

Joe assentiu.

Rosa voltou o olhar para Joshua, o espírito que muitas vezes antes foi seu amor que nunca se realizou, e num terno sussurro que pôde ser ouvido por toda a rotunda, ela respondeu à pergunta que ele lhe havia feito antes.

E a resposta foi um "sim".

Joe fechou os olhos e sorriu. Seus alunos estavam prontos. E, o mais importante, *eles* sabiam que estavam prontos.

Uma escolha fora feita. Outras estavam por vir.

25

Uma escolha da vida: o mestre retorna

As coisas estavam acontecendo rapidamente na sala de aula, e os alunos estavam prontos para o que viria em seguida. Os raios intensos que desciam do domo se apagaram, sinalizando o que eles pensaram ser o começo de mais um flagrante da vida real.

— Ei! — Assan reclamou, de brincadeira. — Pensei que íamos começar a fazer algumas escolhas, e não assistir a mais um flagrante. Pensei que já tínhamos acabado com essa parte.

Joe, parado bem em frente ao palco da vida, ergueu as mãos, fingindo estar aborrecido.

— A vida é uma questão de escolhas — respondeu. — E isto não é um flagrante da vida real. Vocês vão assistir a uma coisa que está acontecendo neste momento lá na Terra. É uma escolha que será de um de vocês e também é um dos fios que ligam vocês entre si.

A sala de aula escureceu.

O ambiente exalava ansiedade.

Finalmente eles iriam descobrir o que significava aquela história de "fios interligando vocês, uns aos outros". Como sempre, Joe habilmente preparou o cenário, deixando os alunos sentados na beirada das cadeiras.

De início, nenhuma imagem se formou no palco da vida, e os alunos tinham apenas a voz do professor como guia.

— Sempre há um motivo por trás de toda encarnação. Às vezes, ele é óbvio: para aprender e subir mais um degrau na escada. E existem algumas vezes que um espírito volta à Terra em uma missão: para ajudar outros a dar esse passo à frente. Mas — alertou o professor — às vezes as razões por trás de uma encarnação não são assim tão evidentes.

Ele relembrou a todos sobre a visita aos "planos inferiores da existência" e de sua resposta para a pergunta de James sobre se os espíritos dos níveis mais baixos podiam encarnar na Terra.

— Expliquei que o universo permite que espíritos ignorantes, atrasados e menos desenvolvidos vivam na Terra, porque é para isso que a Terra serve: é um lugar onde todos os espíritos podem aprender uns com os outros. A palavra-chave é *permissão* — explicou Joe. — Se o universo permite, ele também controla. Os espíritos se encontram no plano terrestre não por acaso, mas por planejamento. Mantenham isso em mente enquanto assistem à história a seguir.

Quase imediatamente depois que ele terminou de falar, uma imagem borrada e tremida começou a tomar forma no palco da vida.

— Lembrem-se — avisou Joe, apontando sobre seu ombro. — Estamos assistindo ao que está acontecendo. Isto não é um flagrante de uma vida passada. Esta é a vida como está sendo vivida bem agora, no plano terrestre, nos Estados Unidos da América.

O borrão começou a ganhar nitidez, revelando duzentas pessoas reunidas ao redor de um palanque improvisado ao ar livre.

Era uma noite quente e úmida de verão. A umidade formava um enorme halo brilhante ao redor dos holofotes que iluminavam uma pequena plataforma erguida no meio de um pasto de gado. A multidão espantava mosquitos e outros insetos, enquanto absorvia cada palavra dita por um orador que se movimentava lentamente sobre o palanque de madeira.

Eles faziam acenos positivos com a cabeça, aplaudiam e batiam os pés, ao mesmo tempo em que as palavras eram despejadas pela boca dele, que se empertigava e vociferava, fazendo contato visual com cada um dos presentes ao caminhar diante deles.

Apesar de os alunos de Joe ainda não poderem ver o rosto do orador, eles podiam ouvir perfeitamente sua voz sendo lançada pelo ar carregado da noite. Eles podiam até mesmo bisbilhotar seus pensamentos.

"Aqui está minha gente", dizia o orador a si mesmo, olhando para a multidão de rostos cansados e sem esperança. "Eu sou um deles. Saí do meio deles", pensava, enquanto discursava outras palavras. Palavras que ele sabia que seu público queria ouvir.

A classe viu que seu discurso era eficiente. As palavras eletrizavam e empolgavam o grupo espremido diante do palanque.

— E — acrescentou o professor — esse espírito é definitivamente um deles. Ele nasceu a cento e cinqüenta quilômetros daquele exato local, na zona rural de outra cidade de Massachusetts. O pai e o avô dele trabalharam em engenhos, curtumes e pequenas fábricas, que rareavam nas cidades e vilarejos do Estado. Mas os engenhos sumiram, os curtumes fecharam e as fábricas pararam de funcionar. Aqueles que ficaram para trás foram ganhando a vida com trabalhos mal pagos. Frustrados e revoltados, eles se sentiam trapaceados diante da prosperidade de seu país. Eles queriam respostas.

O professor indicou com um gesto de cabeça o palco da vida, onde o orador gritava essas respostas para a multidão que aplaudia e dava vivas. Os alunos ainda não conseguiam ver quem era o homem por trás daquelas palavras. A multidão agrupava-se em volta do palanque, bloqueando-lhes a visão, mas a voz forte e poderosa continuava a soar, exigindo a atenção.

Mas ainda havia mais. Havia alguma coisa na voz do orador anônimo que os atraía e envolvia. Cada um deles sentia aquele magnetismo, mas ninguém sabia por quê.

— *Eles logo vão ver quem está por trás dessa voz* — diz Joe para você. — *Alguns dos últimos véus estão para começar a cair.*

Joe voltou a atenção para a classe, começando de onde parou, explicando que o orador pensava ter descoberto todas as suas respostas aos dezessete anos de idade.

— Ele descobriu um modo de extravasar sua revolta, seus medos e sua frustração. E, pelos últimos oito anos, ele compartilha sua amargura com os outros, recrutando-os para sua causa.

Joe observou que o orador de vinte e cinco anos sobre aquele palanque no meio de um pasto queria que homens e mulheres que o ouvissem se juntassem a ele numa revolução que ele achava que iria mudar aquele país para sempre.

A classe ouvia as fervorosas palavras ecoando pela noite de verão.

— Tudo que vocês têm a fazer é olhar à sua volta, e verão que estou certo.

E, finalmente, os alunos viram o rosto de quem dizia aquelas palavras.

James foi o primeiro a reconhecê-lo.

— Meu Deus!

O professor imediatamente colocou um dedo contra seus lábios, apressadamente pedindo a James que não falasse mais nada. Mas uma ligação havia sido feita, e mais delas logo se seguiriam.

Na plataforma de madeira que vibrava, um homem careca suava em sua camisa branca de mangas curtas, enquanto andava de um lado para o outro diante da multidão. Sua gravata com nó bem-feito balançava de um lado para o outro enquanto ele vomitava suas idéias.

— Vejam a África! Lá não há nenhum país que viva na era moderna. Em alguns lugares, eles nem sequer têm rede de esgotos — escarnecia. — Sem o homem branco, o negro está perdido.

A pequena multidão aplaudia.

— Deus fez as raças diferentes. É destino do homem branco comandar. Nós fomos responsáveis pelo progresso da civilização na ciência, na medicina, nas artes e na filosofia. Tudo que precisam fazer é olhar em volta para ver que tenho razão.

O orador ergueu a mão numa saudação nazista.

Os duzentos homens, mulheres e crianças que assistiam ao discurso também ergueram as mãos.

Um coro de "Isso mesmo!" e "Apoiado!" podia ser ouvido, estimulando o homem de camisa branca com mangas curtas a prosseguir.

— A raça branca é geneticamente superior, e é nosso dever mantê-la nessa posição — berrava o homem.

Agora foi a vez de Assan se engasgar.

— Não acredito! — ele exclamou, mas imediatamente recebeu o mesmo gesto da cabeça e do dedo sobre os lábios que pediu a James que ficasse quieto.

— Chega dessa conversa de igualdade de direitos! É a hora da verdade, toda a verdade e nada mais que a verdade sobre o plano perfeito de Deus.

O orador despejava sobre a multidão um frenesi quase religioso. O homem no palanque baixou o tom de voz, buscando intimidade com a platéia.

— E isso cabe a nós. Você, eu e todo homem, mulher ou criança da raça branca, vivos para ver o plano de Deus ser posto em prática.

Agora, foi Joshua quem fez uma ligação. Mas, ao contrário do que fizeram Assan e James, ele riu.

— Mas justo esse filho da mãe? — disparou. — Nunca poderia imaginar!

Rosa rapidamente desviou o olhar do palco da vida para Joshua. Vendo a surpresa em seu rosto, ela olhou novamente para o orador. Finalmente ela o reconheceu.

Ela acrescentou um "Mas que diabo!" à lista de exclamações feitas pelos alunos.

— Chega de cristãos brancos casando com crioulos. Chega de cristãos brancos casando com judeus. Temos que manter a raça branca pura. Temos que permanecer fortes para a luta que virá. Temos que nos unir e recuperar nosso país — clamava o jovem orador.

— É o senhor Samuel — James não se conteve.

— É Sir Walter — corrigiu Joshua.

— É meu pai — atalhou Assan.

— É meu marido — interpôs Rosa.

— Todos vocês estão certos — disse o professor, fazendo com que todos olhassem novamente para o palco.

— Também é meu irmão — murmurou James, sem acreditar.

James e Joshua olharam um para o outro, vendo a si mesmos pela primeira vez como pai e filho.

Rosa sorriu para Assan. Seu sorriso foi devolvido com um olhar frio e amargo.

Joshua olhou para Assan. Ele foi recebido com a mesma reação.

— *As ligações estão completas* — diz Joe a você. — *É hora de ir em frente.*

26

Os véus se rompem

Uma tempestade atingiu a sala de aula. As correntes de revolta e ódio se misturavam com as correntes de surpresa e descrédito, formando um furacão de emoções.

Momentaneamente congelado no tempo sobre o palco da vida estava o epicentro do furacão: o Sr. Bobby Barnes. A fotografia mostra-o em pé, posando na beira da plataforma de madeira, a boca aberta e o braço direito apontando para o céu. Joe decidiu deixar a eletricidade do momento perder a força antes de prosseguir.

— *Eles têm que se acostumar com a idéia* — explicou Joe a você.

Ele pára, de braços cruzados, em frente ao palco da vida, deixando que os alunos vejam, pela primeira vez, como eles estavam unidos um ao outro.

— *Afinal, é um belo choque ver pai, irmão, senhor de escravos e torturador, todos em uma só pessoa* — disse ele, rindo.

O professor sabia como seus alunos estavam se sentindo. Eles acabavam de descobrir que compartilhavam um fio de vida com alguém que eles consideravam desprezível e odiável. Em uma vida, o espírito chamado Bobby Barnes foi um senhor de escravos que torturou e assassinou James; em outra, o mesmo espírito trapaceou William-Joshua em sua herança; e agora, neste exato momento no plano terrestre, o mesmo espírito era um pregador do ódio e da revolução.

Sir Walter Eaton, de Hampton, Inglaterra, tornou-se o senhor de escravos Samuel, do Alabama, e agora ele era Bobby Barnes, um líder e conclamador da organização Aryan Nations.

Isso explicava a ligação entre Joshua e James, mas e entre Rosa e Assan? Como aquele espírito estava ligado a eles?

Assan estava lívido. Ele jogava sua cabeça do palco da vida para Rosa, e vice-versa. Cada vez que movimentava a cabeça, seu olhar ficava ainda mais intenso.

— É ele. É o mesmo cara, não é? — insistia ele com Rosa. Ela respondia seu olhar penetrante com um paciente aceno de cabeça.

— Eu me lembro dele também — ela admitiu —, e eu lamento.

— Você podia ter feito alguma coisa — retrucou o adolescente sem nenhuma piedade na voz e sem se importar com as desculpas dela.

— Não havia nada que eu pudesse fazer. Não foi a primeira nem a segunda vez. Você sabe como sou...

Mas a mulher rapidamente corrigiu a si mesma, mudando o "eu sou" para "eu era".

Assan não tinha a menor idéia do que ela quis dizer com "Não foi a primeira nem a segunda vez". Ele apenas se lembrou de uma vez, quando Rosa e o espírito que estava no palco da vida viveram uma vida juntos, e para ele aquela vez já tinha sido demais. Agora ele sabia por que, desde o primeiro dia de aula, ele não foi com a cara de Rosa. Ela o tinha rejeitado. Ela tinha abandonado seu filho.

James, avistando além da imagem pausada de Bobby Barnes/Samuel, olhou nos olhos de Joshua.

— Eu não sabia — disse calmamente.

Joshua ergueu uma sobrancelha e, fazendo um sinal de positivo para James, respondeu:

— Nem eu, mas fico feliz. Eu devia ter ouvido você um pouco mais.

O professor recuou, decidindo não se envolver no debate entre os quatro.

— *Vamos deixá-los conversar um pouco sobre isso. Estão nervosos* — diz ele a você, vendo que você tenta entender o que está acontecendo.

— *Obviamente* — você responde ao professor —, *o homem na Terra, Bobby, era o senhor de escravos. Essa parte é fácil.* — Mas você admite que o resto está confuso. — *James e Joshua estão unidos, mas não sei como. Rosa e Assan, também; esse é um grande mistério.*

Um enorme sorriso abriu-se na face do jovem professor, e seus olhos iluminaram-se com uma nova idéia.

— *Então é por aí que vou começar: com Rosa e Assan. Preciso desfazer essa bagunça iniciando de algum lugar.*

27

Desfazendo a bagunça

Como um juiz separando dois boxeadores ensangüentados, Joe entrou no meio do semicírculo, jogando os braços para o alto e inutilmente tentando encerrar, ou ao menos amenizar, a batalha entre Assan e Rosa.

— Eu a chamei quando estava no hospital — gritou o adolescente. — Tudo que eu queria era ouvir sua voz. Mas você estava com tanto medo dele — disse Assan, apontando desafiador para a imagem de Bobby Barnes.

O professor, vendo que sua tentativa de parar os ataques de Assan não surtiam efeito, decidiu imitar um gongo.

— BLÉM! BLÉM! Fim do assalto! — Ele abriu um sorriso e pediu a Assan que ficasse quieto por um minuto. — Há uma coisa que quero que vejam.

Assan, com uma expressão amuada, fechou os olhos e sinalizou que aceitava a trégua momentânea. Ele se deixou afundar em sua cadeira, zangado, olhando para Rosa, esperando pelo que o professor tinha para mostrar.

A sala de aula ainda estava escura, e Bobby Barnes, boca aberta e braço erguido em direção ao céu, permanecia congelado no tempo sobre o palco da vida. Quase imperceptivelmente, outra imagem formou-se no palco da vida, alguns centímetros à esquerda de Barnes.

Um homem alto e musculoso apareceu. Ele tinha uns quarenta anos, estava bronzeado e em forma, e mantinha-se ereto e empertigado. A postura do sujeito, arrogante, com frios olhos azuis e cabelo cortado rente à cabeça, dava-lhe a aparência de um severo sargento do Exército, apesar de nunca ter servido um só dia entre os militares.

— É ele! — Assan cuspia as palavras. — É o tal que era meu pai.

Rosa suspirou e assentiu.

— Seu nome era Harold. Fui casada com ele. Assan era nosso filho; seu nome era Steve.

— Eu sei — bufou Assan. — Agora eu me lembro de tudo. Não se lembram? Todos aqui na classe me viram dançando pelado.

Joe deixou o posto de juiz da luta e agora estava parado em frente às duas imagens em tamanho natural sobre o palco da vida.

— Sir Walter — disse, indicando Bobby Barnes.

— Sir Walter — repetiu, agora indicando Harold, com a cabeça. E, com um ligeiro sorriso, Joe brincou: — Esse cara é mesmo rodado — conseguindo provocar risadas até mesmo de Assan, quebrando a tensão que estava dominando a classe.

Joe estalou os dedos, e a imagem do senhor de escravos Samuel materializou-se ao lado de Harold.

Ele deu mais um estalo, e agora era Sir Walter quem aparecia ao lado das outras três imagens.

— Quatro vidas diferentes, quatro encarnações diferentes, e cada uma delas afetou a todos vocês de maneiras que vocês nem sequer imaginam.

— Ele foi um canalha em todas as quatro vidas — exclamou Assan. — Ele passou a perna em seu sobrinho para ficar com o dinheiro dele, torturou e linchou um homem inocente, rejeitou o próprio filho e agora — o adolescente apontou para a imagem de Bobby Barnes — está na Terra espalhando seu veneno. Que sujeito encantador! — concluiu Assan.

O professor sorriu e balançou a cabeça.

— Você ainda não compreende, não é mesmo? Tente ver além da revolta. — E Joe ergueu a mão, interrompendo qualquer resposta de Assan. — Chegou a hora de todos vocês verem o que realmente aconteceu.

28

Lições que deviam ter sido aprendidas

O professor deixou a pequena plataforma e voltou para o semicírculo, as imagens de Sir Walter, Bobby Barnes e do senhor de escravos Samuel evaporaram-se, deixando apenas a figura de Harold Phillips encarando a classe com seu olhar gélido, no palco da vida.

— Não sei quantas vezes tive que dizer isso — enfatizou Joe, enquanto caminhava a passos largos pela sala de aula —, mas nossas vidas não são um desfile de acasos. A vida não é um jogo de dados, onde o que der, deu. A Criação é complexa, entrelaçada, onde eventos e pessoas são ligados ao todo. Uma vida tem muitas conseqüências, e muitas conseqüências fazem outra vida.

O professor parou seu passeio para observar a imagem de Harold Phillips.

— *Inflexível, intolerante e teimoso... Esse espírito não mudou muito* — compartilha Joe com você. — *Sempre existiram e sempre vão existir escolhas. Sir Walter podia ter acolhido William. Samuel podia ter tratado James com dignidade e Harold podia ter amado seu filho. E em breve, como Bobby Barnes, esse espírito terá mais uma chance de escolher.*

O professor balançou a cabeça tristemente.

— *Ou aprendemos da maneira mais fácil ou aprendemos da manei-*

ra mais difícil. Mas vamos aprender, um dia — medita Joe com você, e imediatamente levanta uma questão para Assan: — Você lembra por que escolheu aquela encarnação?

O garoto encolheu os ombros, mal-humorado.

— Vamos lá — insistiu Joe, impaciente. — Você quis, ou ao menos disse que queria, aprender o que era ser diferente. Lembra-se disso?

Mais uma vez, ombros encolhidos. Mas o professor não desistiu.

— Foi você e ninguém mais quem quis encarnar como um homossexual. Você escolheu um corpo geneticamente apropriado e também escolheu — o professor apontou para o palco da vida — ele e — indicando Rosa — ela.

— Graças a Harold, Sir Walter, Samuel ou como quer que queira chamar esse espírito, você aprendeu o que o preconceito e a perseguição significam.

— Ele me rejeitou. Eu era seu filho — retrucou Assan, com raiva. — Isso é errado. Ele me jogou para fora de casa e colocou minha mãe contra mim.

Joe revirou os olhos e deu de ombros.

— Não existe certo e também não existe errado. Certo e errado são conceitos da Terra, criados pelos homens para manter a ordem num mundo caótico. — E, como uma observação, o professor disse: — É engraçado como esses certos e errados da Terra podem mudar da noite para o dia, dependendo de quem está fazendo as regras.

Joe pediu a Assan:

— Respire fundo e olhe para aquela vida, não de dentro, onde você é parte dela, mas de fora, para que possa realmente entendê-la.

O que Joe estava pedindo não era fácil, e o professor sabia disso. Ele pacientemente esperou enquanto Assan se esforçava em passar de ator principal para alguém na platéia, encorajando-o gentilmente.

— Havia uma lição que você pensou que tinha que aprender. Seu espírito tomou uma decisão.

Joe relembrou a Assan seu desejo de uma encarnação onde ele seria "o escolhido".

— Você era um nobre arrogante, que matou milhares de pessoas porque elas tinham uma religião diferente da sua.

Joe pediu a Assan que refletisse sobre os anos que passou no Oriente Médio.

— Você se lembra dos dias e noites de estupros, torturas e mortes de que você participou?

Olhos fechados, o adolescente assentiu.

— Você pensou que podia "consertar seu carma" aprendendo o que era ser perseguido. Certo ou errado, você tomou uma decisão, e desse ponto em diante você ficou atraído por situações, circunstâncias e espíritos que fariam parte da lição que você queria aprender.

O professor fez uma pausa por um momento, tentando encontrar um modo de facilitar a compreensão de seus argumentos.

— Quando alguém quer aprender álgebra, procura escolas que ensinem álgebra, não as que ensinam literatura.

— Você foi atraído para esse espírito — o professor indicou a imagem de Harold — e para esse espírito — sinalizando Rosa — porque eles, com toda a probabilidade, criariam o ambiente no qual a lição que você pensou que precisava aprender podia ser-lhe ensinada. Você se tornou o filho deles.

Assan lentamente concordou, com um movimento de sua cabeça. Ele estava começando a compreender. Mas foi James quem fez uma pergunta:

— Consigo entender a parte de Harold, mas por que Rosa?

Joe adorava as perguntas de James; elas eram um meio de abrir portas. E, mais uma vez, foi o que aconteceu.

— Pense por um minuto — disse, não apenas respondendo a James, mas também a Assan. — Lembra-se de como, deste lado da vida, nós delineamos nossas encarnações, adaptando ambientes e circunstâncias que nos dariam as lições que precisamos aprender? Assan foi atraído para um espírito teimoso, obstinado e inflexível — Harold — e a um espírito fraco, passivo — Rosa —, que tinha medo de tomar decisões. Rosa também tinha sua estrada para percorrer.

Ela não aprendeu quando deixou William convencer Mary a um aborto. Então, Assan entrou em sua vida como uma escolha, e ela ainda assim não aprendeu, quando deixou Harold forçá-la a rejeitar o filho. Tudo, e eu repito, tudo está interligado. O universo é simples em sua complexidade.

O professor usou uma palavra para concluir sua resposta: simetria.

— Tudo é perfeito; tudo é equilibrado. Assan queria se sentir rejeitado; ele teve o que desejou. Rosa teve a chance de escolher: ficar ao lado do filho ou dar as costas a ele; ela lhe deu as costas. Agora, nesta escola, ela está começando a ver como, em todas as suas vidas, ela deixou que outros tomassem decisões por ela.

Até agora, Joshua observava silenciosamente o drama entre Assan e Rosa. Porém ele sabia que ainda havia mais nessa história.

Assim como o professor.

Assim como Rosa.

E agora James, com seus olhos arregalados, mostrava que havia compreendido. E também sabia.

O adolescente, vendo que mais uma vez ele era o centro das atenções, sacudiu a cabeça, gritando:

— O que foi, agora?

A imagem de Harold desapareceu e, em seu lugar, surgiu uma imagem de Assan antes de ser Assan e antes de ser Steve. Era André, o jovem nobre que se juntou à guerra contra o Islã.

O palco da vida mostrava um trecho no ciclo de nascimento e renascimento de Assan.

— É, acho que isso é para mim — a classe ouviu André dizer à sua guia. — Usei minha riqueza e poder para perseguir os outros. Abusei de tudo que me foi dado. Agora é hora de aprender como é ter o que é meu sendo tirado de mim.

O jovem árabe sabia agora o que a classe já sabia: ele foi o bebê abortado de William e Mary. Ele seria o filho deles, para viver uma vida em que seria privado de privilégio, riqueza e dinheiro, porque seus pais abririam mão de tudo para apostar no amor que tinham um pelo outro.

— Mas as escolhas de William e Mary lhe negaram essa vida — revelou Joe. — André-Assan foi atraído para Mary porque ela era um espírito amável e carinhoso. Ele tinha que sentir como era amar e ser amado. Ele estava atraído a você, Joshua, porque você era um homem determinado e ambicioso; ele precisava aprender a canalizar sua própria determinação e dinamismo. André queria aprender com vocês dois e estava atraído para a situação que vocês poderiam criar: dois amantes contra o mundo, encarando os obstáculos.

— Nós lhe negamos essa chance — confessou Joshua.

— Eu o rejeitei duas vezes — lamentou Rosa.

— O universo fechou o ciclo. — Joe apontava para Rosa. — Ele veio a você como Steve. Você teve uma nova chance de escolher, e mais uma vez você preferiu ouvir outra pessoa.

Assan riu com amargura e ironicamente resumiu o que ele pensava ser a história de suas encarnações:

— O mesmo cara me ferrou duas vezes. Primeiro, sabendo como Sir Walter ia reagir, William convenceu Mary a fazer um aborto. Depois Sir Walter, como Harold, forçou minha mãe a me rejeitar porque eu era *gay*.

O professor ergueu a mão para repreender Assan.

— Não culpe Sir Walter pelas escolhas feitas por outros. E não culpe Harold pelas escolhas que você fez.

Assan, em silêncio, prestou atenção ao que o professor disse a seguir.

— Ao invés de sair da encarnação de Steve em revolta e ódio, você podia ter levado consigo a compreensão de como somos singulares mas ainda assim iguais, como somos iguais e diferentes e como toda vida tem seu valor e significado. Você poderia ter aprendido o que você mesmo se propôs a aprender. Mas você escolheu um caminho diferente. Você deixou que a revolta tomasse as decisões por você. Você deixou que a raiva assumisse o controle, e isso o deixou numa situação na qual, pensando que iria lutar contra a injustiça, você explodiu a si mesmo numa fúria suicida que matou e mutilou centenas.

Joe deu alguns passos para chegar mais perto de Assan, pousando a mão sobre o ombro do adolescente.

— Assan, você começou a ver além da raiva, mas o certo é fazer isso enquanto se está encarnado. Neste lado da vida, nós espíritos entendemos o que é o melhor para nós. Mas, quando estamos na Terra, nós nos perdemos em meio às ilusões físicas e materiais daquele plano.

Bem nesse instante, James fez outra pergunta, e, depois de ouvi-la, Joe mais uma vez estava grato.

— É isso que você fica martelando sobre o porquê de nos lembrarmos de quem somos? — perguntou o negro.

Joe sorriu. Ainda em pé ao lado de Assan, ele recordou aos alunos que, para começar a lembrar o que somos, temos que esquecer quem somos. Precisamos nos livrar de nós mesmos.

No palco da vida, as imagens de Sir Walter e do senhor de escravos Samuel reapareceram de repente. A classe olhou para o professor em busca de uma explicação.

Joe, afastando-se de Assan, voltou ao palco da vida e parou em frente às imagens que representavam as três encarnações do espírito que eles conheciam como Sir Walter e declarou enigmaticamente:

— Para quebrar o ciclo, você primeiro tem que compreender o ciclo, não importa quanto isso possa ser doloroso. Ainda existem alguns véus para serem retirados e mais decisões a serem tomadas.

29

Chegou a hora do futuro

O palco da vida ficou repleto de novas imagens, uma aparecendo ao lado da outra constantemente. O professor brincou, dizendo à classe que aquilo começava a se parecer com "um retrato da família Eaton".

Primeiro, e bem na frente, estava Sir Walter, pomposo e próspero.

— Como o cabeça da família, ele usou tudo, qualquer coisa e qualquer um para assegurar sua fortuna e o poder que ela lhe dava.

À esquerda de Sir Walter estava outra figura conhecida. Era William Eaton.

— Ele também estava disposto a usar tudo, qualquer coisa ou qualquer um para conseguir o que ele pensava ser sua cota da fortuna e do poder dos Eatons.

Joshua fechou os olhos. A lembrança de sua vida, refletida na imagem de William, era dolorosa. Quando voltou a abrir os olhos, ele e o resto da classe viram a imagem de Mary parada ao lado de William, com Sir Walter agora ao fundo.

— Ela amava William. E William a amava de verdade.

O professor andou até onde estavam as imagens.

— Esses dois espíritos tentaram, muitas e muitas vezes, compartilhar uma encarnação. Mas o amor não conquista tudo, especialmente quando nós mesmos somos um obstáculo.

Um pequeno feto não totalmente formado, suspenso no ar, tomou seu lugar entre Mary e William.

— É você — Joe acenou para Assan. — Sua chance de vida foi negada porque William era incapaz de dizer "não" a seus sonhos e Mary era incapaz de dizer "não" a William.

Sentada em frente ao adolescente árabe, Rosa começou a dizer alguma coisa, mas as palavras simplesmente não saíram de sua boca. Ela apenas olhou para Assan e curvou a cabeça.

Com um movimento da mão do professor, outra imagem apareceu, desta vez à direita de Sir Walter.

— Aquele é Edward Eaton — revelou o professor.

— Meu pai — explicou Joshua —, quando fui William.

— Eu — disse James —, quando fui Edward.

Sorrindo e balançando a cabeça para o retrato de família apresentado pelo palco da vida, Joe disse aos estudantes que aquilo era ao mesmo tempo irrelevante e relevante.

— Mãe, pai, irmã, irmão, filho ou filha; amigos, amantes ou inimigos. Que diferença isso faz? Fomos mães e depois fomos pais. Nós nos tornamos irmãs, depois irmãos. Fomos inimigos, depois fomos amigos. Nossas vidas são círculos dentro de círculos. Somos um.

James, fitando pensativamente o palco, lembrou-se de si mesmo como Edward Eaton, o pai de William.

— Eu não era um deles. Meu irmão e meu pai tinham um objetivo, o dinheiro regia suas vidas. Isso não era para mim. Eu fugi para a França. Nunca pedi nem um tostão para eles, mas Walter enganou meu filho e o deixou sem sua herança.

Outra imagem de outra encarnação apareceu perto de Edward. Era Aldo, o jornalista italiano que escreveu contra os abusos dos poderosos e ricos na Europa. James sorriu e lembrou:

"Agora sei onde começou minha revolta contra as classes dominantes."

E, quase imediatamente, James viu a si mesmo tomando seu

lugar ao lado da imagem em tamanho real do senhor de escravos Samuel.

O negro, vendo suas identidades passadas alinhadas ao lado de Samuel e Walter Eaton, afirmou, com certa ironia na voz:

— Troquei um tirano por outro.

Ele fez uma pausa, pensou no que dissera e declarou:

— Mas eu sei por quê.

Ergueu uma sobrancelha para Joe, esperando uma confirmação do professor.

Sem demorar um só instante, Joe relatou a James que ele se afastou das responsabilidades para as quais havia nascido:

— Você não deu nenhuma chance a seu pai Alfred ou a seu irmão Walter. Você não era tão materialista quanto eles. Você nasceu naquela família para ajudá-los a encontrar o caminho de seu próprio progresso. Mas você fugiu dessa tarefa.

James assentiu. Os pensamentos de Joe batiam com os dele.

— Você pensou que era melhor do que eles. Então você partiu. Nenhum de nós é melhor ou pior do que qualquer outro. Estamos apenas em níveis diferentes de consciência. Como um de nós poderia ser melhor do que qualquer outro, se todos nós vivemos antes? Todos nós fizemos escolhas que não faríamos de novo agora, todos nós sentimos dor. Todos nós sentimos raiva. Todos nós tivemos perdas.

James, que já havia sido Edward e depois Aldo, sorriu para as imagens paradas sobre o palco. Olhou Joe nos olhos e disse:

— É por isso que eu tinha que aprender humildade com Samuel. Mas o que ele aprendeu comigo?

O professor deu um passo para perto da imagem do senhor de escravos.

— Está chegando a hora, e você terá que fazer uma escolha — veio a resposta enigmática, mantendo James sob suspense.

Joe deu mais alguns passos em direção ao rosto sério de Harold Phillips e, em poucas palavras, definiu aquele homem.

— Ele comandava a família pelo medo. Ele rejeitou um filho porque tinha vergonha dele.

Assan fez uma careta quando apareceram as imagens de Rosa como Deborah, sua mãe e esposa de Harold, e a sua própria imagem como Steve Phillips.

— Mais um retrato de família — refletiu Assan. — Família dominada pelo mesmo espírito. Chamá-lo de Sir Walter, Samuel, Harold ou Bobby Barnes não muda coisa alguma: ele é o que sempre foi.

Assan pesarosamente sacudiu a cabeça para o palco da vida, dizendo aos colegas de classe:

— Não acho que nenhum de nós naquele álbum de família aprendeu muita coisa. Rosa, Mary ou Deborah, minha mãe, ainda tem medo de ser ela mesma. Ela ainda não sabe lutar pelo que quer.

De sua cadeira do outro lado do semicírculo, Rosa, impassível e tranqüilamente, perguntou:

— E você, Assan, o que aprendeu?

Uma imagem em tamanho real de Assan, vestido com uniforme de combate, metralhadora em punho, apareceu ao lado de Steve Phillips. E, imediatamente atrás de Steve, o orgulhoso e arrogante André, com todo o seu aparato de cavaleiro, materializou-se.

— Não muito, se você der uma olhada em tudo que fiz — confessou Assan, mas, com uma ponta de sarcasmo, voltou-se para Rosa: — E você? Como você mudou, mamãe? Em vez de obedecer a ordens de seu amante ou marido, agora você recebe ordens de seu pastor e de sua igreja.

Rosa suspirou. Não havia, na verdade, nada que ela pudesse dizer, pois ela sabia que Assan estava certo.

— De certa forma — confessou Mary para Assan —, eu era como você. Pensei que tivesse que compensar as coisas, pelo aborto e por ter abandonado você. Pensei que, vivendo rigidamente sob o que disseram ser a vontade de Deus, eu lavaria meus pecados. Eu precisava de respostas simples. E, como eu conhecia minhas fraquezas, preferi escolhas simples, e foi o que tive. Fui atraída a uma vibração em que as respostas eram preto no branco. — O espírito suspirou e com remorso acrescentou: — Estou começando a ver que há mais na vida do que preto e branco.

Rosa lançou os olhos demoradamente na escada colorida ainda brilhando atrás do palco da vida.

— Estou começando a compreender que existem diferentes meios de subir aquela escada, mas aqueles degraus nos levarão, no fim das contas, para o mesmo lugar.

Ela não quis finalizar suas confissões, dizendo a Assan que entendia os ressentimentos que ele tinha para com ela.

— Afinal, eu o abandonei duas vezes. Não porque eu quis, mas porque deixei que me convencessem a fazê-lo.

Assan pensou no que a mulher que já fora sua mãe lhe disse. Ele olhou de volta para o palco, deixando seu olhar prolongar-se sobre as imagens de Steve, André e Assan. Finalmente, tudo fazia algum sentido para ele.

— Meu carma é profundo. Eu destruí vidas. Destruí a mim mesmo. E vi que minhas ações tiveram conseqüências que interferiram na vida de outras pessoas. Ao invés de voltar como uma vítima — arriscou —, talvez eu devesse tentar confortar a dor de alguém. Como o professor disse, "para fora, ao invés de para dentro".

Assan estava decidido: ele começaria a "externar" a si mesmo bem ali, naquele instante. Ele prudentemente saiu da cadeira e andou devagar até a projeção de Steve Phillips. Parado em frente ao seu próprio passado, ele sacudiu a cabeça e analisou a imagem do garoto de programa louro e bonito.

— Que perda de tempo! Eu quis aprender como era ser uma vítima. Bem — encolheu os ombros —, foi exatamente o que aconteceu: eu era um excluído. Mas o professor está certo: eu me tornei um revoltado. E voltei essa revolta contra mim mesmo, odiando o que e quem eu era. Acabei vendendo meu corpo a estranhos. Assan novamente sacudiu a cabeça e disse adeus a Steve.

Mais um passo, e ele estava diante de sua imagem como Assan, vestido em trajes de combate.

— Tirei muitas vidas, furiosamente. Ninguém tem o direito de fazer isso. Tirei minha própria vida, rejeitando a mim mesmo, mais uma vez. Precisava de um meio de me vingar.

Com um movimento para sua esquerda, ele agora estava de frente para o feto não nascido, suspenso entre William e Mary.

— Estive representando minha rejeição por muito tempo. Chegou a hora de deixar isso para trás.

O adolescente voltou as costas para o palco da vida e caminhou até onde estavam Joshua e Rosa.

— É hora de escolher outro caminho. Como disse o professor, preciso romper com o "eu"

Assan virou a cabeça e curvou-se para falar apenas com Rosa.

— Você me perguntou o que aprendi. Provavelmente não muito, exceto que a revolta vai me manter onde estou, girando em círculos ao redor de mim mesmo. Preciso achar um meio de me libertar, e talvez esta seja uma maneira de começar.

Assan curvou-se um pouco mais e abraçou Rosa. Então, beijou-a na testa.

— Posso não gostar do que você fez, mas, como disse o professor, todos nós vivemos antes. Quem sou eu para julgar?

Depois, ele estendeu a mão para Joshua.

— De certa forma, sei pelo que você passou. Não se esqueça: eu o conhecia também — Assan encolheu os ombros, indicando com a cabeça a figura de Sir Walter, atrás dele.

Joshua ficou mudo.

Rosa, com os lábios tremendo, enxugou uma lágrima dos olhos.

Assan deixou o casal e, do meio do semicírculo, mais uma vez fitou o palco da vida, encarando as imagens de Sir Walter, Harold Phillips e Bobby Barnes.

— Sinto pena de você. Você é o espírito ignorante, egoísta e deformado que nos mandou para uma guerra santa milhares de anos atrás. Eu o conheço, Sir Walter. Você é aquele papa mentiroso que nos disse para matar em nome de Cristo. Você era o Santo Homem enganador que usou nossa fé e nossas crenças para seus próprios interesses.

Assan fez uma pausa diante da figura de Bobby Barnes e acrescentou:

— E você não mudou nada.

Quando Assan estava de volta à sua cadeira, outra imagem apareceu ao lado de Sir Walter. Era a do papa que incitava cristãos contra os muçulmanos. O adolescente, de seu lugar, lançou um lamento para os céus.

— Eu tirei vidas. Tenho que encontrar um meio de dar vida. Eu odiei. Agora preciso achar um meio de amar.

— *Ele terá a chance de escolher* — diz Joe a você. — *E vai ter sua oportunidade. Todos nós temos.*

Todos os véus tinham se rompido. Os alunos finalmente viam os fios que corriam por suas vidas e, ao ver esses fios, eles entendiam que não era o papa, o tio, o senhor de escravos ou o pai que foram os responsáveis por suas decisões.

William escolheu trair Mary, não porque Sir Walter o forçou; ele o fez porque queria ser como Sir Walter.

Rosa, como Mary, fez um aborto porque tinha medo de perder William. Ela, como Deborah, rejeitou o filho porque temia o marido. E, como Rosa, ela deixou sua igreja, sua religião e seu pastor controlarem sua vida porque, como sempre, queria que os outros decidissem por ela.

James, como Edward, fugiu da vida para a qual havia nascido. Em sua vida seguinte, ele se transformou num jornalista "arrogantemente superior". Em outra encarnação, foi surrado, humilhado e assassinado pelo mesmo espírito que fora o irmão de quem ele havia fugido antes.

E, finalmente, lá estava Assan. Em uma vida ele usou a posição em que nasceu para se tornar parte de uma cruzada assassina, pilhando e estuprando gente de outra cultura, apenas porque eram diferentes dele.

Ele pensou que podia equilibrar o carma que havia criado apenas encarnando numa vida onde o privilégio lhe fosse negado.

Depois, ele pensou que podia lidar com o carma sentindo como era ser perseguido. Ele estava começando a ver que o carma vai além do "eu" que existe em todos nós.

Indo contra os conselhos de sua guia, ele encarnou numa vibração que o levou para outra guerra santa, onde ele matou não apenas outros pessoas, mas também a si mesmo.

Cada um dos alunos tomou suas próprias decisões, e cada um deles era responsável por elas.

No palco da vida, as imagens se dissolveram no vazio. Sir Walter se foi, Samuel se foi, o papa e Bobby Barnes desapareceram. Eles já não eram mais necessários.

O palco da vida estava livre do passado e vazio do presente.

— E é assim que deve ser. Vazio. Nada. Hora de começar de novo, sabendo o que vocês sabem, usando tudo que aprenderam. Chegou a hora do futuro.

30

Uma escolha: Joshua e Rosa

Os fortes e claros raios de sol de Summerland banhavam quase todo centímetro da sala de aula circular com um confortável calor.

As aulas acabaram.

Algumas coisas haviam sido aprendidas, outras teriam de esperar por outro lugar e outra hora.

A classe aprendeu como seu passado se transforma no presente e eles sabiam que era a hora de construir seus futuros.

Eles estavam prontos. Eles estavam ansiosos.

Enquanto se inquietavam em suas cadeiras, até mesmo Joe estava imaginando quais seriam suas reações.

— *Em alguns instantes, seus guias estarão aqui, para oferecer opções* — revela Joe a você. — *Eles podem aceitá-las ou não. Eles podem sugerir alternativas. Eles serão aconselhados, mas as decisões serão deles. Depois que um espírito chega a certo estágio da evolução, você não pode forçá-lo a fazer uma escolha.*

Você esteve sentado em seu lugar na platéia e acompanhou suas histórias desde o primeiro dia de aula. De certa forma, suas histórias agora também são parte de sua vida.

Como Assan iria lidar com seu carma? Afinal, ele foi um homem-bomba. Ele destruiu vidas. Ele destruiu sua própria vida. Que tipo de escolha ele faria?

Você olhou para Rosa e Joshua.

Como eles iriam lidar com um amor frustrado que sobreviveu encarnação após encarnação? A próxima vida deles seria diferente?

Seus olhos pousaram em James. Como seu futuro seria construído, como disse o professor, a partir de seu presente?

Aquelas e outras perguntas giravam em sua cabeça e alguma coisa que Joe disse há alguns instantes aguçava sua curiosidade.

— *Você disse que, quando chegamos a certo estágio de desenvolvimento, não podemos ser forçados a fazer uma escolha. Então existem ocasiões em que as encarnações são forçadas?* — pergunta a ele, em pensamento.

O professor balançou a cabeça de um lado para o outro.

— *Acho que eu não soube usar bem as palavras. As coisas não são empurradas goela abaixo. Mas nos estágios iniciais, quando nossa habilidade de usar o livre-arbítrio ainda não se desenvolveu, nossos guias podem nos traçar um caminho.*

Joe estava prestes a começar a falar com a classe, mas acrescentou mais um pensamento numa mensagem exclusiva para você.

— *Ah, sim, existem outras ocasiões em que espíritos podem ser induzidos a situações. Isso pode acontecer quando um espírito é tão teimoso e cabeçudo que se recusa a ir em frente. Normalmente eles recebem um impulso na direção certa. Mas, geralmente, o universo é paciente. Acho que você já deve ter visto que esse negócio que chamamos de tempo não existe, não de verdade.*

De repente, você percebe que há mais espíritos na sala de aula, além do professor e dos alunos.

— *É o dia da formatura* — brincou Joe, em sua comunicação secreta com você, ao notar que os guias estavam chegando. — *Acho que estamos prontos, agora.*

— *Espere um segundo* — você insiste, tentando conseguir mais uma resposta. — *Se somos nós que delineamos nossas próprias encarnações, o que nos impede de escolher logo uma saída mais fácil?*

Joe riu, mas teve que admitir que era uma boa pergunta.

— *Quando estamos no plano espiritual, sabemos do que precisamos, e é aí que tomamos nossas decisões. Quando estamos em espírito, entendemos as ilusões do mundo físico. É por isso que estou sempre dizendo...*

Mas você finaliza a frase para ele:

— *Temos de nos lembrar quem somos, porque, quando sabemos quem realmente somos, não precisamos de mais nada.*

Um sorriso largo se abriu no rosto do professor.

— *Você aprendeu alguma coisa. Agora, vamos ver* — disse, referindo-se aos quatro alunos — *o que* eles *aprenderam.*

— Parece que chegamos ao fim de nossa jornada juntos — disse Joe, voltando-se para a classe, depois de certificar-se de que você não tinha mais perguntas. — E, para se ter uma idéia de quanto tempo isso levou, foram quase trinta e cinco anos terrestres que se passaram desde que começamos.

Como sempre, Assan fez uma piadinha.

— O tempo voa quando a gente está se divertindo.

Todos na classe riram, mas isso não deixou os alunos mais relaxados. Eles todos sabiam que a hora de escolher havia chegado.

— Durante esses anos, falamos muito sobre escolha. Em breve, teremos algumas a serem feitas. Falamos sobre livre-arbítrio. Logo, vocês vão usá-lo. Falamos sobre nos lembrarmos de quem realmente somos. Em breve, vocês terão a chance de estar em contato com seus verdadeiros "eus".

Os alunos de Joe absorviam cada palavra, sem tirar os olhos do professor, enquanto ele caminhava para a frente e para trás pela sala, fazendo o que seria seu último discurso.

Joe andou até a plataforma circular chamada de palco da vida. Ele estava, como no dia em que as aulas começaram, suspenso alguns metros no ar, exibindo sua luz branca fluorescente. O professor sentou-se na beirada do palco, com os pés balançando a alguns centímetros do chão.

— O círculo dentro do círculo. Aqui, vocês assistiram a algumas de suas vidas passadas. Vocês passaram a conhecer as ligações entre vocês e, espero, passaram a compreender como nós podemos nos enganar e nos cegar.

Saindo do palco da vida, o professor deu uma volta pela escada brilhante. Depois de brincar com as mãos sob suas cores e tons por alguns instantes, ele lembrou a seus alunos o que eles aprenderam sobre os diferentes planos de existência e como cada espírito evolui em seu próprio tempo e à sua própria maneira.

— Do branco — disse Joe, referindo-se ao primeiro degrau, — para o branco — apontando para o último patamar, que se encostava no alto do domo de cristal. — Fomos criados e retornamos ao Criador, aprendendo, crescendo e evoluindo.

Ele lembrou à classe que eles estavam num degrau chamado Summerland, onde começa o despertar espiritual.

— Dêem uma boa olhada na estrada que têm pela frente. A rapidez com que vão subir os próximos degraus depende apenas de vocês. No próximo degrau, vocês vão encontrar um plano onde existem espíritos que ajudam os outros a encontrar seus caminhos. Não é um plano físico como aqueles a que estamos habituados. É um plano mental. Às vezes, espíritos deste plano até podem encarnar na Terra, não para aprender, mas para ensinar. O sétimo degrau é onde eu estou. Dominamos a separação de nós mesmos, porque finalmente nos lembramos de quem somos. Na Terra, há um nome para esse degrau. Ele se chama Sétimo Céu.

Então Joe chamou Rosa e, com uma risada, disse que tinha uma última pergunta para ela, "em homenagem aos velhos tempos".

— Lembra-se de que Jesus falou sobre as muitas moradas que havia na casa de seu Pai? É disso que estava falando — o professor fez um gesto com o braço, abrangendo toda a escada. — Há vibrações infinitas, ou planos de existência, pelos quais viajamos até chegar em casa.

A escada tremeluziu e então desapareceu. Ela não era mais necessária. Seu brilho estava gravado para sempre dentro de cada um dos alunos.

O professor fez o caminho de volta até o semicírculo, parando em frente a Joshua.

— Você foi enganado pela ambição e pelo ego, que fizeram com que seu espírito não pudesse ver além dos limites de si mesmo.

Joe girou um pouco para a direita a fim de ficar ao lado de Rosa.

— Alguns de vocês foram aprisionados pelo medo e pela indecisão, ficando gratos quando outros tomavam decisões vitais por vocês. Quando um espírito desiste de seu livre-arbítrio, ele desiste de sua capacidade de crescer.

O professor atravessou o semicírculo e encarou Assan.

— Você se afundou na revolta, espalhando medo e ódio. Outros — disse, olhando para James — foram vítimas do ódio e se deixaram paralisar pelo medo desse ódio.

Joe voltou ao centro do semicírculo, o lugar de onde ele, há mais de trinta anos, deu as boas-vindas a seus alunos.

— Vocês todos deixaram que as ilusões da Terra controlassem suas vidas, uma vez ou outra. Vocês viram o que aconteceu no palco da vida. É hora de aprender com essas ilusões; usá-las, ao invés de deixar que elas os usem. É para isso que existe a vida.

Joshua, Rosa, Assan e James assentiram.

Assam lembrou-se de como ele avaliou os colegas no primeiro dia de aula. Decidiu compartilhar aquelas suas primeiras impressões com eles:

— Olhei para você, James, e pensei que você estava cansado e esgotado. Senti que tinha medo de alguma coisa.

James assentiu:

— Você estava certo. Eu estava cansado. Estava com medo de seguir adiante. O medo me mantinha parado.

Mas Assan não havia acabado.

— Eu também, meu amigo. Eu estava cansado, mas não percebia isso. Estava cansado de viver no ciclo de revolta que construí ao meu redor. Você, James — admitiu, estendendo a mão ao companheiro —, me ajudou a ver além desse ciclo. Você tem muito mais coragem do que imagina.

Assan olhou para Rosa. Um sorriso travesso abriu-se em seu rosto.

— No início, eu não sabia que você tinha sido minha mãe duas vezes. Achei que você estava com prisão de ventre — gracejou. — Pensei: "Ela está tensa como a corda de um violino".

Rosa devolveu-lhe o sorriso com outro.

— Você estava para lá de certo. Eu me envolvi em Jesus e no que eu pensava que Jesus queria. Eu me envolvi de tal modo que não precisava pensar. Eu louvava Deus, mas minhas palavras eram vazias, porque eu não tinha a menor idéia do que eu estava falando.

Dessa vez, Assan não fez nenhuma piada ou comentário jocoso. Ao invés disso, o que Rosa ouviu foi uma manifestação de arrependimento:

— Sei como é isso. Não se esqueça de que eu matei em nome d'Ele. Eu matei em nome de Alá. — E, com um suspiro, o adolescente acrescentou: — Sei que preciso consertar as coisas. Quero fazer tudo corretamente. Se ao menos eu pudesse achar um jeito de começar...

O silêncio preencheu a sala, enquanto todos meditavam sobre as palavras de Assan. O que ele disse se aplicava a todos eles: "Se ao menos eu pudesse achar um jeito de começar". O silêncio reflexivo foi quebrado por Joshua, que gritou através do semicírculo para Assan:

— Ei, e sobre mim? O que sua análise inicial detectou sobre mim?

— Esse cara é cheio de si — retrucou Assan. — Achei você um babaca empolado.

— Você estava certo. Eu era — concordou Joshua, com sinceridade.

O professor, os alunos e seus guias sorriram, abrindo caminho para o trabalho que tinham por fazer.

Joe perguntou à classe se havia alguém ali que não queria reencarnar.

— Nada os obriga.

O professor estudou os quatro rostos diante dele.

— Sem problemas — salientou. — Não vai aparecer ninguém no meio da noite arrastando vocês para dentro de um caminhão e forçando sua volta para a Terra. Vocês só vão se quiserem ir.

Uma mão se ergueu.

Logo em seguida, outra mão estava no ar.

Elas pertenciam a Joshua e Rosa.

— Queríamos dizer uma coisa — falou Joshua, com firmeza. — Rosa e eu tomamos uma decisão.

O professor olhou para os guias do casal, parados atrás deles. Tanto o guia de Joshua, um espírito chamado Pedro, como a de Rosa, um espírito chamado Marta, encolheram os ombros. Estava claro que eles não iriam interferir na decisão dos dois.

— Vocês querem reencarnar juntos para tentar mais uma vez? — adivinhou Joe, sabendo qual seria a resposta.

— Alguma coisa nos diz que deveríamos.

Foi Rosa quem respondeu, explicando que nenhum deles sentia que podia ir adiante se eles não fizessem as coisas darem certo entre eles.

— Você disse, mais de uma vez, que não existem coincidências — argumentou Joshua. — Nós vimos nossas vidas. Sabemos quantas vezes tudo concorreu para que ficássemos juntos.

O professor concordou. Seus guias, atrás deles, assentiram com um movimento de cabeça.

— Mas não é só isso — salientou Joshua. — Queremos trocar.

Mais uma vez, os guias deram de ombros. Eles não tinham a menor idéia do que se tratava essa troca. E, dessa vez, até mesmo Joe ficou surpreso.

— Eu sempre fui egoísta, um canalha egocêntrico. Fui frio e sem sentimentos — confessou Joshua. — Preciso desenvolver ternura e compaixão.

O professor sinalizou em concordância e mostrou que esperava ouvir mais.

— Eu sempre fui indecisa, fraca, dependente. Quero mudar isso. Preciso aprender como é ser responsável. Preciso me auto-afirmar — sugeriu Rosa.

Joe e todos os presentes perceberam qual era a troca sugerida. Esses dois espíritos, Joshua e Rosa, queriam tentar outra vida como marido e mulher, só que Joshua não seria o marido e Rosa não seria a mulher. Eles iriam trocar de papéis.

— Uau! — murmurou Assan do outro lado do semicírculo, e Joe imediatamente fez um gesto para que se calasse.

Marta, a guia de Rosa, disse que havia certa lógica na decisão de Joshua:

— Existem diferenças biológicas, químicas e emocionais entre os sexos na Terra. Eles foram projetados assim. As mulheres são geralmente mais dóceis, carinhosas e sensíveis. Os homens são geralmente mais agressivos, dominantes e impulsivos. Os espíritos podem escolher o corpo físico mais adequado à experiência que será aprendida.

O professor riu e balançou a cabeça, querendo ter certeza de que nada estivesse mal explicado.

— Marta não quis parecer preconceituosa e sexista. As coisas estão mudando. Espíritos encarnam e reencarnam na Terra em tantas circunstâncias e situações, que já desenvolveram atributos masculinos e femininos. As diferenças entre homens e mulheres estão cada vez menos nítidas. É assim que deve ser, quando os espíritos se desenvolvem e evoluem.

— E é por isso que precisamos ser cuidadosos sobre onde eles encarnam — observou Pedro, o guia de Joshua. — Eles precisam escolher uma vibração terrestre onde os papéis de homens e mulheres ainda sejam distintos. Isso vai facilitar a adaptação deles em seus novos papéis.

Marta concordou:

— Exatamente. Se eles realmente vão trocar de lado, a cultura onde eles vão encarnar vai ser de suma importância.

— Vamos fazer isso, então — disse Joshua. — Rosa e eu gostaríamos de começar a definir nossa porta de entrada, por assim dizer.

— *Como eu disse* — comenta o professor com você —, *nós traçamos os objetivos de nossa encarnação. Agora, eles vão ajustar os detalhes com seus guias: mães, pais, irmãos, tipo de família, local de nascimento, isso tudo. Eles já escolheram o sexo. Pessoalmente, eu acho que eles estão fazendo o certo. Mas não há garantias de que ficarão juntos. Na Terra, muitas opções vão desfilar em frente a eles durante sua jornada, e as escolhas que fizerem vão determinar como a estrada será percorrida.*

Tudo faz sentido, mas há uma coisa incomodando você.

— *Pensei que iriam apresentar opções a eles. Foi isso que você disse desde o começo.*

Joe sorriu pacientemente.

— *A escolha que eles fizeram foi justamente a que lhes seria oferecida.*

Mas a explicação dele ainda não tinha acabado:

— *Eu também disse que aqui, longe das ilusões do mundo físico, nosso espírito sabe do que ele precisa. Eles chegaram a uma decisão porque progrediram. Quer saber? Eles aprenderam muita coisa aqui!*

No entanto, antes de partir com seus guias, Rosa ainda tinha algo a dizer. Era um convite para Assan.

— Se você nos der mais uma chance, gostaria que se juntasse a nós. Quem sabe dessa vez nós três possamos fazer as coisas darem certo.

Assan estava perplexo.

— Está me pedindo que renasça como filho de vocês?

— É. Por que não? — questionou Joshua.

Antes que Assan pudesse organizar os pensamentos, Rosa e Joshua se foram. Com a orientação de Pedro e Marta, eles estavam prestes a dar os primeiros passos em sua nova encarnação.

Eles deixaram a escola astral para preparar-se para reentrar na escola terrestre. Mas as últimas palavras de Joshua, "Por que não?", ainda flutuavam no ar.

31

Uma escolha para James

Rosa e Joshua se foram, mas o convite feito a Assan para que se juntasse a eles em sua nova vida ainda pairava na sala de aula muito tempo depois de sua partida.

O adolescente estava desconfiado. Ele estava sentado em sua cadeira, atordoado com a surpresa e o choque daquele convite. O espírito procurou ajuda com o professor, mas Joe e a guia de Assan, Cláudia, sabiam que o rapaz teria de chegar a suas próprias conclusões.

— *Ele não está pronto* — confidencia o professor a você. — *Vou deixar que ele fique ali, pensando e assistindo. Esse garoto carrega um caminhão-tanque de carma e, até agora, apenas lidou com isso de maneira superficial. É por esse motivo que foi mandado para cá, para que pudesse compreender e lidar com o que fez. Ele colocou a culpa nos outros por muito tempo: no papa, nos pais, no Alcorão.*

Assim que o professor finalizou suas observações, uma imagem começou a se materializar no palco da vida.

— *Você disse que os flagrantes da vida real haviam acabado* — você reclama.

— *E acabaram. Este não é um flagrante. É o início de uma escolha... para James.*

Era Bobby Barnes, ao vivo e em cores. O cenário ainda era um pasto de fazenda e Barnes ainda estava falando com o mesmo grupo de cerca de duzentos seguidores que rodeavam o pequeno palanque improvisado.

— Digo a vocês — gritava Barnes — que o homem branco deste país precisa despertar. E precisa fazer isso depressa. Os negros e os latinos estão tendo mais filhos do que nós; logo eles serão a maioria e nós a minoria.

A multidão concordou em voz alta.

— Estou dizendo a vocês — Barnes fazia sua voz ecoar enquanto andava para a frente e para trás no palanque de madeira que bamboleava — que os homens brancos deste país precisam se unir rapidamente, antes que seja tarde.

Enquanto o grupo vociferava aprovações, a cena no palco da vida mudou de repente. Era como se uma câmera estivesse correndo em meio à multidão, registrando e filmando cada um dos rostos presentes, antes de parar no rosto de uma mulher loira, alta e de aparência simples. Ela estava com seus dezoito anos e sua face pálida exprimia a admiração que ela tinha por Bobby Barnes.

— Ele vai se casar com ela daqui a um ano — revelou o professor a Assan e James. — Eles vão ter um filho. O nome dela é Amy. É da família dela a fazenda onde Barnes está fazendo seu discurso. O pai está prestes a perder a propriedade porque não pode pagar a hipoteca que se arrasta há vários anos. Ela está revoltada e amargurada. E também está com muito medo. Amy não sabe o que vai ser de sua família se eles perderem aquelas terras. Ela acredita que Bobby Barnes tenha as respostas.

James estava indignado.

— Que respostas? A única coisa que o ouvi falar foi sobre ódio e como a raça branca é predestinada a dominar o mundo.

O professor encolheu os ombros. Ele sabia que James estava certo.

— As pessoas ouvem o que querem ouvir, e, como num comício eleitoral, ele só fala a eles o que eles querem ouvir: "Você tem medo? Não se preocupe, você é superior. Você perdeu seu emprego?

Vamos pegar o de outra pessoa". Ele não dá soluções a eles porque na verdade ele não as tem. Como eu disse, as pessoas ouvem o que querem ouvir.

— O que tudo isso tem a ver com a gente? — a pergunta veio de Assan.

— Muito — respondeu Joe, apontando para o palco da vida. — Continuem ouvindo.

— Temos que preservar a identidade de nossa raça. Chega dessa aberração de casamentos mestiços. Isso só gera vira-latas.

As duzentas pessoas gritaram palavras de apoio.

— Temos que garantir que nossa raça, que é a raça de Deus — enfatizou ele —, seja pura. Quando estivermos no poder, vamos selecionar nossos genes dominantes para que apenas os brancos fortes, determinados e orgulhosos de sua raça permaneçam. É o único caminho.

A multidão emitia sons em concordância, mesmo que muitos dos que estavam ali não tivessem a menor idéia do que ele queria dizer.

Assan e James, no entanto, sabiam exatamente o que ele estava dizendo, e arrepios gelados estremeciam seus espíritos.

— Ele ficou ainda pior — observou James.

— Ele sempre foi assim — discordou Assan. — Só que agora ele voltou a ter uma platéia. E voltou a usar suas mentiras sobre Deus.

— Vocês dois estão certos — respondeu Joe. — Ele está se alimentando do medo e da revolta que sua platéia sente. Mas está chegando a hora de esse espírito fazer uma escolha; uma escolha pessoal e íntima, que pode trazê-lo de volta ao caminho da evolução.

— *Lembra-se do que eu disse sobre como, às vezes, o universo cria situações para aqueles espíritos que são muito teimosos ou cabeçudos para evoluir sozinhos?* — pergunta o professor a você. — *Bem, preste atenção: temos um espírito cabeçudo, e o universo está se preparando para lhe dar uma tremenda oportunidade.*

O professor agora começou a listar, para Assan e James, as opções que o universo já tinha dado àquele espírito.

Olhando para Assan enquanto falava, o professor disse:

— Quando ele foi papa, ele teve uma opção. Ele podia ter usado seu poder e influência para iluminar o mundo. Em vez disso, ele escolheu incendiar metade do mundo numa guerra santa.

— O espírito que vocês conhecem como Sir Walter — disse para James — podia ter se aproximado de seu irmão e de seu sobrinho. Mas todos nós sabemos o que aconteceu.

— Esse espírito, quando foi Harold Phillips — novamente o professor olhava para Assan — podia ter dado amor, compreensão e um pouco de esperança a seu filho confuso, solitário e amedrontado. Ao invés disso, ele o colocou para fora de casa e lhe disse para nunca mais voltar.

O professor moveu-se até o palco da vida, onde a imagem em tamanho natural de Bobby Barnes olhava para eles, de modo desafiador.

— Esse espírito precisa seguir adiante. Seus guias sugeriram que ele encarnasse numa família da classe operária e pobre para aprender humildade.

Balançando a cabeça, Joe disse aos dois alunos restantes na sala de aula que o ego, o orgulho e a ambição mais uma vez haviam aprisionado aquele espírito.

— Do lado de cá, ele concordou com seus guias. Mas — suspirou —, usando sua inteligência, habilidade e astúcia, ele achou um meio de reconquistar o poder.

Dando as costas para Bobby Barnes, o professor voltou ao centro do semicírculo para lembrar a James e Assan sobre a escolha.

— Vocês viram como um espírito escolhe os pais, o ambiente e as circunstâncias que podem trazer a experiência de que precisa para crescer. Vocês viram como vocês mesmos fizeram isso. Mas esse espírito, mais uma vez, decidiu fazer do seu jeito.

Joe sorriu e olhou para o alto do domo de cristal, explicando que existem algumas coisas que nós não planejamos.

— O carma tem algumas cartas na manga, e o universo usa o carma para nos ensinar o que às vezes nos recusamos a aprender. Bobby Barnes, Sir Walter, o papa, o senhor de escravos Samuel e Harold Phillips: esse espírito vai ter mais uma chance de aprender.

O universo está lhe enviando uma mensagem: ele pode aceitá-la ou recusá-la. Será dada uma opção. Alguns podem chamar isso de destino, mas, como sempre, somos nós que fazemos nosso próprio destino.

Assan e James estavam intrigados. Os dois viveram com aquele espírito. Os dois sentiram as conseqüências de sua arrogância, revolta e ego.

— James, você gostaria de ajudar Samuel? Gostaria de ajudar seu irmão, Sir Walter? Gostaria de ser essa escolha?

James não disse nada, mas uma voz atrás dele, a de seu guia, disse-lhe exatamente o que estava sendo questionado ali.

— Você pode escolher nascer como filho dele. Um filho com algum tipo de defeito físico de nascença.

Com certa cautela, James quis saber por quê.

— Ele terá que fazer uma escolha — o guia comentou.

— Lembra-se do que ele disse — interpôs Joe — sobre genes dominantes?

Imediatamente, no palco da vida, James viu e ouviu Bobby Barnes.

— Temos que garantir que nossa raça, que é a raça de Deus, seja pura. Quando estivermos no poder, vamos selecionar nossos genes dominantes para que apenas os brancos fortes, determinados e orgulhosos de sua raça permaneçam. É o único caminho.

O guia de James esclareceu:

— Genes... defeitos de nascença... raça pura... Os fanáticos ao redor de Barnes vão pressionar para que ele o abandone. Alguns vão até sugerir que ele o mate, por considerarem você uma mercadoria defeituosa.

Assan estava chocado. Assim como James.

— Não fique tão surpreso. Isso já foi feito antes — apontou Joe.

— Você vai ser a escolha dele — aconselhou o guia. — Você vai ser a oportunidade dele. Ele será forçado a escolher entre o poder que almeja e o filho recém-nascido.

James não respondeu. Ele fitava a imagem de Bobby Barnes. A

paixão ardente nos olhos do fanático fitava-o de volta. Ele viu mais chamas ainda, que vinham das labaredas de uma cruz na escuridão da noite no Alabama.

— Por que eu?

O professor encolheu os ombros e em quatro palavras resumiu uma regra eterna e imutável do universo:

— Porque você está pronto.

O guia explicou melhor o que o professor disse:

— Você está pronto para perdoar. Você está pronto para seguir adiante. O universo nunca pede de um espírito mais do que ele pode dar, porque ninguém pode ser responsável por uma coisa pela qual ainda não está pronto para assumir a responsabilidade. Como seu professor lhe disse, você está pronto.

James fechou os olhos e, com um aceno de cabeça, concordou. Ele finalmente soube o que Joe quis dizer quando ensinou que "Jesus perdoa porque Ele compreende".

James compreendeu: nossas vidas na Terra às vezes não têm nada a ver conosco, mas com os outros.

Ele perdoou:

— Eu vivi antes, fiz minhas escolhas, não sou melhor do que ninguém.

E ele aceitou. Porque não estava mais com medo.

32

A última escolha

Assan foi o único aluno que restou sob o domo de cristal. Ele olhou ao redor da enorme rotunda e das três cadeiras vazias postadas no semicírculo.

— Então, para onde vamos daqui, professor? Você não vai continuar pagando o aluguel dessa sala só por minha causa — gracejou o espírito, nervosamente.

— Já está pago — sorriu Joe. — E não acho que vamos precisar dela por muito mais tempo.

Assan assentiu. Ele sabia que, em breve, ele é quem iria tomar uma decisão. O espírito estava impaciente. Desde que espiara o abismo, Assan sentia que alguma coisa dentro dele o estava impelindo a prosseguir.

— Se eu disser "sim" — disse, referindo-se à opção de nascer como filho de Rosa e Joshua —, vamos embora e seguimos com nossas vidas?

Joe ergueu as sobrancelhas e avistou a guia Cláudia por sobre o ombro de Assan. O professor sabia que Assan, no passado, nem sempre aceitava os conselhos da guia. Mas aquilo também fazia parte da vida: o direito de tomar decisões erradas. O universo permite as assim chamadas "escolhas erradas", porque, de uma forma ou de outra, nós aprendemos.

— *Nós sempre evoluímos* — afirma Joe para você. — *Uma vez que um passo é dado, um espírito nunca retrocede. Pode ficar empacado, mas é para isso que estamos aqui, para dar-lhe um empurrãozinho.*

Cláudia encolheu os ombros. Ela não queria se envolver ainda. Ela achava melhor deixar Joe continuar seu trabalho com Assan. A guia sabia que Assan tinha dificuldades em lidar com o carma, e agora era importante que ele visse claramente, de uma vez por todas, o que significava o carma.

O professor andou pela sala e sentou-se ao lado de Assan, na cadeira que havia sido ocupada por James.

— Você é quem manda. Você pode dizer "sim" para a oferta de Joshua e Rosa, partir com Cláudia e planejar sua encarnação. Ou — o professor apertou levemente o ombro de Assan — você pode ficar por aqui e pensar realmente sobre o que você quer fazer.

Cláudia saiu de trás do rapaz para parar ao lado dele.

— Não seja impaciente — ela o encorajou. — Não há pressa. Dê-nos uma chance.

Assan deu um sorriso tímido. Ele sabia que eles estavam certos. No passado, ele sempre foi cabeça-dura e impetuoso.

"E olhe onde isso tudo me trouxe", murmurou para si mesmo. "Melhor eu calar a boca e ouvir um pouco, para variar."

— Ajudem-me — pediu. — Estou pronto.

Tanto o professor quanto a guia estavam aliviados. Sem desperdiçar um segundo, Joe foi logo começando o que tinha que fazer.

— Lembra-se de ter dito que queria se abrir? Dar ao invés de receber?

Assan assentiu.

— Em que medida voltar como filho de Rosa e Joshua faria isso? — perguntou Cláudia, forçando Assan a concentrar-se nas implicações de sua escolha. — Pense em como isso se encaixaria naquilo de que você precisa.

Assan virou para sua esquerda a fim de olhar para o professor, mas Joe apenas balançou a cabeça para ele:

— Só você sabe essa resposta.

Ele olhou para a direita. Cláudia repetiu o gesto do professor. Nenhuma dica viria daqueles dois.

Assan estava encurralado.

— Pensei que vocês iam me ajudar.

— Estamos aqui para ajudar você a se ajudar — respondeu o professor, por ele e por Cláudia. — Você progrediu muito desde que as aulas começaram. Sabe onde encontrar suas respostas.

O espírito desistiu. Eles realmente não iriam facilitar. Ele estava por sua própria conta.

— *É assim que tem que funcionar* — revela o professor a você. — *Nós estamos aqui para ensinar. Estamos aqui para guiar. Estamos aqui para ajudar. Mas não estamos aqui para decidir. Assan tem que fazer isso sozinho, porque ele* pode *fazer isso sozinho.*

Assan fechou os olhos. Meditou e começou a procurar pela resposta dentro de si mesmo.

"Em que medida encarnar como filho de Rosa e Joshua vai ajudar a me abrir para os outros? Onde está a chance de mudança? Qual é a oportunidade?"

Imagens de seu passado desfilaram à sua frente, não apenas para relembrá-lo onde já esteve, mas também para dar-lhe pistas de onde procurar pelas respostas.

As Cruzadas. Ele viu a si mesmo enquanto as chamas das mesquitas incendiadas iluminavam os céus da noite. Ele ouviu os gritos e lamentos dos seguidores do Islã presos dentro daquelas mesquitas, seus corpos alimentando as chamas furiosas.

Reencarnar como filho de Rosa e Joshua não iria fazer sumir as chamas ardentes que ele acendeu naquela encarnação, onde seu carma se acumulou da mesma forma que as cinzas do ódio que ele espalhou.

Tanto Joe quanto Cláudia assistiam ao espírito em sua procura por uma resposta.

— *Ao menos ele começa a perceber o tipo de carma que criou* — disse Cláudia em pensamento para Joe, enquanto eles viam que a aura de Assan estava se modificando.

— *Já é um bom começo para ele* — retrucou o professor, também em pensamento.

Você, sentado em seu lugar de sempre, na platéia, empolga-se ao ver que pode ouvir a troca de mensagens mentais entre Joe e Cláudia.

Assan sentiu a revolta e a rejeição ao ver Mary-Rosa deitada na mesa onde fora feito o aborto, negando-lhe a chance de existir.

"Mas quem sou eu para me revoltar" — admitiu Assan para si mesmo — "depois de tudo que fiz?"

— *Ele está achando as respostas* — Joe sorriu para Cláudia.

— *Ele está começando a entender que nenhum de nós é inocente e nenhum de nós é perfeito* — pensou Cláudia de volta. — *Agora ele pode começar a descobrir o caminho que tanto procura.*

— *Ele está abandonando sua revolta* — acrescentou o professor. — *Agora ele pode começar a ver além de si mesmo.*

O adolescente viu a si mesmo como Steve, o garoto de programa espancado, morrendo solitariamente num hospital de Nova York, querendo apenas ouvir a voz da mãe pela última vez.

"Eu quis ser uma vítima, achando que iria equilibrar meu carma se fosse tratado da forma como tratei os outros. Tive o que quis. Minha família me rejeitou, eu me humilhei vendendo meu corpo e, finalmente, fui espancado até a morte porque uns sujeitos no parque odiavam bichas. Mas o carma é mais do que o "eu"... Carma é também os outros, porque minhas ações afetam outros. Eu não dei nada, e não recebi nada a não ser mais revolta e rejeição."

— *Ele está chegando lá* — o professor proclamou orgulhosamente para Cláudia, que esfregou as mãos, entusiasmada.

Assan viu seu pai, Harold/Sir Walter, expulsando-o de casa. Ele mal havia completado dezessete anos.

"Ele me expulsou porque eu o envergonhava. Talvez ele tivesse vergonha de si mesmo, também. Rosa o imitou, porque tinha medo", Assan falava a si mesmo. "Se eu voltar como seu filho, é porque perdoei a ela e a mim mesmo."

— *Compreensão traz perdão, e perdão leva à compaixão, que se torna empatia, e da empatia nasce mais compreensão. É um novo e completo ciclo que ele está começando a construir* — Cláudia comentou com Joe, feliz.

— *E compreensão gera evolução, substituindo o ciclo de ódio, revolta e rejeição. Ele está rompendo as correntes que o prendiam* — observou Joe orgulhosamente.

Assan definitivamente tinha aprendido. O tempo que ele passou sob o domo de cristal tinha valido a pena.

Um clarão explodiu em frente a Assan. Ele viu os corpos mortos e mutilados que ele criou.

— Eu encarnei revoltado, portanto fui atraído a um lugar, a uma vibração e a uma época em que podia exercitar minha revolta. Inventei uma história não apenas para mim mesmo, mas também para minha guia, dizendo que queria ser parte daqueles que um dia persegui. Fiz isso, de novo, pensando que podia equilibrar as coisas. Era uma mentira, mas ao menos aprendi que era impossível equilibrar violência e ódio com mais violência e ódio.

Um suspiro profundo, e Assan abriu os olhos. Ele olhou para o professor, que ainda estava sentado perto dele, e para Cláudia, que estava em pé à sua direita. O espírito havia chegado a uma conclusão.

— Eu sempre fiz a escolha mais egoísta. Eu nunca dei. Só tomei.

— Prossiga — embalou Cláudia.

— Tenho que controlar minha revolta corrosiva. — E então, pela primeira vez, ele admitiu que, quando olhou para dentro do abismo, viu um reflexo de si mesmo. — Era como se eu estivesse olhando para minha própria revolta. É por isso — Assan olhou para Joe — que me senti fraco lá em baixo. Eu estava sendo atraído pela fúria, e isso me assustou.

Cláudia e Joe ergueram as sobrancelhas. O pupilo realmente tinha progredido muito.

— Tudo bem, para mim, encarnar como filho de Rosa e de Joshua. Não tenho ressentimentos contra eles — admitiu Assan, mas perguntou em voz alta de que valeria essa encarnação.

— Provavelmente — ele mesmo respondeu —, não muita coisa.

O professor e a guia trocaram olhares. Joe sinalizou a Cláudia que era hora de levar Assan para o próximo passo.

— E se você pudesse fazer Joshua e Rosa se abrirem, não apenas um para o outro, mas para o mundo ao redor deles? E se você pudesse ajudá-los a entender seu egoísmo, seus egos e seus medos? O que você me diz disso?

Enquanto o espírito meditava sobre as palavras de sua guia, Joe interrompeu-o com outras palavras:

— Não é um grande gesto, como tentar salvar o mundo — ele riu —, mas pode ser até mais importante. Você estaria ajudando dois espíritos, que até agora viveram dentro de si mesmos, a progredir na estrada da evolução.

— Posso fazer isso sendo filho deles? Não vejo como.

Cláudia, acariciando a bochecha de Assan, disse-lhe com gentileza:

— Você pode fazer isso, se você se tornar um dos Bebês de Deus.

Assan lentamente balançou a cabeça. Ele não tinha a menor idéia do que Cláudia estava falando.

— O que é isso? — ele perguntou.

— Uma escolha — respondeu Joe. — Nada mais que uma escolha.

33

Os Bebês de Deus

— Eles parecem diferentes — Cláudia, parada perto de Assan, começou a dizer. — Não são inteligentes ou brilhantes. Aos olhos do mundo, eles nunca vão ser nada e são dignos de pena. Na Terra, alguns acham que eles nem sequer deveriam poder nascer.

— Eles são completamente dependentes. Eles não podem fazer nada sozinhos. A maioria nem sequer vive muito; seus corpos não são próprios para longos percursos — complementou Joe, sentado à esquerda de Assan.

— Mas eles são os Bebês de Deus. Eles riem, sorriem e, enquanto estão vivos, são inocentes, passando pela vida sem nenhuma malícia, ódio ou inveja — finalizou Cláudia.

Assan viu-os em frente a ele, rindo e brincando no palco da vida. Eram crianças nascidas com a síndrome de Down, comumente chamados de mongolóides, por causa de sua aparência oriental.

Em seguida, o palco da vida mostrou a Assan uma criança excepcional com seus pais. Ele viu a adoração sincera e o amor que a criança tinha por eles.

— Eles dão mais do que recebem — observou Joe. — Enquanto precisam de atenção, tempo e energia constantemente, eles retornam com amor e felicidade incondicionais. — E, com ênfase especial, o professor comentou: — Os Bebês de Deus são ignorantes para o "eu".

— Essas crianças vivem em simplicidade, harmonia e paz — concluiu Cláudia. — Elas existem para nos lembrar de nossa inocência. E elas nos dão uma oportunidade.

— E você quer que eu seja um deles — pensou Assan enquanto olhava para o palco da vida. — É por causa de tudo que fiz? Essa seria minha punição?

Joe sorriu e pacientemente relembrou o espírito de uma das primeiras lições que ensinou.

— Punições são imposições. Lembre-se do que ensinei sobre imposições: nós não aprendemos com elas. Nada pode lhe ser forçado. Estamos mostrando a você uma de muitas opções.

— Essa é uma oportunidade não apenas para você, Assan, mas para Joshua e Rosa — explicou Cláudia. — Agora mesmo eles estão traçando suas próximas encarnações com seus guias e eles sabem que precisam achar um meio de crescer além de si mesmos, se quiserem evoluir. Por muito tempo, Joshua pensou apenas em si mesmo. Para ele, a vida era um jogo, no qual poder, dinheiro e posição social colocavam-no entre os ganhadores. E Rosa encolheu-se num casulo do qual tinha medo de sair.

O professor continuou a explicar a Assan que seu nascimento jamais poderia ser uma punição para ele, Rosa ou Joshua.

— O universo está dando a eles uma chance de desviar suas emoções para longe de si mesmos. Eles precisam ser capazes de acolher um ao outro e se importar mais com outro ser humano do que se importam com suas próprias ambições e medos. Seu nascimento pode ser uma oportunidade para que eles rompam consigo mesmos e com seus passados.

— Você pode ser o centro do futuro deles — afirmou Cláudia.

Assan estava para dizer alguma coisa, mas Joe interrompeu-o. Ele sabia o que estava passando pela cabeça do rapaz.

— E você? Como você se encaixa nisso, com seu desenvolvimento e evolução? É isso que quer saber, não é?

O adolescente encolheu os ombros e deu um sorriso retorcido.

— É, isso meio que passou pela minha cabeça.

— E pela nossa, também — riu Cláudia, e em seguida deu-lhe a resposta a suas dúvidas.

— Revolta, meu amigo. Tem tudo a ver com revolta. Você viverá com um corpo e uma mente que simplesmente não estão conectados à revolta. Você vai descobrir como é viver sem sentir raiva.

— E você vai fazer algo que nunca fez em todas as suas encarnações até agora — interpôs o professor. — Você vai representar uma oportunidade para dois espíritos. Você vai ajudar a si mesmo a evoluir e quem sabe quantos outros você vai poder modificar. Não era isso que você queria? Sem grandes feitos... sem razões egoístas, simplesmente uma oportunidade de tocar pessoas e ajudá-las em seu caminho.

Assan pensou sobre tudo que o professor e Cláudia disseram. Ele analisou as possibilidades. Franziu os lábios e perguntou:

— E se Rosa e Joshua, assim que soubessem que teriam um filho excepcional, decidissem por um aborto? Eles já fizeram isso antes e é mais fácil hoje em dia do que era na Inglaterra no século 18. Em alguns países, isso é até uma tendência.

— Pode acontecer — admitiu Cláudia imediatamente. — Mas não se esqueça: os dois estão mudados; eles não são mais William e Mary.

— Além disso — intrometeu-se Joe —, há o fator dos papéis invertidos, ou a "troca", como Joshua disse. Rosa será o homem, Joshua será a mulher, e eles estão planejando encarnar numa vibração estritamente tradicional. Mas você está certo. Eles podem decidir por um aborto. O livre-arbítrio pode abrir muitas portas.

Cláudia, que guiou Assan por várias encarnações, disse ao espírito que, se acontecer um aborto, podia-se pensar em outras opções.

— Mas — ressaltou Cláudia —, neste momento, é você quem decide.

Assan disse que entendia, mas ainda tinha muita coisa dentro de sua cabeça.

— E se eles decidirem me doar para adoção? E se a vergonha e a responsabilidade forem demais para eles? Rosa já fugiu de seus problemas no passado.

— É uma possibilidade — concordou Cláudia. — Espíritos encarnam com a melhor das intenções, mas, na Terra, tudo pode acontecer. Aqui, só podemos traçar nossas vidas, mas, no plano terrestre, o universo, através do carma, nos dá opções. Como reagimos, depende de nós.

A guia pediu-lhe que não se preocupasse com o que seus novos pais podiam fazer.

— Mesmo que eles o abandonem, você ainda terá sua chance, e isso é o que conta.

O espírito sacudiu a cabeça. Ele não compreendia.

— Você terá uma chance de viver uma vida sem revolta. Você terá a oportunidade de tocar as vidas de outras pessoas, com amor, compaixão e alegria. Em você, algumas pessoas verão a inocência de que se esqueceram, a pureza que perderam e a felicidade que menosprezavam.

— É por isso que apelidamos essas crianças de Bebês de Deus — sussurrou Joe.

Assan fechou os olhos e respirou fundo.

— Para mim, tudo bem.

34

Só acaba quando termina

O enorme círculo onde ficava a sala de aula está vazio, sem guias, sem alunos.

Já faz algum tempo, você não sabe bem quando, que viu Assan partir com Cláudia para planejar sua vida como filho de Rosa e Joshua. A única forma de calcular o tempo em anos terrestres é sua idade: você começou a visitar Summerland quando tinha vinte anos; agora, já passa dos cinqüenta, ainda vivendo no plano terrestre.

Você está no mesmo lugar na platéia, mas agora não está sozinho. Joe está sentado a seu lado.

A princípio, nenhum dos dois diz uma palavra. Ao invés disso, vocês se deixam ficar na sala de aula onde tanta coisa aconteceu nos últimos trinta e poucos anos.

Você passeia os olhos pela enorme rotunda onde os alunos se sentaram organizadamente em seu semicírculo. Mais à esquerda, flutua o pequeno "círculo dentro do círculo", o palco da vida.

Você pensa nas vidas que viu passar por aquele palco. Em cada uma delas, havia uma parte de você e, provavelmente, uma parte de todo espírito que vive na esfera terrestre.

"Quem já não foi tomado pela ambição?", você se pergunta.

"Quem já não se revoltou ou teve medo? Quem já não se perdeu, tentando achar a 'saída mais fácil'?"

Você finalmente percebe que não foram apenas as vidas dos quatro alunos que foram projetadas sob o domo de cristal. Na verdade, foram flagrantes da humanidade que desfilaram diante de seus olhos. E você sabe que não foram apenas os alunos que aprenderam com aqueles flagrantes da vida real; você também aprendeu.

Você se lembra da grande escada brilhante curvando-se nos fundos, onde cada degrau era um passo na infinita jornada espiritual. Você deixa seu olhar passear livremente, até que se descobre fitando o domo de cristal que o iluminou ali por tantos anos terrestres.

E, finalmente, você pousa os olhos no professor a seu lado.

— Como isso vai acabar? — você se pergunta.

Um pequeno sorriso forma-se no rosto dele.

— Nunca acaba. Aí é que está a beleza disso tudo. Um espírito é imortal. Estamos sempre progredindo, mudando, nos transformando. Há tanto que se aprender, e tantas coisas que ainda não compreendemos...

Você deixa escapar um suspiro desanimado.

— E as vidas deles? Como vão ser? Era isso que eu queria saber.

— Entendo o que quer — riu Joe. — Dê uma olhada no palco da vida, o "círculo dentro do círculo". Imagine os anos terrestres passando. O tempo é irrelevante. Lembre-se do que eu disse: "O passado torna-se o presente, e o presente é uma ponte para o futuro". Tudo que você tem a fazer é atravessar a ponte, e vai encontrar uma resposta.

Você faz o que ele disse e concentra sua atenção no pequeno palco. Você pensa em Sir Walter, vivendo como Bobby Barnes. Você pensa em James, que encarnou como seu filho, com um corpo deformado por genes defeituosos.

— Se estivéssemos no poder — dizia o líder do grupo com quem Barnes trabalhava —, o garoto teria que ser eliminado. A raça branca tem que se manter pura, nossos genes dominantes limpos. Você sabe como nos sentimos a esse respeito.

Bobby Barnes tinha uma escolha.

James foi a canalização dessa escolha.

Barnes poderia, como exigia a organização, livrar-se do garoto, ou ele poderia tomar outro caminho.

Bobby Barnes/Sir Walter finalmente tomou outro caminho.

O universo tinha, na verdade, enviado um chamado a ele, e, dessa vez, o espírito ouviu.

Neste exato momento, Barnes está usando seu talento como orador e líder contra seus ex-amigos. Ele viaja pelo mundo, discursando contra o racismo, contra a intolerância e o fanatismo. E leva sempre consigo seu filho, Robert Jr.

— James perdoou e, porque pôde perdoar, perdeu o medo — observou o professor. — James rompeu o ciclo em que ele próprio se aprisionou. E ele foi capaz de ajudar o espírito que uma vez se chamou Sir Walter a romper seu próprio ciclo.

— É assim que aprendemos uns com os outros — comenta você.

— E isso só demonstra a você como estamos nisso juntos, mas cada um por si — respondeu Joe. — O universo permite que as vidas se inter-relacionem. O carma nos une. Mas o que aprendemos com essas vidas depende de nós. James tomou uma decisão, a de ser mais uma vez parte da vida do senhor de escravos Samuel. Foi dada uma nova oportunidade a Samuel, como Bobby Barnes.

O professor juntou a palma das mãos.

— Juntos: James e Samuel — ele demonstrou. E, separando as mãos, completou: — James e Samuel, escolhas separadas; estamos nisso juntos, mas cada um por si. Podemos aprender uns com os outros, ou não. Cada espírito precisa achar seu próprio caminho.

Joe se antecipa à sua próxima pergunta:

— Você quer saber sobre Rosa, Joshua e Assan.

Ele sorriu e novamente apontou para o palco da vida.

Rosa agora era Stanislaw. Joshua tornou-se Myrna. Eles nasceram na Polônia, um país sob rígida tradição católica na Terra. Como planejaram no lado astral, eles se encontraram, um dia, e casaram-se.

O casal teve um filho, ao qual deram o nome de Nicholas. E a criança nasceu com a síndrome de Down. Nicholas morreu quando completou vinte e três anos de idade. Seu coração nunca se desenvolveu o suficiente para suportar um corpo adulto.

Stanislaw/Rosa não pôde lidar com a pressão e o sacrifício de manter uma criança excepcional. Ele/Rosa deixou a família cinco anos depois que Nicholas nasceu. Mais uma vez, Rosa o abandonou.

No entanto, Myrna/Joshua foi forte, lutando ao lado do filho até o último suspiro de vida de Nicholas. Quando ele nasceu, ela ajudou a criar em seu país o primeiro grupo de apoio para pais de crianças excepcionais. Até hoje, descasada e sozinha, ela continua a acolher outros pais, dando-lhes coragem e compaixão.

— Rosa e Joshua vão ficar juntos um dia? — você pergunta.

— Difícil dizer. Lembra-se de como eles eram afinados um com o outro?

Você assente.

— Bom, Joshua progrediu. O espírito aprendeu a usar seu talento e dinamismo para ajudar os outros. Rosa ainda vive atrás de uma muralha de medo e insegurança. É difícil dizer o que vai acontecer. Às vezes, o amor não conquista tudo.

Você pergunta sobre Assan.

Onde ele está?

O professor diz a você que ele estava em Summerland.

— Ele finalmente se livrou de sua revolta. Ele avançou um degrau. Ele está fazendo seu caminho.

Você e o professor olham-se por um instante. Você sabe que chegou a hora de partir. Ainda existem muitos degraus pela frente, para você, na Terra. É hora das despedidas.

— Foi muito bom estar a seu lado — você diz, voz embargada pela emoção.

Joe sacode a cabeça e sorri. Ele aponta para a sala, onde a escada reaparece, curvando seu caminho numa explosão de cores e luzes até o topo do domo de cristal.

— Vamos nos ver novamente — diz Joe, dando-lhe um abraço — naquela escada. Nossas vidas estão ligadas e entrelaçadas. A vida de um espírito toca muitas outras vidas, e as vidas de muitos outros tocam as nossas. Eu e você — Joe faz seu abraço ficar mais forte — estamos nisso juntos, mas cada um por si.

Fim

Sucessos de ZIBIA GASPARETTO

Crônicas e romances mediúnicos.
Mais de seis milhões de exemplares vendidos.
Há mais de dez anos Zibia Gasparetto vem se mantendo na lista dos mais vendidos, sendo reconhecida como uma das autoras nacionais que mais vende livros.

Crônicas: Silveira Sampaio

- PARE DE SOFRER
- O MUNDO EM QUE EU VIVO
- BATE-PAPO COM O ALÉM

Crônicas: Zibia Gasparetto

- CONVERSANDO CONTIGO!

Autores diversos

- PEDAÇOS DO COTIDIANO
- VOLTAS QUE A VIDA DÁ

Romances: Lucius

- O AMOR VENCEU
- O AMOR VENCEU *(em edição ilustrada)*
- O MORRO DAS ILUSÕES
- ENTRE O AMOR E A GUERRA
- O MATUTO
- O FIO DO DESTINO
- LAÇOS ETERNOS
- ESPINHOS DO TEMPO
- ESMERALDA
- QUANDO A VIDA ESCOLHE
- SOMOS TODOS INOCENTES
- PELAS PORTAS DO CORAÇÃO
- A VERDADE DE CADA UM
- SEM MEDO DE VIVER
- O ADVOGADO DE DEUS
- QUANDO CHEGA A HORA
- NINGUÉM É DE NINGUÉM
- QUANDO É PRECISO VOLTAR
- TUDO TEM SEU PREÇO
- TUDO VALEU A PENA
- UM AMOR DE VERDADE
- NADA É POR ACASO

Sucessos de LUIZ ANTONIO GASPARETTO

Estes livros irão mudar sua vida!
Dentro de uma visão espiritualista moderna, estes livros irão ensiná-lo a produzir um padrão de vida superior ao que você tem, atraindo prosperidade, paz interior e aprendendo acima de tudo como é fácil ser feliz.

- PROSPERIDADE PROFISSIONAL
- CONSERTO PARA UMA ALMA SÓ *(poesias metafísicas)*
- PARA VIVER SEM SOFRER

- CALUNGA - “Um dedinho de prosa”
- CALUNGA - Tudo pelo melhor
- CALUNGA - Fique com a luz...

- série AMPLITUDE:

1- Você está onde se põe

2- Você é seu carro

3- A vida lhe trata como você se trata

4- A coragem de se ver

OUTROS AUTORES

Conheça nossos lançamentos que oferecem a você as chaves para abrir as portas do sucesso, em todas as fases de sua vida.

LOUSANNE DE LUCCA:

- ALFABETIZAÇÃO AFETIVA

MARIA APARECIDA MARTINS:

- PRIMEIRA LIÇÃO - "Uma cartilha metafísica"
- CONEXÃO - "Uma nova visão da mediunidade"
- MEDIUNIDADE e AUTO-ESTIMA

VALCAPELLI:

- AMOR SEM CRISE

VALCAPELLI e GASPARETTO:

- METAFÍSICA DA SAÚDE:

vol.1: sistemas respiratório e digestivo

vol.2: sistemas circulatório, urinário e reprodutor

vol.3: sistemas endócrino *(incluindo obesidade)* e muscular

MECO SIMÕES G. FILHO:

- EURICO um urso de sorte (infantil)
- A AVENTURA MALUCA DO PAPAI NOEL

E DO COELHO DA PÁSCOA (infantil)

RICKY MEDEIROS:

- A PASSAGEM
- QUANDO ELE VOLTAR
- PELO AMOR OU PELA DOR...
- VAI AMANHECER OUTRA VEZ
- DIANTE DO ESPELHO

MARCELO CEZAR (ditado por Marco Aurélio):

- A VIDA SEMPRE VENCE
- SÓ DEUS SABE
- NADA É COMO PARECE
- NUNCA ESTAMOS SÓS
- MEDO DE AMAR
- VOCÊ FAZ O AMANHÃ

MÔNICA DE CASTRO (ditado por Leonel):

- UMA HISTÓRIA DE ONTEM
- SENTINDO NA PRÓPRIA PELE
- COM O AMOR NÃO SE BRINCA
- ATÉ QUE A VIDA OS SEPARE
- O PREÇO DE SER DIFERENTE
- GRETA
- SEGREDOS DA ALMA

LEONARDO RÁSICA:

- FANTASMAS DO TEMPO - Eles voltaram para contar

MÁRCIO FIORILLO (ditado por Madalena):

- EM NOME DA LEI

LUIZ ANTONIO GASPARETTO EM CD:

Aprenda a lidar melhor com as suas emoções, para conquistar um maior domínio interior.

- Prosperidade
- Confrontando a desilusão
- Confrontando a solidão
- Confrontando as críticas
- Confrontando a depressão
- Prece da Solução *(pelo espírito Calunga)*

• série VIAGEM INTERIOR *(nº 1, nº 2 e nº 3)*:

Através de exercícios de meditação mergulhe dentro de você e descubra a força da sua essência espiritual e da sabedoria. Experimente e verá como você pode desfrutar de saúde, paz e felicidade desde já.

• série REALIZAÇÃO:

Com uma abordagem voltada aos espiritualistas independentes, eis aqui um projeto de *16 cds* para você melhorar.

Encontros com o Poder Espiritual para práticas espirituais da prosperidade.

Temos que trabalhar para alcançar nossos objetivos. Para isto necessitamos de conhecimento e práticas adequadas.

Nesta coleção você aprenderá práticas de consagração, dedicação, técnicas de orações científicas, conceitos novos de força espiritual, conhecimento das leis do destino, práticas de ativar o poder pessoal e práticas de otimização mental.

• série LUZES:
Coletânea de 8 cds, nos volumes 1 e 2.

Através de curso ministrado no Espaço Vida e Consciência, pela mediunidade de Gasparetto, os espíritos desencarnados que formam no mundo astral o grupo dos Mensageiros da Luz, nos revelaram os poderes e mistérios da Luz Astral, propondo exercícios para todos aqueles que querem trabalhar pela própria evolução e a melhoria do planeta.

Nesta coletânea trazemos aulas captadas ao vivo, para que você também possa juntar-se às fileiras dos que sabem que o mundo precisa de mais luz.

• série ESPÍRITO *(composto de 12 cds)*:

1- espírito do trabalho
2- espírito do dinheiro
3- espírito do amor
4- espírito da arte
5- espírito da vida
6- espírito da paz
7- espírito da natureza
8- espírito da juventude
9- espírito da família
10- espírito do sexo
11- espírito da saúde
12- espírito da beleza

A realidade tem muitas camadas, porém mais profunda é aquela que gera a existência das outras. Nós a chamamos de **Espírito**.

Sendo o centro de cada um de nós, é pois o guia de nossos destinos rumo à realização.

Eleve-se, aprofunde-se e acorde para o seu espírito.

ESPAÇO VIDA & CONSCIÊNCIA

É um centro de cultura e desenvolvimento da espiritualidade independente.

Acreditamos que temos muito a estudar para compreender de forma mais clara os mistérios da eternidade.

A Vida parece infinitamente sábia em nos dotar de inteligência para sobreviver com felicidade, e me parece a única saída para o sofrimento humano.

Nosso espaço se dedica inteiramente ao conhecimento filosófico e experimental das Leis da Vida, principalmente aquelas que conduzem os nossos destinos.

Acreditamos que somos realmente esta imensa força vital e eterna que anima a tudo, e não queremos ficar parados nos velhos padrões religiosos que pouco ou nada acrescentaram ao progresso da humanidade.

Assim mudamos nossa atitude para uma posição mais cientificamente metodológica e resolvemos reinvestigar os velhos temas com uma nova cabeça.

O resultado é de fato surpreendente, ousado, instigador e prático.

É necessário querer estar à frente do seu tempo para possuí-lo.

Maiores informações:

Rua Salvador Simões, 444 • Ipiranga • São Paulo • SP

CEP 04276-000 • Fone Fax: (11) 5063-2150

E-mail: espaco@vidaeconsciencia.com.br

Site: www.vidaeconsciencia.com.br

Luiz Antonio Gasparetto

INFORMAÇÕES E VENDAS:

Rua Agostinho Gomes, 2312
Ipiranga • CEP 04206-001
São Paulo • SP • Brasil
Fone / Fax: (11) 6161-2739 / 6161-2670
E-mail: editora@vidaeconsciencia.com.br
Site: www.vidaeconsciencia.com.br